진짜 하루만에 이해하는
해운·조선 산업

일러두기

1. 이 도서는 저작권법의 보호를 받는 창작물입니다. 개인적인 학습이나 기록 목적이라 하더라도, 출판사의 사전 동의 없이 책의 전부 또는 일부를 블로그, SNS 등에 게시하는 행위는 저작권법 위반에 해당할 수 있습니다. 독자 여러분의 이해와 협조를 부탁드립니다.

2. 티더블유아이지 출판사의 카카오톡 채널을 친구 추가하시면, 새로운 산업 시리즈 줄간 소식과 다양한 산업 분야의 최신 뉴스를 카카오톡으로 편리하게 받아보실 수 있습니다.

pf.kakao.com/_nPEGG

원데이클래스

진짜 하루만에 이해하는
해운·조선 산업

김성훈·엄성희 지음

T.W.I.G
티더블유아이지

프롤로그

　　우리가 매일 사용하는 물건들, 매 순간 필요한 에너지, 이 모든 것은 어떻게 우리에게 전달될까요? 그 답은 바로 광활한 바다 위에 있습니다. 전 세계 교역량의 80% 이상이 바닷길을 통해 운송됩니다. 그리고 이렇게 방대한 해상 운송을 가능하게 하는 산업이 바로 해운 산업과 조선 산업입니다. 해운 산업은 상품과 자원을 실어 나르며 세계를 연결하고, 조선 산업은 거대한 선박을 건조하여 해운 산업을 뒷받침합니다. 이처럼 해운·조선 산업은 서로 긴밀하게

| 바다를 통해 이루어지는 글로벌 무역 |

연결되어 있으며, 세계 경제를 잇는 동맥과도 같습니다.

특히, 한국 경제에서 해운·조선 산업은 핵심적인 역할을 수행합니다. 한국은 자원이 부족하여 에너지와 원자재 대부분을 해외에서 수입합니다. 동시에 반도체, 자동차, 석유화학 제품 등 다양한 상품을 국내에서 생산하고, 이를 전 세계로 수출하는 수출 주도형 경제 구조를 가지고 있죠. 그런데 바다로 둘러싸인 데다, 남북이 분단된 지정학적 여건으로 인해 수출입 화물의 99.7%를 해상 운송에 의존하고 있습니다. 바닷길이 막히면 국가 경제가 일시에 멈출

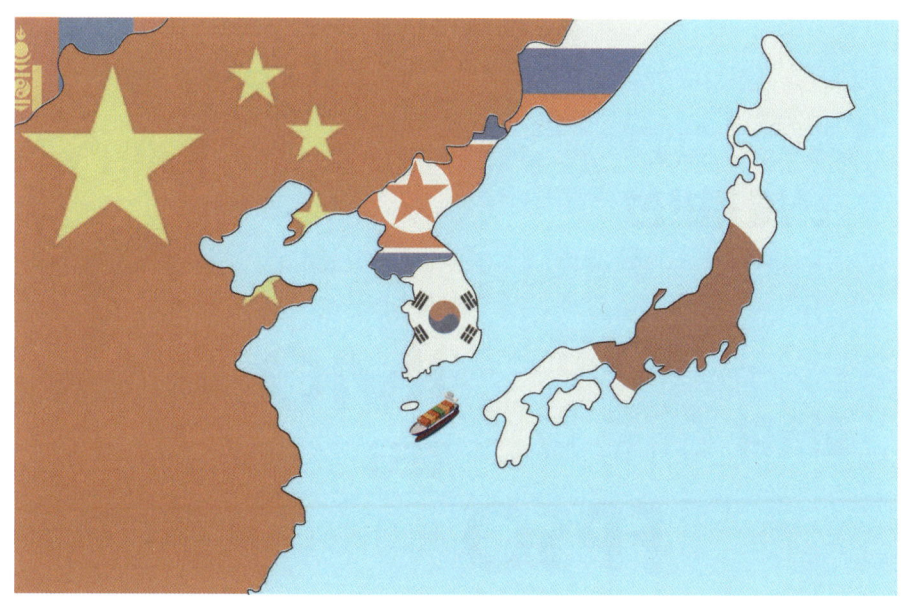

| 해상 운송에 의존하는 한국 |

프롤로그

수 있기 때문에 안정적인 해상 운송 체계와 이를 뒷받침할 선박 건조 능력을 확보하는 것이 무엇보다 중요합니다.

하지만 이러한 중요성에도 불구하고, 우리는 해운·조선 산업을 너무 모릅니다. 뉴스나 애널리스트 리포트를 볼 때도 DWT, CGT, SCFI, BDI, 탱커선, 신조선가, 화물창, 파나막스, FPSO, 벌크선, MRO 등 낯선 용어들에 압도당해 내용을 온전히 이해하지 못하는 일이 많죠.

해운·조선 공부, 도대체 어떻게 해야 하는 걸까요?

큰 그림부터 이해해야 합니다. 숲을 알지 못한 채 나무만 봐서는 답이 나오지 않습니다. 이는 마치 세계 지도가 있으면 나라별 관계와 구조를 쉽게 파악할 수 있지만, 세계 지도가 없으면 나라별로 아무리 공부해도 전체적인 개념이 잡히지 않는 것과 같습니다

『진짜 하루만에 이해하는 해운·조선 산업』은 이러한 기획 의도 아래 탄생했습니다. 비전공자도 산업의 큰 그림과 핵심 개념을 이해할 수 있도록 다양한 예시와 풍부한 일러스트를 활용해 최대한 쉽게 풀어서 설명했습니다.

이 책이 정책가에게는 정책 방향의 나침반으로, 사업가와 투자가에게는 기회와 리스크를 들여다보는 현미경으로, 취준생에게는 진로를 탐색하는 내비게이션으로서의 역할을 충실히 할 수 있길 바랍니다.

그럼, 지금부터 저와 함께 해운·조선 세상으로 여행을 떠나 보시죠!

차례

프롤로그 4

PART 01 해운 산업을 이해하기 위한 기초 지식

1 해운 산업의 정의 19

2 선박의 종류 21
  컨테이너선 22
  벌크선 24
  탱커선 25
  가스 운반선 26
  기타 선박 28

3 주요 항로 29
  영국 해협 30
  말라카 해협 31
  호르무즈 해협 33
  수에즈 운하 35
  파나마 운하 36

4	**선박의 크기**	39
	톤수에 따른 구분	40
	선종별 크기 구분	42

5	**선박의 가격과 제작 기간**	46

6	**선박의 운용**	49

7	**선박의 수명**	52

8	**해운임지수**	54
	컨테이너선 – SCFI, CCFI, HRCI	55
	벌크선 – BDI	58
	탱커선 – WS, BDTI, BCTI	59
	가스 운반선 – BLNG, BLPG	62

9	**항만의 이해**	64

	∟ **핵심만 쏙쏙!**	72
	∟ **한 걸음 더!**	80

차례

PART 02 해운 산업을 움직이는 메커니즘

1 해운 산업의 사이클 ········· 89

2 수요와 공급에 영향을 미치는 요인 ········· 91
    수요 측면   91
    공급 측면   94

3 해운 시황을 판단하는 다양한 지표들 ········· 97
    신조선가와 중고선가   97
    정기용선료   100
    폐선율과 평균 선령   101
    평균 운항 속도   102

4 사례로 살펴보는 슈퍼 사이클 ········· 104
    2002년~2004년   105
    2006년~2008년   106
    2009년~2020년   107
    2021년~2022년   108
    2023년 말~2024년   109

    └ **핵심만 쏙쏙!** ········· 112
    └ **한 걸음 더!** ········· 116

PART 03 글로벌 대표 기업 & 나아가는 방향

1 대표 기업 123
    컨테이너선   125
    벌크선   128
    원유 운반선   130
    제품 운반선   132
    LNG 운반선   133
    LPG 운반선   134
    자동차 운반선   136
    국내 기업   137
    항만 운영 기업   140

2 국가별 경쟁력 143

3 해운 동맹 155
    해운 동맹이란 무엇일까?   155
    해운 동맹 현황   157

4 해운 산업이 나아가는 방향 160
    환경 규제와 친환경 선박   160
    스마트화   169

  ∟ 핵심만 쏙쏙! 173
  ∟ 한 걸음 더! 179

차례

PART 04 조선 산업을 이해하기 위한 기초 지식

1 조선 산업의 특징 ·· 189
2 선박의 발주와 선박 금융 ··· 191
　선박의 발주 과정　　　　　　　　　　　191
　선박 금융　　　　　　　　　　　　　　194
3 선박의 건조 과정 ·· 197
　설계　　　　　　　　　　　　　　　　197
　가공(철판의 전처리, 절단, 성형)　　　　198
　조립(블록의 제작)　　　　　　　　　　203
　선행 의장 및 선행 도장　　　　　　　　206
　블록의 탑재 및 건조　　　　　　　　　207
　후행 의장 및 후행 도장　　　　　　　　211
　진수 및 안벽 의장　　　　　　　　　　213
　해상 시운전 및 인도　　　　　　　　　215
4 선박의 기자재 ·· 216
　엔진　　　　　　　　　　　　　　　　216
　주요 기자재　　　　　　　　　　　　　219

　└ 핵심만 쏙쏙! ·· 227
　└ 한 걸음 더! ·· 239

PART 05 해양 플랜트, 선박 수리, 군함 시장

1 해양 플랜트 ··· 255
시추 설비와 생산 설비   257
고정식과 부유식   259

2 선박 수리 ··· 263
선박의 수리와 그 유형   263
시장의 특징   264
성장 요인   265
주요 국가   268

3 군함 시장 ··· 270
군함의 종류   270
미국 군함 MRO 사업   272

┖ **핵심만 쏙쏙!** ··· 276
┖ **한 걸음 더!** ··· 279

차례

PART 06 글로벌 대표 기업 & 나아가는 방향

1 선박 건조 대표 기업 ········· 285
　종합 순위　　　　　　　　285
　선종별 순위　　　　　　　293

2 기자재 대표 기업 ············ 296
　엔진　　　　　　　　　　296
　주요 기자재　　　　　　　298

3 조선 산업이 나아가는 방향 ·· 303
　환경 규제와 친환경 선박　　303
　슈퍼 사이클　　　　　　　306
　한·중·일 패권 전쟁　　　　313

　└ 핵심만 쏙쏙! ················ 333
　└ 한 걸음 더! ·················· 341

　부록 - 한국 조선 산업의 시작, 정주영 ········· 348
　에필로그 1 ························ 354
　에필로그 2 ························ 356
　참고문헌 ··························· 358

———————————————————
1. 해운 산업의 정의
2. 선박의 종류
3. 주요 항로
4. 선박의 크기
5. 선박의 가격과 제작 기간
6. 선박의 운용
7. 선박의 수명
8. 해운임지수
9. 항만의 이해

PART 01

해운 산업을 이해하기 위한 기초 지식

바다를 누비는 수많은 선박은 저마다 다른 역할과 특징을 가지며, 크기와 용도에 따라 여러 유형으로 나뉩니다. 이번 장에서는 각 선박을 유형별로 살펴보고, 선박의 운용 방식과 주요 항로, 운송 비용 등 해운 산업을 이해하는 데 꼭 필요한 기초 지식을 배웁니다.

해운 산업의 정의

인류는 오래전부터 크고 무거운 화물을 효율적으로 옮기기 위해 바닷길을 활용해 왔습니다. 이렇게 바다를 통해 화물과 사람을 운송하는 것을 해상 운송이라고 합니다. 해상 운송은 육상 운송이나 항공 운송과 비교해 몇 가지 장점을 갖습니다.

첫째, 화물을 대량으로 운송할 수 있습니다. 대형 컨테이너선은 약 2만여 개의 컨테이너를 적재할 수 있고, 대형 벌크선은 30만 톤에 달하는 화물을 실을 수 있습니다. 또한, 화물의 크기나 중량에 대한 제약이 비교적 적기 때문에 기계류나 대형 장비처럼 부피가 크고 무거운 화물을 운송하는 데도 적합합니다.

둘째, 장거리 운임이 저렴합니다. 해상 운송은 규모의 경제를 실현할 수 있어, 화물당 운송 단가를 낮출 수 있습니다. 뿐만 아니라, 선박은 연료 효율성이 높아, 운송 거리가 늘어날수록 추가되는 비용 증가 폭이 다른 운송 수단에 비해 적습니다. 즉, 이동 거리가 길어질수록 단위 거리당 운송비(1km당 평균 운송비)는 오히려 낮아지는 경향을 보입니다.

셋째, 전 세계 어디든 화물을 운송할 수 있습니다. 항공 운송은 다른 나라의 영공을 통과하기 위해 사전 허가를 받아야 하며, 육상 운송은 도로나 철도 같은 기반 시설이 갖춰진 곳만 이동할 수 있습니다. 반면, 바다는 모든 국가가 공유하는 공간이므로 국제법에 따라 자유로운 항해가 보장되어 있습니다. 정치적인 갈등이나 영토 분쟁의 영향이 비교적 적으므로, 가장 효율적인 항로를 선택해 원하는 곳으로 안전하게 화물을 운송할 수 있죠. 이러한 장점 덕분에 현재 해상 운송은 국가 간 무역 거래에서 가장 큰 비중을 차지하고 있습니다.

해상 운송은 항만 운영, 선박 관리, 선원 교육, 해상 보험 등 다양한 요소가 유기적으로 연결되어 있습니다. 이처럼 해상 운송을 비롯해 해상 운송과 연계된 모든 산업을 총칭하여 해운 산업이라고 합니다.

선박의 종류

그림 1-1에서 볼 수 있듯이, 선박은 용도에 따라 크게 상선과 상선 외 선박으로 나뉩니다. **상선**에는 화물을 운송하는 화물선과 승객을 태우는 여객선이 있고, **상선 외 선박**에는 어선, 특수선*, 군함 등이 있습니다.

우리가 공부할 해운 산업에서는 화물선을 다룹니다. 화물은 그 종류별로 물성이 천차만별이기 때문에, 이를 운송하는 화물선의 종류 또한 매우 다양합

---

* 해상 화재를 진압하는 소방선, 얼음을 깨며 항해하는 쇄빙선, 사고 선박을 구조하는 해난 구조선 등이 특수선에 해당합니다.

| 그림 1-1. 선박의 용도별 분류 |

니다. 선박을 용도별로 나눈 것을 선종(船種, Ship Type)이라고 하는데, 상선, 그중에서도 화물선의 선종은 다음과 같습니다.

컨테이너선(Container Ship)

컨테이너(Container)는 철로 만들어진 상자 모양의 구조물입니다. 화물 운송에 컨테이너를 활용하면 하역(荷役)이 빨라지고, 트럭이나 기차 등 다른 운송 수단과의 연계도 원활해져 물류 효율성을 높일 수 있습니다. 또한, 외부 환경으로부터 화물이 보호되어 손상이나 분실 위험이 줄어듭니다.

컨테이너선은 컨테이너 화물을 운송하는 선박으로, 대형 컨테이너선에는

| 그림 1-2. 화물을 운송할 때 사용되는 컨테이너 |

2만 개 이상의 컨테이너를 적재할 수 있습니다. 일상 제품은 물론이고 신선 식품까지 운송하므로 다른 선박에 비해 비교적 빠른 속도로 운항합니다.

| 그림 1-3. 컨테이너선 |

벌크선(Bulk Carrier)

벌크선은 철광석, 곡물, 비료, 석탄 등 포장되지 않은 고체 상태의 마른 화물, 즉 건화물(Dry Cargo)을 운송하는 선박입니다.

넓은 화물창*에 직접 화물을 실어 나르므로 대량 운송에 유리하지만, 하역 작업이 복잡하고, 화물이 외부 환경에 노출될 경우에 손상이나 오염의 위험이 있습니다. 대형 벌크선에는 30만 톤 이상의 건화물을 실을 수 있으며, 한 번 운항할 때 보통 한 종류의 건화물만 운송합니다.

| 그림 1-4. 벌크선 |

* 화물을 싣고 보관하는 선박 내부의 공간을 말합니다. 벌크선에는 여러 개의 화물창이 독립적으로 나뉘어 있습니다.

탱커선(Tanker)

탱커선은 액체화물, 그중에서도 원유(Crude Oil)나 석유제품(Petroleum Product)* 같은 유류를 운송하는 선박입니다. 액체화물을 탱크에 담아서 운반하여 탱커선이라는 이름이 붙었습니다. 운송 항로 및 목적에 따라 다양한 크기의 탱커선이 있으며, 규모가 큰 것은 한 번에 33만 톤의 원유를 실을 수 있습니다.

탱커선은 운반하는 액체화물에 따라 세부적으로 나뉩니다. 원유를 운반

| 그림 1-5. 탱커선 |

* 원유를 정제하여 생산된 휘발유, 등유, 경유, 중유 등의 제품을 말합니다.

하는 선박은 **원유 운반선**(Crude Oil Tanker)입니다. 원유의 생산지에서 각국의 정유 공장으로 원유를 운송합니다. 석유제품을 운반하는 선박은 **석유제품 운반선**(Product Carrier)이며, 흔히 PC선이라고 부릅니다. 그리고 원유 운반선과 석유제품 운반선처럼 유류를 운송하는 선박을 통칭해 **유조선**이라고 합니다. 이 외에도 화학물질을 운반하는 **화학물질 운반선**(Chemical Tanker) 등이 있습니다.

가스 운반선(Gas Carrier)

가스 운반선은 액화가스를 운반하는 선박입니다. LNG, LPG, 수소, 이산화탄소, 암모니아 등의 가스는 상온에서 기체 상태로 존재하기 때문에 부피가 큽니다. 그래서 액화시켜(#액체로 만들어) 부피를 줄인 다음, 특수탱크*에 담아서 운반합니다. 운반하는 가스에 따라 LNG 운반선, LPG 운반선, 암모니아 운반선 등으로 불립니다.

LNG 운반선은 가스전에서 생산되는 천연가스를 액화한 액화천연가스(Liquefied Natural Gas, LNG)를 운반하는 선박입니다. 천연가스의 주성분인 메탄은 -162℃ 이하로 냉각해야 액체로 만들 수 있습니다. 이렇게 액화되면

---

* 탱커선의 탱크를 액체를 담는 텀블러에 비유한다면, 가스 운반선의 탱크는 기체를 고압으로 압축하여 저장하는 가스통(ex. 부탄가스통)에 비유할 수 있습니다.

| 그림 1-6. 가스 운반선 |

부피가 약 1/600으로 줄어들어, 대량 운송이 가능해집니다. 단, 운송 중에도 극저온 상태를 유지해야 하므로 선박의 제작이 까다롭습니다.

LPG 운반선은 유전이나 원유 정제 과정에서 생산된 석유가스를 액화한 액화석유가스(Liquefied Petroleum Gas, LPG)를 운반하는 선박입니다. 석유가스의 주성분인 프로판(끓는점 -42℃)과 부탄(끓는점 -5℃)은 메탄보다 끓는점이 높아 상대적으로 액화 상태를 유지하기 쉽습니다. LPG 운반선의 화물창(탱크)은 액화 방식에 따라 저온식과 가압식으로 나뉘는데,* 대형 LPG 운반선은 저온식을, 소형 LPG 운반선은 가압식을 주로 사용합니다.

* 저온식은 대기압 하에서 온도를 낮춰 액화하는 방식이고, 가압식은 상온에서 압력을 높여 액화하는 방식입니다.

기타 선박

컨테이너선, 벌크선, 탱커선, 가스 운반선 외에도 다양한 화물 운반선이 있습니다. **자동차 운반선**이 대표적입니다. 자동차 운반선은 RORO선이라고도 부르는데, 자동차가 바퀴를 이용해 선박에 굴러 들어가고(Roll On), 굴러 나오는(Roll Off) 모습에서 착안해 이런 이름이 붙었습니다. 세부적으로는 승용차만 선적하는 **PCC**(Pure Car Carrier), 승용차와 트럭을 모두 선적할 수 있는 **PCTC**(Pure Car and Truck Carrier), 대형 차량을 선적하는 **LCTC**(Large Car and Truck Carrier)로 나뉩니다. 이 외에 자동차와 승객을 함께 싣는 **카페리**(Car Ferry)*도 많이 운항하고 있습니다.

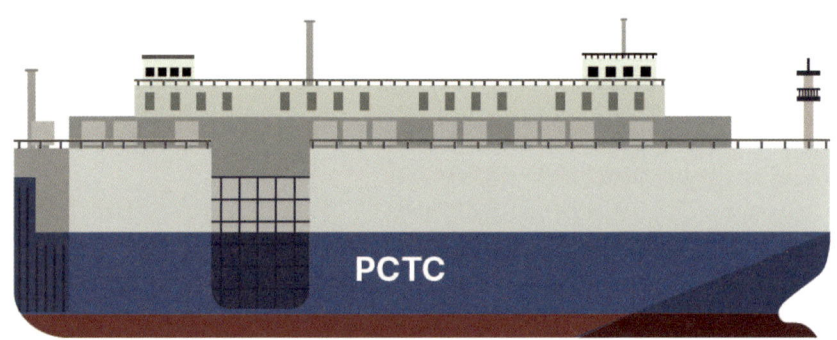

| 그림 1-7. 자동차 운반선 |

---

* 자동차(Car)와 페리(Ferry)의 합성어입니다.

주요 항로

| 그림 1-8. 주요 항로* |

* 둥근 지구를 평면 지도로 옮기면 좌측 상단의 미국 알래스카 지역과 우측 상단의 러시아 극동 지역이 멀리 떨어진 것처럼 보입니다. 하지만 실제로는 매우 가까운 거리에 있습니다. 평면 지도의 양쪽 끝을 잡아 원통형으로 둥글게 말아서 연결해보면 쉽게 이해할 수 있습니다.

항로는 선박이 다니는 길을 말합니다. 대부분의 해상 운송은 정해진 항로를 따라 이루어지는데, 항로에 문제가 생기면 더 먼 길을 돌아가야 하므로 운송 기간과 비용이 늘어납니다. 해운 산업을 공부하면서 꼭 알아야 할 주요 항로를 살펴보겠습니다.

영국 해협

영국 해협(English Channel)은 대서양과 북해를 잇는 항로입니다. 영국과 프랑스 사이에 위치해 있으며, 유럽과 나머지 세계를 연결합니다. '세계에서

| 그림 1-9. 대서양과 북해를 잇는 영국 해협 |

| 그림 1-10. 폭이 좁아 운항에 주의가 필요한 도버 해협 |

가장 바쁜 해상 교통로'라는 별명처럼 하루 500척 이상의 선박이 영국 해협을 오가고 있습니다.

다만, 그림 1-10에서 볼 수 있듯이, 폭이 좁은 도버 해협을 끼고 있어 운항에 주의가 필요하며, 기상 상황에 따라 이용이 제한되기도 합니다.

말라카 해협

말라카 해협(Strait of Malacca)은 인도양과 태평양을 잇는 항로로, 말레이시아와 인도네시아 수마트라섬 사이에 위치해 있습니다. 동북아시아(한국, 중국, 일본)와 중동 및 아프리카 지역을 연결하는 주요 통로이며, 이를 통해 중동의 원유를 동북아시아로, 동북아시아의 공산품을 중동으로 운송합니다.

┃ 그림 1-11. 인도양과 태평양을 잇는 말라카 해협 ┃

┃ 그림 1-12. 해안선이 복잡하고 폭이 좁은 말라카 해협 ┃

연간 약 10만 척에 가까운 선박이 말라카 해협을 통과하지만, 해적이 빈번하게 출몰하고, 해안선이 복잡하며, 일부 구간은 폭이 좁고, 수심이 낮아 운항에 주의가 필요합니다.

호르무즈 해협

호르무즈 해협(Strait of Hormuz)은 페르시아만과 인도양을 잇는 항로로, 이란과 오만 사이에 위치해 있습니다. 페르시아만 인근에는 사우디아라비아, 이란, 이라크 등 산유국이 몰려 있으며, 이들 국가에서 생산된 원유가 호르무

| 그림 1-13. 페르시아만과 인도양을 잇는 호르무즈 해협 |

그림 1-14. 산유국이 밀집해 있는 페르시아만과 호르무즈 해협

즈 해협을 통해 전 세계로 운반됩니다. 그만큼 지정학적으로 매우 중요한 역할을 하는 항로입니다.

글로벌 해상 원유 운송의 약 30%, LNG 교역량의 약 25%가 호르무즈 해협을 통해 이루어지지만, 일부 구간은 폭이 좁아 원유 유출과 같은 해양 오염 사고의 위험이 있으며, 주변국 간의 군사적 긴장 등 지정학적 리스크 또한 상존합니다.

수에즈 운하

수에즈 운하(Suez Canal)는 지중해와 홍해를 잇는 인공 수로로, 유럽과 아시아를 연결합니다. 유럽과 아시아를 오갈 때 수에즈 운하를 이용하면 아프리카 대륙 남단의 희망봉을 우회하는 경로보다 약 10일~14일을 단축할 수 있습니다.

| 그림 1-15. 지중해와 홍해를 잇는 수에즈 운하 |

1859년 건설을 시작해 약 10년 만에 완공되었으며, 현재는 이집트 정부가 운영·관리하고 있습니다. 2015년에 확장 공사를 통해 수로의 폭과 양방향 통행 구간을 늘렸지만, 여전히 통행 가능한 선박의 크기에 제한이 있으며, 그

| 그림 1-16. 지정학적 리스크에 노출된 수에즈 운하 |

림 1-16에서 볼 수 있듯이, 인근에 중동 및 아프리카 국가들이 밀집해 있어 지정학적 리스크에 노출되어 있습니다.

파나마 운하

파나마 운하(Panama Canal)는 태평양과 대서양을 연결하는 인공 수로로, 중앙아메리카 국가인 파나마에 위치해 있습니다. 미국 동부와 아시아를 이어주며, 연간 약 1만 5천여 척의 선박이 통행하지만, 수에즈 운하와 마찬가지로 인공 수로이기 때문에 통행 가능한 선박의 크기에 제한이 있습니다.

| 그림 1-17. 태평양과 대서양을 잇는 파나마 운하 |

파나마 운하 중간에는 해수면보다 높은 산악 지대가 있습니다. 그래서 그림 1-18에서 볼 수 있듯이, 계단식으로 각 구간을 만들고, 구간별로 물을 채워 선박을 들어올린 후, 다음 구간으로 이동시키는 방식으로 이 지대를 통과합니다. 이러한 방식을 갑문 시스템이라고 합니다.

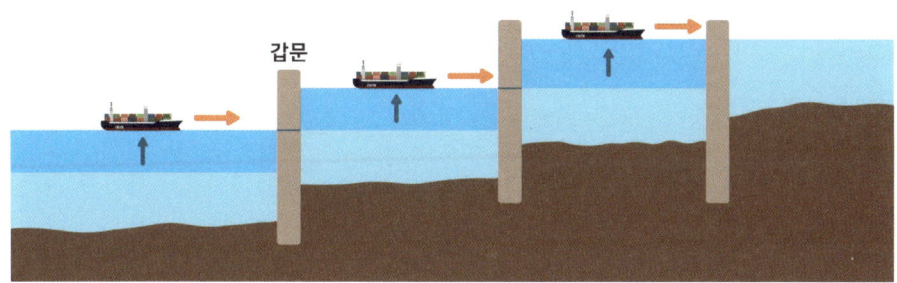

| 그림 1-18. 파나마 운하의 갑문 시스템 |

갑문 시스템을 운영하려면 대량의 물이 필요합니다. 그러나 해수를 사용하면 설비가 부식될 위험이 있어, 주변에 있는 가툰 호수(Gatun Lake)의 담수*를 활용합니다. 문제는 선박 한 척을 옮기는 데 무려 2억 리터의 담수가 필요하다는 것이죠. 담수를 확보하지 못하면 운영이 어려워지므로, 파나마 운하는 기후 변화(ex. 가뭄)의 직접적인 영향을 받습니다.

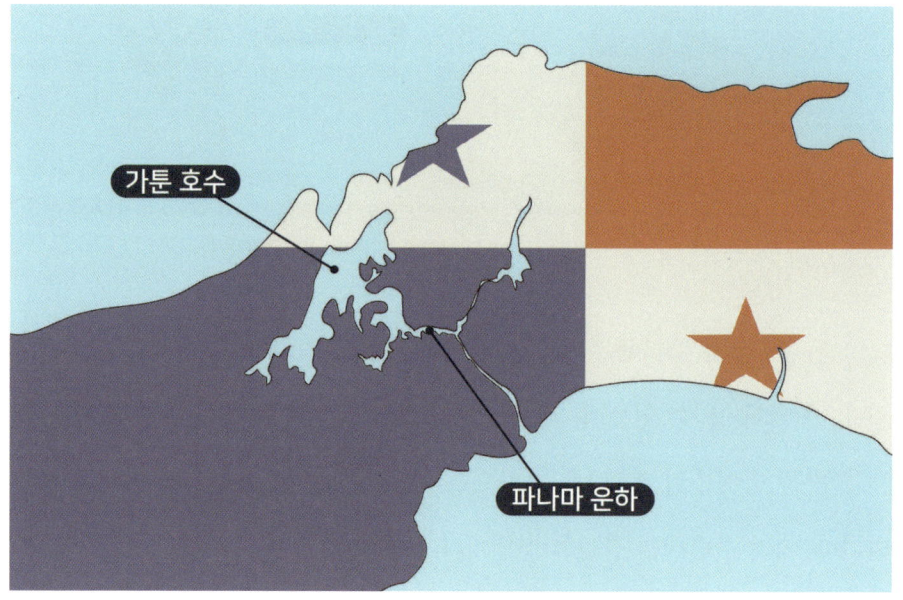

| 그림 1-19. 가툰 호수의 담수를 이용하는 파나마 운하 |

* 강, 호수, 지하수 등에 있는 염분이 거의 없는 물을 말합니다.

선박의 크기

    초대형 컨테이너선은 그 길이가 400m에 달합니다. 이는 63빌딩 높이(약 250m)의 1.6배에 이르는 엄청난 크기입니다. 그렇다면 이렇게 거대한 선박의 크기는 어떻게 표시할까요? 건물의 규모를 층수나 연면적으로 나타내듯, 선박 역시 그 용도와 특성에 따라 다양한 방법으로 크기를 표현합니다. 지금부터 선박의 크기를 나타내는 여러 방법을 살펴보겠습니다.

톤수에 따른 구분

톤수(Tonnage)는 선박이나 화물의 부피 또는 중량을 나타내는 단위입니다.* 13세기 유럽에서는 적재 가능한 술통 수로 선박의 크기를 나타냈습니다. 당시 사용된 나무 술통을 'Tun'이라 불렀는데, 여기에서 유래하여 톤수가 선박의 크기를 나타내는 단위가 되었습니다. 톤수는 부피를 표현하는 용적톤수와 무게를 표현하는 중량톤수로 구분됩니다.

용적톤수는 선박의 부피, 즉 용적을 나타내는 단위로, $2.832m^3(=100ft^3)$를 1톤으로 환산합니다. 이때, 선박의 어떤 공간을 측정하는지에 따라 총톤수(Gross Tonnage, GT)와 순톤수(Net Tonnage, NT)로 나뉩니다.

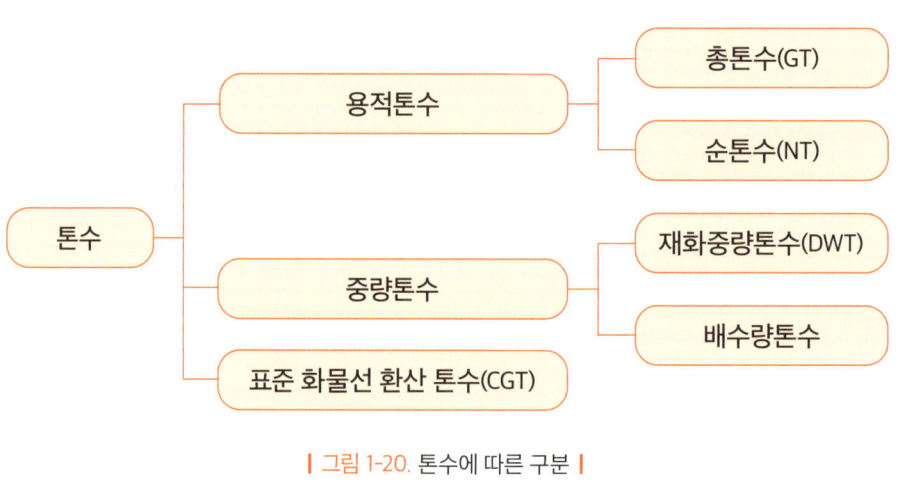

| 그림 1-20. 톤수에 따른 구분 |

* 선박에 쓰이는 단위인 톤수는 우리가 일반적으로 사용하는 무게 단위인 톤(Ton)과는 의미가 다릅니다.

총톤수는 선박 내 모든 밀폐된 공간의 용적을 합한 것으로, 선박 전체의 부피를 나타냅니다. 조선소의 연간 건조 능력, 각국의 선박 보유량 등을 측정할 때 주로 사용합니다. **순톤수**는 총톤수에서 화물과 관계없는 공간(ex. 선원실, 기관실, 연료탱크 등)을 제외한 것으로, 실제 화물을 실을 수 있는 공간을 나타냅니다. 항세(항만 사용료), 톤세(선박 소유세), 운하 통과료, 등대 사용료 등을 계산할 때 사용합니다.

중량톤수는 화물 또는 선박의 무게를 나타내는 단위로, 무게를 측정하는 기준에 따라 재화중량톤수(Deadweight Toannage, DWT)와 배수량톤수(Displacement Tonnage)로 나뉩니다.

재화중량톤수는 선박의 크기를 나타낼 때 가장 흔하게 사용하는 단위로, 선박이 침몰하지 않고 실을 수 있는 최대 화물량을 말합니다. 단, 연료, 식량, 선원 등의 중량이 모두 포함되어 있으므로 실제 운송할 수 있는 순수 화물의 중량은 이보다 더 적습니다. **배수량톤수**는 수면 아래 잠긴 선박의 부피와 동일한 부피를 가진 바닷물의 무게를 말합니다. 부력의 원리에 따라, 선박이 물에 잠기면서 밀어낸 물의 무게는 선박의 무게와 같습니다. 즉, 배수량톤수란 해당 선박의 총무게를 의미합니다. 바닷물의 밀도는 수온과 계절에 따라 조금씩 변하므로 배수량톤수 값은 통상 여름철 조건을 기준으로 산출합니다. 상선보다는 군함의 무게를 표현할 때 주로 사용합니다.*

---

* 상선은 화물과 여객의 적재가 중요하므로 '실을 수 있는 무게'에, 군함은 부유와 항해 성능이 중요하므로 '선박 자체의 무게'에 중점을 둡니다.

이 외에 **표준 화물선 환산톤수**(Compansated Gross Tonnage, CGT)도 자주 쓰입니다. 선박의 무게와 크기가 같아도 선종에 따라 건조 난이도와 작업량은 모두 다릅니다. 단순히 톤수만으로 비교하는 것은 경차와 스포츠카를 동일한 기준으로 평가하는 것과 같습니다. CGT는 선박의 총톤수(GT)에 선종별 계수를 곱해 산출한 값으로, 선박을 건조하는 데 들어가는 작업량(공수)을 반영합니다. 조선사의 수주 잔량이나 건조 능력을 평가할 때 주로 사용합니다.

선종별 크기 구분

선박의 크기를 나타낼 때는 선종에 따라 다른 단위가 쓰입니다. 건화물을 운반하는 벌크선과 액체화물을 운반하는 탱커선은 재화중량톤수인 **DWT**를 사용합니다. 반면 컨테이너선은 선적 가능한 컨테이너의 개수를 의미하는

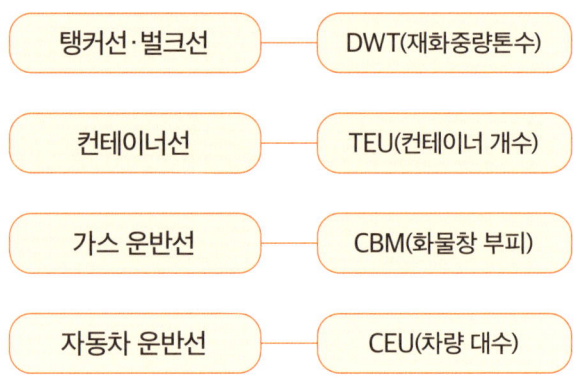

| 그림 1-21. 선종별 크기를 나타내는 단위 |

TEU(Twenty-foot Equivalent Unit, 20ft 컨테이너 1개)를 사용하죠. 또, 가스 운반선은 화물창의 부피를 표현할 수 있는 CBM(Cubic Meter, 1m³)*을 사용하며, 자동차 운반선은 차량 대수를 의미하는 CEU(Car Equivalent Unit, 소형 차량 1대)를 쓰고 있습니다.

선박의 크기는 선형으로도 나타냅니다. 선형(船型, Ship Class)이란 선종 내에서 그 크기에 따라 나눈 하위 구분입니다. 초대형, 대형, 중형 혹은 파나막스, 수에즈막스와 같은 것이 선형의 예입니다. 자주 쓰이는 선형과 선형별 적재량은 다음과 같습니다.**

선종	선형	적재량
컨테이너선	피더(Feeder)	~3,000TEU
	인터미디어트(Intermediate)	3,000~8,000TEU
	네오파나막스(Neo-Panamax)	8,000~17,000TEU
	포스트파나막스(Post-Panamax)	17,000TEU 이상
벌크선	핸디사이즈(Handysize)	10,000~45,000DWT
	핸디막스(Handymax)	45,000~70,000DWT
	파나막스(Panamax)	70,000~100,000DWT
	케이프사이즈(Capesize)	100,000DWT 이상

* 가로x세로x높이의 값으로 부피를 나타내는 단위입니다.
** 선형을 나누는 기준은 발표하는 기관마다 차이가 있습니다. 이 책에서는 클락슨(Clarksons)의 기준을 바탕으로 정리했습니다.

탱커선	파나막스(Panamax)	55,000~85,000DWT
	아프라막스(Aframax)	85,000~125,000DWT
	수에즈막스(Suezmax)	125,000~200,000DWT
	대형 유조선 (Very Large Crude oil Carrier, VLCC)	200,000DWT 이상
LNG 운반선	소형	~40,000CBM
	중대형	40,000CBM 이상
LPG 운반선	초대형 가스 운반선 (Very Large Gas Carrier, VLGC)	65,000CBM 이상

| 표 1-1. 자주 쓰이는 선형과 선형별 적재량 |

참고로 파나막스, 수에즈막스 등은 특정 운하 및 항로를 통과할 수 있는지 여부를 기준으로 합니다. 그림 1-22에서처럼 파나마 운하를 통과할 수 있는 최대 크기의 선박을 파나막스, 수에즈 운하를 통과할 수 있는 최대 크기의 선박을 수에즈막스라고 합니다. 한편, 파나마 운하를 통과할 수 없는 대형 선박은 남아메리카의 케이프 혼(Cape Horn)을 돌아가야 해서 케이프사이즈라는 이름이 붙었습니다.

이 외에도 선형을 나타내는 단위가 많습니다. 굳이 다 외울 필요 없이 그때 그때 찾아보면 충분합니다.

▎그림 1-22. 파나막스, 수에즈막스, 케이프사이즈 명칭의 유래 ▎

선박의 가격과 제작 기간

선박 한 척의 가격(#선가)은 얼마일까요? 선종 및 선형별로 차이가 있지만, 적게는 수백억 원에서 많게는 수천억 원에 달합니다. 보통 선박의 크기가 클수록, 제조원가나 요구되는 기술 수준이 높을수록 선가가 올라갑니다.

LNG 운반선은 -162℃ 이하의 초저온 상태로 액화천연가스(LNG)를 운반합니다. 따라서 고도의 기술력과 고가의 특수 설비가 필요하며, 이로 인해 가격이 매우 높게 책정됩니다.

LPG 운반선은 -42℃ 이하의 저온 상태로 액화석유가스(LPG)를 운반합니다. 이 역시 기술력과 특수 장비가 필요하므로, 유사한 크기의 다른 선종 대비

가격이 높게 책정됩니다.

컨테이너선은 운항 속도를 높이기 위해 고성능 엔진과 견고한 선체를 필요로 합니다. 또한, 컨테이너 취급을 위한 특수 장치도 갖추어야 하죠. 이러한 이유로 가격대가 높게 형성되어 있습니다.

벌크선과 **탱커선**은 가장 기본적인 형태의 선박입니다. 구조가 단순하므로 크기에 따른 선가 차이만 있을 뿐, 타 선종 대비 가격이 낮은 편입니다. 다만, 탱커선 중에서 석유제품 운반선(PC선)은 선가가 다소 높게 형성되어 있습니다. 일반적인 원유 운반선은 부식 방지를 위해 탱크의 일부만 도장(코팅)하지만, PC선은 운송 과정에서 불필요한 화학 반응이나 불순물이 생기지 않도록 화물창 내부 전체를 특수 도료로 도장하기 때문입니다.

단위: 백만불

선종	LNG 운반선 (174,000CBM)	LPG 운반선* (VLGC)	컨테이너선 (Post-Panamax)	탱커선 (VLCC)	벌크선 (Capesize)
가격	233.8	97.9	205.1	114.9	62.1

| 표 1-2. 선종별 가격표(각 선종의 최대 선형 기준, 2020년~2024년 5년 평균) |

그렇다면 선박 한 척을 건조** 하는 데 소요되는 기간은 얼마나 될까요?

---

* 같은 선형이라도 선종에 따라 크기에는 차이가 있습니다. 예를 들어, 대형 LPG 운반선은 중형 컨테이너선과 유사한 크기를 갖습니다. 따라서 LPG 운반선의 절대적인 가격만 놓고 보면 상대적으로 저렴해 보일 수 있지만, 유사한 크기의 다른 선종과 비교하면 오히려 비싼 편에 속합니다.
** 선박을 만드는 과정을 '건조(建造)'라고 표현합니다. 이는 건물을 짓는다는 의미로, 선박을 바다 위의 건물로 인식하는 데서 비롯된 용어입니다.

선종과 선형에 따라 다르지만, 보통 2~3년이 걸립니다. 이렇게 발주 시점과 인도 시점 사이의 기간이 길기 때문에 해운 시장의 변화를 예측하고, 장기적인 도입 계획을 세우는 것이 중요합니다.

선박의 운용

선박의 운용을 이해하기 위해서는 선주, 용선주, 화주의 관계를 알아야 합니다. **선주**는 선박의 주인을 의미합니다. **용선주**는 선주에게 선박을 빌려서 운용하는 운용자를 말하죠. 용선주는 선주에게 선박을 빌릴 때 일정 금액을 지불하는데, 이를 **용선료**라고 합니다. **화주**는 용선주에게 운송을 맡기는 화물의 주인입니다. 그림 1-23을 함께 보면서 이들의 관계를 좀 더 살펴보겠습니다.

선주는 다양한 방법으로 자금을 마련하여 조선사에 선박을 발주합니다. 조선사는 선박을 건조하여 선주에게 인도하죠. 선주는 인도받은 선박을 용선

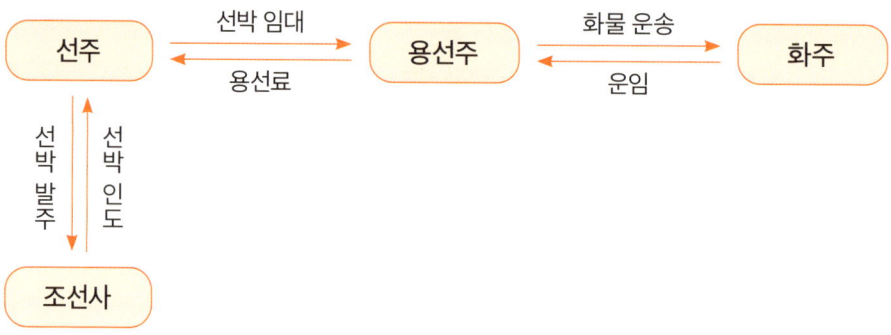

| 그림 1-23. 선주, 용선주, 화주의 관계 |

주에게 임대하고, 용선주는 선주에게 용선료를 지급합니다. 용선주는 선박을 활용해 화주의 화물을 운송해주고, 화주는 용선주에게 운임을 지불합니다.

 선주와 화주가 직접 거래하면 될 것 같은데, 왜 굳이 중간에 용선주가 필요한 걸까요? 서로에게 이득이 되기 때문입니다. 선주는 용선주에게 선박을 빌려줌으로써, 직접 화주를 구하지 않고도 안정적으로 용선료를 받을 수 있습니다. 반면, 용선주는 선박 건조에 필요한 막대한 자본금 없이 일정 금액의 용선료만으로 선박을 운용하여 수익을 창출할 수 있죠.

 해운사는 일반적으로 자사 소유 선박과 임대 선박(용선)을 함께 운용합니다. 즉, 상황에 따라 선주와 용선주의 역할을 모두 수행합니다. 원유나 가스와 같은 화물은 대체로 수요가 일정해 자사 소유 선박으로 안정적인 운송이 가능합니다. 반면, 컨테이너 화물은 물량 변동이 커서 소유하고 있는 선박만으로는 수요 변화에 대응하기가 어렵습니다. 그래서 해운사는 필요에 따라 선박을 빌리고(용선), 또 빌려주는(대선) 방식으로 사업을 영위합니다.

참고로 컨테이너선은 배 한 척에 다양한 화주의 화물이 실리고 해운사들끼리 공동 운항을 하기도 합니다. 이렇게 많은 주체들이 엮여 있기 때문에 문제 발생 시 책임 소재 규명, 피해 보상 등의 처리가 복잡합니다. 그래서 위험한 항로로는 잘 운항하지 않습니다. 반면, 벌크선, 탱커선 등은 소수 혹은 단일 화주의 화물을 취급하는 경우가 대부분입니다. 화주의 동의를 얻기가 상대적으로 쉬워, 상황에 따라 위험을 감수한 운항을 하기도 합니다.

선박의 수명

선박이 노후화되면 교체가 필요합니다. 그렇다면 그 시기는 언제일까요? 자동차를 생각하면 이해가 쉽습니다. 일반적으로 자동차는 특정 부품의 수리·유지 비용 증가, 연비 하락 같은 경제적 요인을 종합적으로 고려하여 교체를 결정합니다. 더 이상 탈 수 없을 만큼 완전히 망가지고 나서야 교체하는 사람은 거의 없죠. 선박의 교체 시점 또한 이와 유사하게 경제성이 중요한 판단 기준이 됩니다.

선종과 운영 조건에 따라 다르지만, 보통 25~40년을 운항하면 폐선을 고려합니다. 이때 선주는 선박 노후화에 따른 운항 비용의 증가와 현재의 운임 수입, 폐선·해체 시의 회수 가치(고철값 등)*를 종합적으로 판단하여 시기를 결정합니다. 보통 해운 시장이 호황일 때는 노후 선박을 폐선하지 않고 좀 더 운용하고, 해운 시장이 불황일 때는 노후 선박에 들어가는 고정비를 줄이기 위해 폐선을 앞당깁니다.

폐선이 결정되면 선박은 해체 시장으로 넘어갑니다. 선박의 해체는 많은 인력이 도구를 사용해 수동으로 진행하는 노동집약적인 작업입니다. 또, 잔여 오일, 가스, 석면 등 유해 물질을 다루기 때문에 국제해사기구(International Maritime Organization, IMO)와 각국의 환경 안전법 및 노동법의 지대한 영향을 받습니다. 이런 이유로 선박 해체 기업은 인건비가 저렴하고, 안전·환경 규제가 적으며, 중고 기자재 및 폐자원의 재활용 수요가 높은 지역에 집중되어 있습니다. 인도, 파키스탄, 방글라데시 등의 국가가 대표적입니다.

여담으로, 1980년대에는 한국도 세계 3위의 선박 해체국이었습니다. 저임금·고위험 산업이었지만 수많은 일자리를 창출할 수 있고, 고철 등 주요 자재를 얻을 수 있는 이점이 있었기 때문이죠. 물론 지금은 개발도상국에 그 지위를 넘겨주었습니다.

---

* 선박을 해체하여 재활용 가능한 자원(ex. 고철)을 회수하는 과정을 폐선 스크랩(Ship Scrapping)이라고 합니다. 폐선 스크랩은 보통 톤당으로 책정되며, 이 가격 역시 선주가 폐선 여부를 판단하는 데 중요한 영향을 미칩니다.

해운임지수

　해운임은 선박으로 화물을 운송하고, 그 대가로 받는 요금을 말합니다. 이 요금은 선박의 종류(선종), 운항 항로, 화물의 특성, 물량, 계약 시점 등 다양한 요인에 따라 수시로 변동합니다. 따라서 시장을 분석할 때는 개별 운임 대신 변동하는 운임들을 평균 낸 뒤, 이를 지수화한 표준 지표를 활용합니다. 이를 **해운임지수**라고 하며, 이 지수를 통해 해운 시장의 동향을 보다 쉽게 파악할 수 있습니다. 선종별 대표 해운임지수는 다음과 같습니다.

컨테이너선 – SCFI, CCFI, HRCI

상하이 컨테이너 운임지수(Shanghai Containerized Freight Index, SCFI)는 상하이에서 출발하는 컨테이너선의 주요 노선별 평균 운임을 구한 후, 중요도에 따라 가중치를 적용하여 지수로 나타낸 것입니다. 2009년 10월 16일을 기준(1,000)으로 매주 상하이해운거래소(SSE)에서 발표합니다. 전 세계 컨테이너 물동량 중 상하이항에서 처리되는 양이 압도적으로 많기 때문에 컨테이너선의 대표 해운임지수로 SCFI를 사용하고 있습니다.

컨테이너선은 각종 공산품과 식료품 등 다양한 소비재를 취급하므로 글

| 그림 1-24. 연도별 SCFI* |

* 이 책에 나오는 대부분의 통계 자료는 클락슨 리서치(Clarksons Research)의 데이터를 기반으로 합니다. 출처가 별도로 표기되지 않은 통계 자료는 클락슨 리서치의 데이터를 참조한 것입니다.

로벌 소비가 늘어나면 컨테이너 물동량이 증가해 SCFI가 상승하고, 소비가 줄어들면 컨테이너 물동량이 감소해 SCFI가 하락합니다.

컨테이너선의 해운임을 보여주는 또 다른 지수로는 **중국 컨테이너 운임 지수**(China Containerized Freight Index, CCFI)가 있습니다. CCFI는 중국에서 출발하는 컨테이너선의 주요 노선별 평균 운임을 구한 후, 중요도에 따라 가중치를 적용하여 지수로 나타낸 것입니다. 1998년 1월 1일을 기준(1,000)으로 상하이해운거래소에서 매주 발표합니다.

SCFI와 CCFI 모두 중국의 컨테이너선 운임을 나타내므로, 장기적으로는 같은 움직임을 보입니다. 다만, 단기적으로는 차이가 있습니다. SCFI는 단기 운임을 반영합니다. 반면 CCFI는 단기 운임과 장기 운임을 모두 반영하죠. 그래서 항만 사고, 물동 수요 급증 등으로 단기적인 시황 변화가 생기면 SCFI는

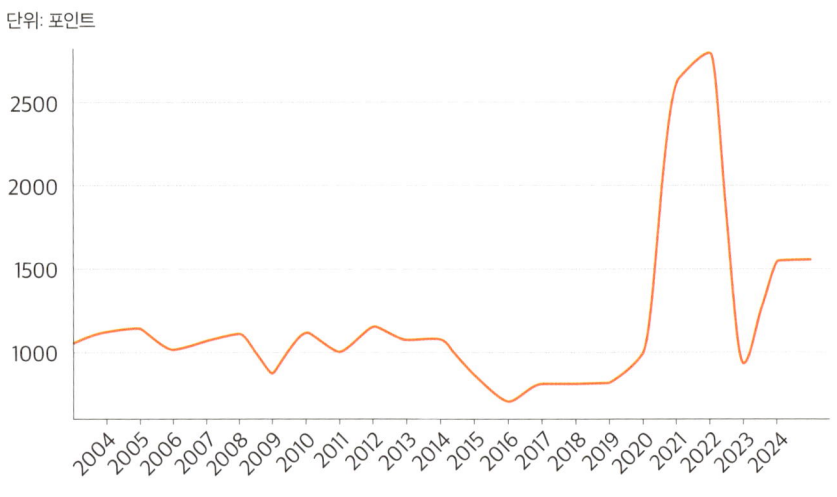

| 그림 1-25. 연도별 CCFI |

크게 오르내리지만, CCFI는 이보다 완만하게 움직입니다.

한편, 운임이 출발지에서 도착지까지 컨테이너당 혹은 톤당 지불하는 운송 비용이라면, 용선료는 선박 자체를 빌리는 임대 비용입니다. 이 둘은 계약 구조가 서로 다르지만, 운송 수단을 구하는 비용이라는 점에서 공통점이 있습니다. 따라서 용선과 관련된 지수도 알고 있으면 좋습니다. 컨테이너선 용선지수 중 대표적인 것은 **호어 로빈슨 컨테이너 용선지수**(Howe Robinson Container Index, HRCI)입니다. HRCI는 용선 시장에서 거래되는 주요 컨테이너선의 용선료를 평균 낸 뒤 이를 지수화한 것으로, 영국의 해운 컨설팅 기업인 호어로빈슨(Howe Robinson)에서 매주 발표합니다. 선박을 빌리려는 수요가 증가하거나 용선 가능한 선박 수가 줄어들면 HRCI가 상승하고, 반대의 경우에는 HRCI가 하락합니다.

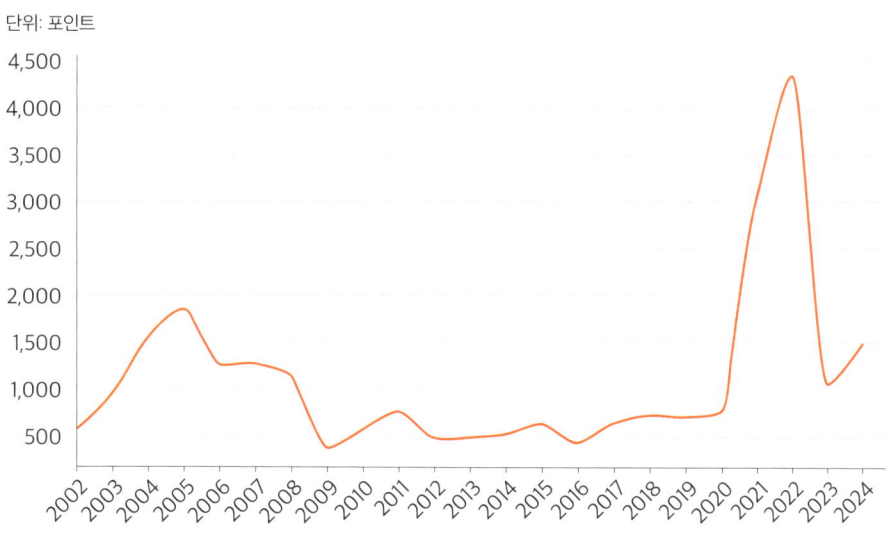

| 그림 1-26. 연도별 HRCI |

벌크선 – BDI

발틱 건화물 운임지수(Baltic Dry Index, BDI)는 벌크선의 주요 노선별 평균 운임을 구한 후, 선박의 크기와 화물의 종류에 따라 가중치를 적용하여 지수로 나타낸 것입니다. 런던에 있는 발틱해운거래소(Baltic Exchange)에서 매일 발표합니다.

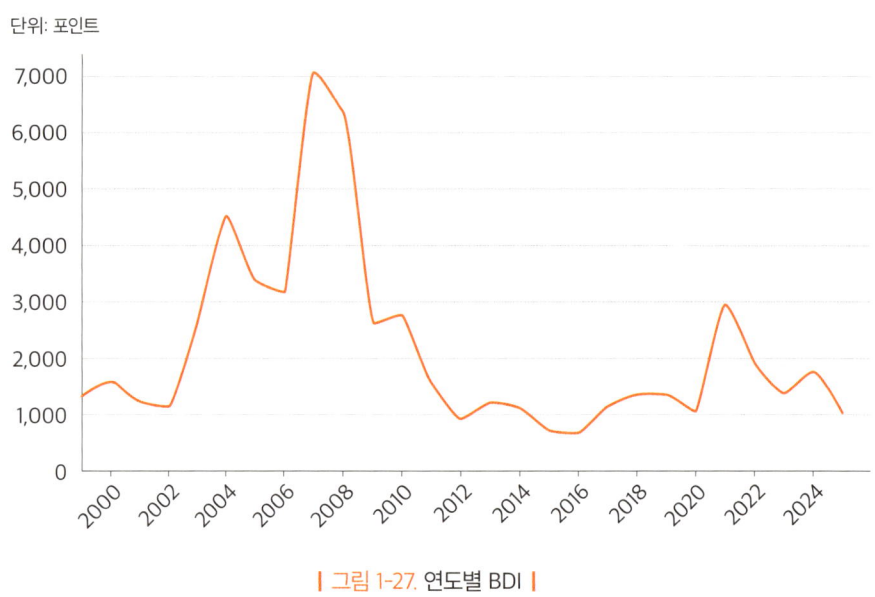

| 그림 1-27. 연도별 BDI |

1985년 1월 4일의 운임을 기준(1,000)으로 하며, 하위 지수인 BCI, BPI, BSI, BHSI를 종합하여 산정합니다.

선종	선형
BCI(Baltic Capesize Index)	대형 벌크선(Capesize)의 운임지수
BPI(Baltic Panamax Index)	중형 벌크선(Panamax)의 운임지수
BSI(Baltic Supramax Index)	소형 벌크선(Supramax)의 운임지수
BHSI(Baltic Handysize Index)	초소형 벌크선(Handysize)의 운임지수

| 표 1-3. BDI의 하위 지수 |

　벌크선은 철광석, 석탄, 곡물 등의 원자재를 주로 운송합니다. 원자재는 각종 제품을 생산하기 위한 기본 원료이므로, 경기가 좋을 것으로 예상되면 기업들이 제품 생산을 위해 원자재를 미리 구입합니다. 이에 벌크선 수요가 증가하고 BDI도 상승합니다. 반대로 경기가 나쁠 것으로 예상되면 기업들이 원자재 구입을 미루므로 벌크선의 수요가 감소해 BDI가 하락하죠. 이처럼 BDI는 글로벌 경기를 가늠하는 선행 지표의 역할을 합니다.

탱커선 - WS, BDTI, BCTI

　앞서 설명했듯이, 원유 운반선과 석유제품 운반선처럼 유류를 취급하는 선박을 유조선이라고 합니다. 유조선은 노선이 굉장히 다양하므로 운임 산정을 위해서는 기준이 필요합니다. **월드스케일**(Worldscale, WS)은 유조선의 항로별 표준 운임을 설정한 후, 실제 계약 운임을 표준 운임 대비 백분율(%)로 나타낸 것입니다. 예를 들어, WS 120은 실제 운임이 표준 운임의 120%라는

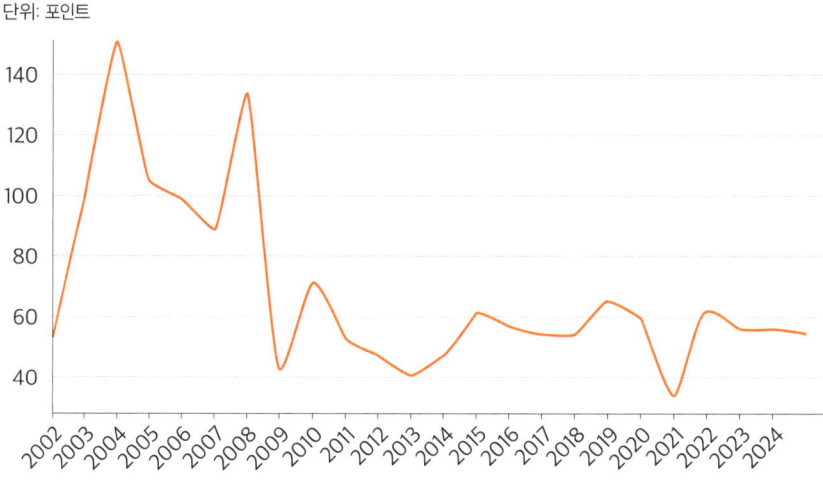

| 그림 1-28. 연도별 WS |

의미입니다. 영국의 월드스케일협회(WSA)에서 매년 1월 1일에 발표하며[*] 유조선 운임 계약의 기준으로 활용됩니다.

좀 더 세분화된 지표로는 **발틱 더티 탱커 운임지수**(Baltic Dirty Tanker Index, BDTI)와 **발틱 클린 탱커 운임지수**(Baltic Clean Tanker Index, BCTI)가 있습니다. BDTI는 원유 운반선의 대표 운임지수이며, BCTI는 석유제품 운반선의 대표 운임지수입니다. 업계에서는 광구에서 뽑아올린 원유를 Dirty Oil, 이를 정제한 석유제품을 Clean Oil이라고 칭하는데, 이것이 이름에 반영되어 있습니다.

---

[*] 필요한 경우, 연중에도 특정 항로에 대한 수치가 업데이트될 수 있습니다.

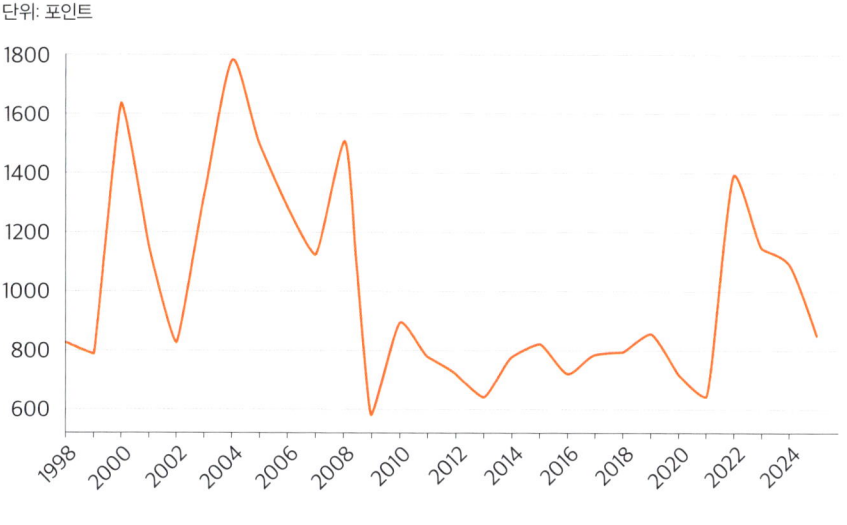

| 그림 1-29. 연도별 BDTI |

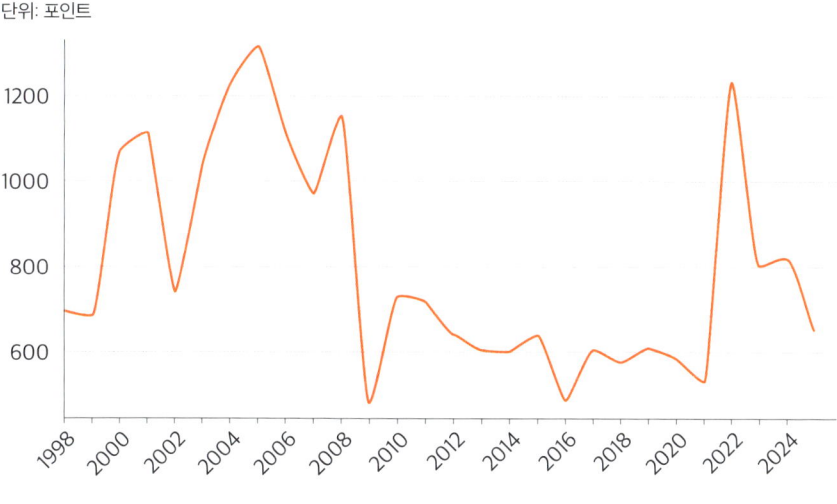

| 그림 1-30. 연도별 BCTI |

가스 운반선 - BLNG, BLPG

발틱 LNG 운임지수(Baltic LNG Index, BLNG)와 **발틱 LPG 운임지수**(Baltic LPG Index, BLPG)는 각각 LNG 운반선과 LPG 운반선의 주요 항로별 평균 운임을 구한 후, 중요도에 따라 가중치를 적용하여 지수로 나타낸 것입니다. 두 지수 모두 발틱해운거래소에서 산출하며, 시장의 운임 동향을 파악하고 관련 파생상품을 거래하는 데 기준으로 활용됩니다. 다만, 가스 운반선은 물동량 규모가 상대적으로 적고, 대형 에너지 기업과 해운사 간 장기 운송 계약 비중이 높아서 다른 선종에 비해 운임지수의 중요도가 낮습니다.

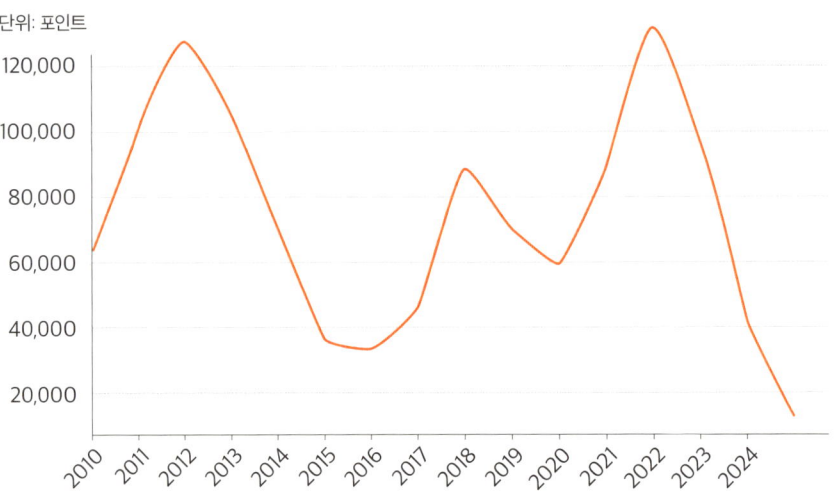

| 그림 1-31. 연도별 BLNG |

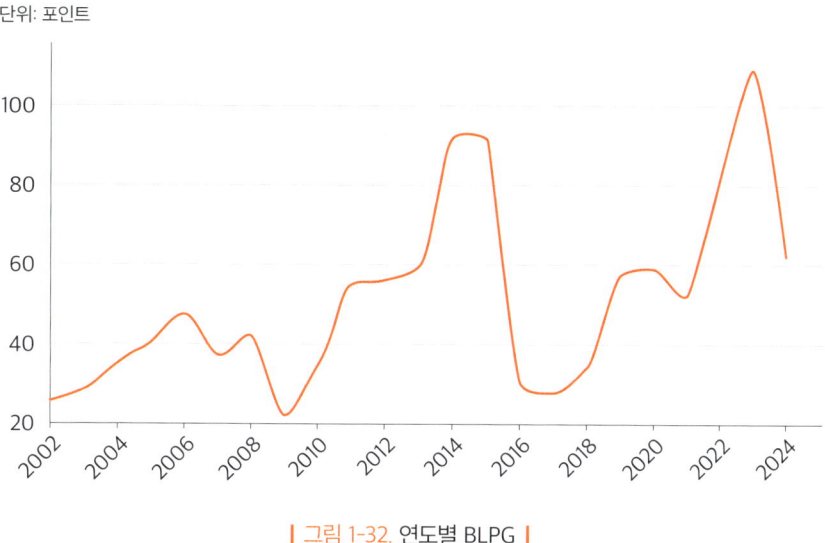

| 그림 1-32. 연도별 BLPG |

    지금까지 다양한 해운임지수를 알아보았습니다. 한국처럼 원료의 수입 비중과 상품의 수출 비중이 높은 국가들은 해운임 상승에 직접적인 영향을 받습니다. 해운임이 상승하면 물류 비용이 늘어나 수출입 기업들의 수익성이 악화되고, 해운임이 하락하면 물류 비용이 감소해 수출입 기업들의 수익성이 개선됩니다.

항만의 이해

 항만이란 선박이 안전하게 출입·정박하여, 화물 및 승객을 싣고 내릴 수 있도록 다양한 시설을 갖춘 장소를 말합니다. 항구가 단순히 선박이 드나드는 공간을 의미한다면, 항만은 선박 정박을 위한 부두, 화물 하역 장비, 보관 창고, 검역과 세관 등 항구에 건설된 모든 시설과 공간을 아우르는 보다 포괄적인 개념입니다.

 항만은 사용 목적에 따라 여러 종류가 있습니다. 먼저, **상항**(#무역항)은 화물을 주로 취급하는 항만으로, 컨테이너선과 같은 화물선이 주로 입항합니다. **공업항**은 원료나 공업 제품을 주로 취급하는 항만으로, 원유 운반선과 같은

| 그림 1-33. 항만의 모습 |

원료 운반선이 입항합니다. 해운 산업에서 다루는 항만은 대부분 상항과 공업항을 말합니다. 이 외에도 어선이 입항하는 **어항**, 관광 목적의 요트나 유람선이 이용하는 **마리나항**, 군사적 성격을 갖춘 **군항** 등이 있습니다.

해상 운송은 항만에서 시작하여 항만에서 끝납니다. 물자의 생산과 소비는 거의 절대 다수가 내륙에서 이루어지기 때문에 해상 운송은 육상 운송과 연결되어야 하는데, 그 접점이 바로 항만입니다. 따라서 항만은 주요 항로에서 쉽게 접근할 수 있는 거리에 있어야 하며, 동시에 주요 육송로에 위치해야 합니다. 또, 선박이 안전하게 정박할 수 있도록 충분한 수심을 갖춰야 하죠.

한편, 화물의 빠른 하역을 위해서는 다양한 설비가 필요합니다. 이러한 설비는 화물의 물성에 따라 달라지는데, 이는 곧 선종마다 요구되는 설비가 다르다는 것을 의미합니다. 이런 이유로 대형 항만은 각 화물 및 선종에 특화된 전용 터미널을 보유하고 있습니다.

컨테이너 터미널의 모습은 그림 1-34와 같습니다. 해상 운송에 사용되는 모든 컨테이너의 규격은 표준화되어 있습니다. 즉, 전 세계 어느 항만이든 동일한 규격의 컨테이너를 취급합니다. 따라서 컨테이너 터미널에는 표준화된 컨테이너를 하역할 수 있는 거대한 설비인 갠트리 크레인(Gantry Crane)[*]이 있습니다. 또한, 컨테이너를 쌓아 보관하는 거대한 야적장과 그 야적장에서 컨테이너를 이동·적재하는 야드 크레인(Yard Crane)도 볼 수 있죠. 첨단화된 컨테이너 터미널에는 사람의 조작 없이 작동하는 AGV(Automated Guided

---

[*] 항만뿐 아니라 조선소, 건설 현장 등에서도 사용합니다.

| 그림 1-34. 컨테이너 터미널의 모습 |

Vehicle), ASC(Automated Stacking Crane)와 같은 자동화 설비가 갖춰져 있기도 합니다. 그리고 이 모든 것을 통제하는 관제실도 있습니다.

벌크 화물 터미널의 모습은 그림 1-35와 같습니다. 언로더(Unloader)라고 불리는 대형 기중기 형태의 하역 장비가 화물창에서 화물을 끌어올려 컨베이어 벨트로 이동시킵니다. 또한, 하역 화물을 보관할 수 있는 넓은 야적장도 갖추고 있죠. 한편, 대부분의 벌크 화물(드라이 벌크)은 먼지를 수반하기에 별도의 분진 설비를 보유하고 있으며, 석탄처럼 가연성 화물을 다루는 곳에는 물을

| 그림 1-35. 벌크 화물 터미널의 모습 |

지속적으로 뿌려주는 스프링클러가 있기도 합니다.

원유 터미널의 모습은 그림 1-36과 같습니다. 액체화물을 보관하는 거대하고 납작한 원통형의 탱크가 다수 설치되어 탱크 팜(Farm)을 형성하고 있는 것을 볼 수 있습니다. 또한, 액체를 옮길 수 있는 펌프, 밸브, 배관 시설뿐 아니라, 화재 대비용 소방 설비, 기름 유출 방지를 위한 오일 펜스 및 긴급 방재 설비 등 안전 시설도 갖추고 있죠.

탱크 팜과 더불어 원유 터미널에서 돋보이는 구조물은 제티(Jetty)입니다. 제티는 해안선에서 수직으로 길게 뻗어 있는 접안 시설입니다. 컨테이너선이나 벌크선과 달리, 탱커선은 해안선과 거리를 두고 하역을 진행합니다. 탱커

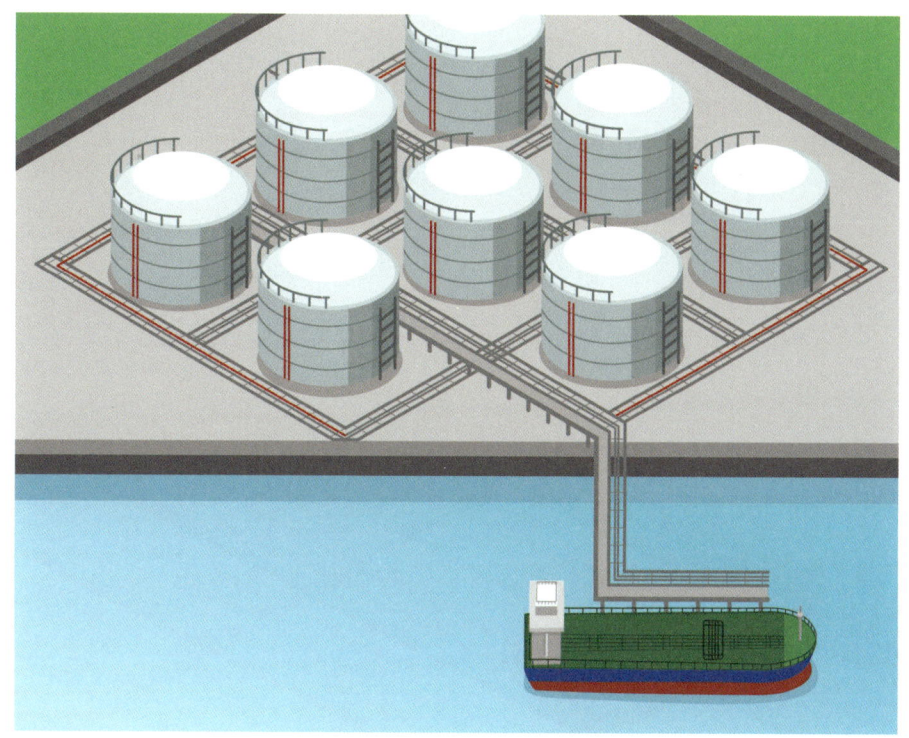

| 그림 1-36. 원유 터미널의 모습 |

선은 다른 선박보다 흘수(물에 잠기는 깊이)가 훨씬 깊어 수심이 확보된 해역에서만 접안할 수 있기 때문입니다. 또한, 화재나 기름 유출 사고에 대비한 안전상의 이유도 있습니다.

가스 터미널의 모습은 그림 1-37과 같습니다. 냉각된 고압의 액화가스를 안전하게 처리하기 위해 해안과 떨어진 제티에서 접안하며, 고도의 안전 감시 장치와 소방 및 폭발 대응 장비가 갖춰져 있습니다. 또한, 액화가스를 운반하므로 원유 터미널과 유사하게 펌프와 밸브, 배관을 사용하지만, 초저온과 고압을 견디는 설비라는 점에서 차이가 있습니다. 한편, 기화기가 설치되어 있

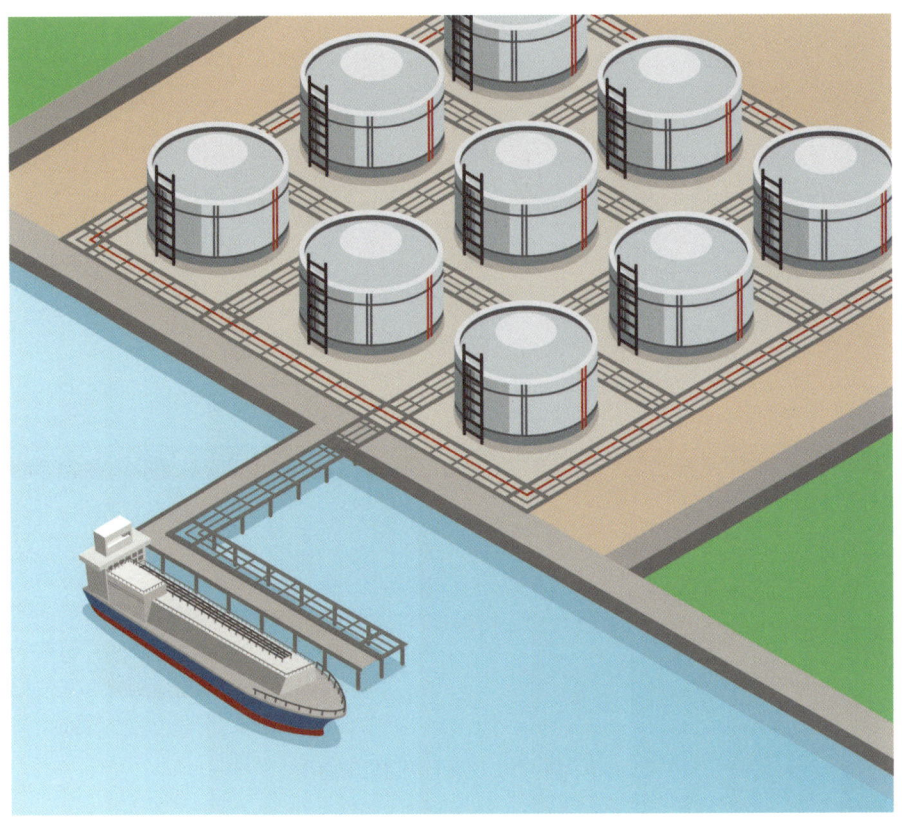

| 그림 1-37. 가스 터미널의 모습 |

어, 액화가스를 기체로 전환하여 파이프라인을 통해 목적지까지 운반합니다.

항만의 규모는 처리할 수 있는 화물의 양으로 평가합니다. 전 세계 주요 항만의 순위는 그림 1-38과 같습니다.* 1위를 차지한 상하이항을 비롯해, 닝보·저우산항, 칭다오항 등 중국의 항만들이 상위권에 포진해 있으며, 싱가포르항과 부산항이 10위권 안에 이름을 올리고 있습니다.

* 컨테이너 항만 기준입니다.

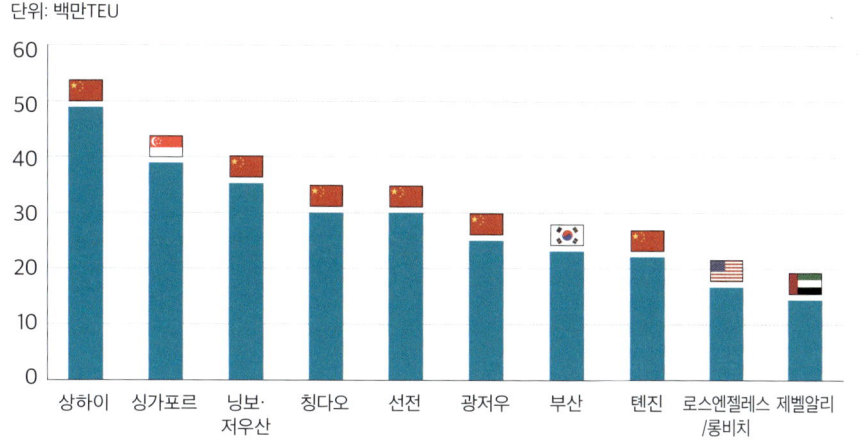

| 그림 1-38. 전 세계 주요 항만 순위(2023년 기준), 출처: 알파라이너 |

| 그림 1-39. 전 세계 주요 항만의 위치 |

핵심만 쏙쏙!

1. 해운 산업의 정의

바다를 통해 화물과 사람을 운송하는 것을 해상 운송이라고 합니다. 해상 운송은 항만 운영, 선박 관리, 선원 교육, 해상 보험 등 다양한 요소가 유기적으로 연결되어 있으며, 해상 운송을 비롯해 이와 연계된 모든 산업을 총칭하여 해운 산업이라고 합니다.

2. 선박의 종류

그림 1-40에서 볼 수 있듯이, 선박은 용도에 따라 다양하게 구분됩니다. 선박을 용도별로 나눈 것을 선종이라고 하는데, 상선, 그중에서도 화물선의 선종은 다음과 같습니다.

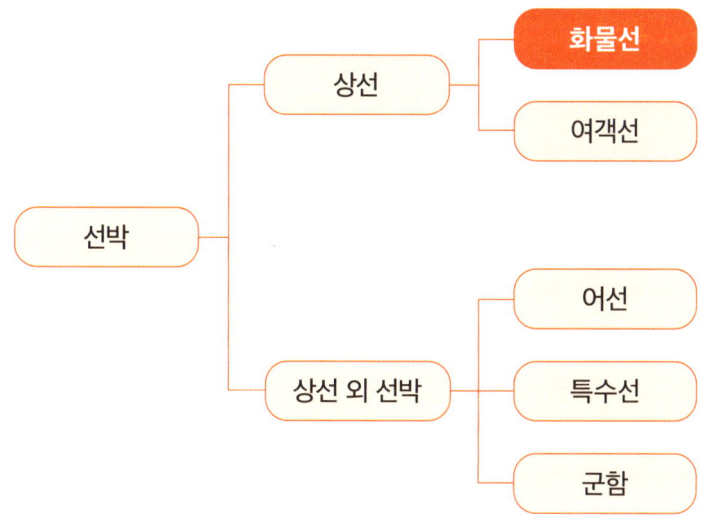

| 그림 1-40. 선박의 용도별 분류 |

- **컨테이너선:** 컨테이너 화물을 운송하는 선박입니다.
- **벌크선:** 철광석, 곡물, 비료, 석탄 등 포장되지 않은 고체 상태의 마른 화물, 즉 건화물(Dry Cargo)을 운송하는 선박입니다.
- **탱커선:** 액체화물을 운송하는 선박입니다. 원유를 운송하면 원유 운반선, 석유제품을 운송하면 석유제품 운반선입니다.
- **가스 운반선:** 가스를 운반하는 선박입니다. 운반하는 가스에 따라 LNG 운반선, LPG 운반선, 암모니아 운반선 등으로 불립니다.
- **자동차 운반선:** 자동차를 운송하는 선박입니다. 승용차만 선적하는 PCC, 승용차와 트럭을 모두 선적하는 PCTC, 대형 차량을 선적하는 LCTC로 나뉩니다.

3. 주요 항로

항로는 선박이 다니는 길을 말합니다. 대부분의 해상 운송은 정해진 항로를 따라 이루어지는데, 항로에 문제가 생기면 더 먼길을 돌아가야 하므로 운송 기간과 비용이 늘어납니다. 해운 산업을 공부하면서 꼭 알아야 할 주요 항로는 다음과 같습니다.

- **영국 해협**: 대서양과 북해를 잇는 항로로, 유럽과 나머지 세계를 연결합니다.
- **말라카 해협**: 인도양과 태평양을 잇는 항로로, 동북아시아와 중동 및 아프리카를 연결합니다.
- **호르무즈 해협**: 페르시아만과 인도양을 잇는 항로로, 인근 산유국의 원유를 전 세계로 운송합니다.

| 그림 1-41. 주요 항로 |

- **수에즈 운하**: 지중해와 홍해를 잇는 인공 수로로, 유럽과 아시아를 연결합니다.
- **파나마 운하**: 태평양과 대서양을 잇는 인공 수로로, 미동부와 아시아를 연결합니다.

참고로 항로는 크게 두 가지 방식으로 이해할 수 있습니다.

첫 번째는 출발지와 목적지를 잇는 방식입니다. 아시아·북미, 아시아·북유럽, 아시아·지중해, 아시아·중동, 북유럽·북미 노선 등이 대표적입니다. 거대 시장인 아시아가 핵심 항로에서 중요한 기점 또는 종점 역할을 합니다.

두 번째는 반드시 통과해야 하는 해상 길목을 중심으로 항로를 인식하는 방식입니다. 대서양과 북해를 잇는 영국 해협이 좋은 예입니다. 이 책에서 다룬 항로들이 두 번째 방식에 해당합니다.

4. 선박의 크기

선박의 크기를 나타내는 다양한 단위가 있습니다.

톤수(Tonnage)는 선박이나 화물의 부피 또는 중량을 나타내는 단위입니다.

용적톤수는 선박의 부피를 나타내는 단위로, 총톤수는 선박 전체의 부피를, 순톤수는 화물을 실을 수 있는 실제 공간의 부피를 나타냅니다.

중량톤수는 화물 또는 선박의 무게를 나타내는 단위로, 재화중량톤수는 선박이 침몰하지 않고 실을 수 있는 최대 화물량을, 배수량톤수는 수면 아래 잠긴 선박의 부피와 동일한 부피를 가진 바닷물의 무게, 즉 선박의 총무게를 나타냅니다.

| 그림 1-42. 톤수에 따른 구분 |

마지막으로 표준 화물선 환산톤수는 선박을 건조하는 데 들어가는 작업량(공수)을 반영한 단위입니다.

선종에 따라 다른 단위가 쓰이기도 합니다. 그 단위는 다음과 같습니다.

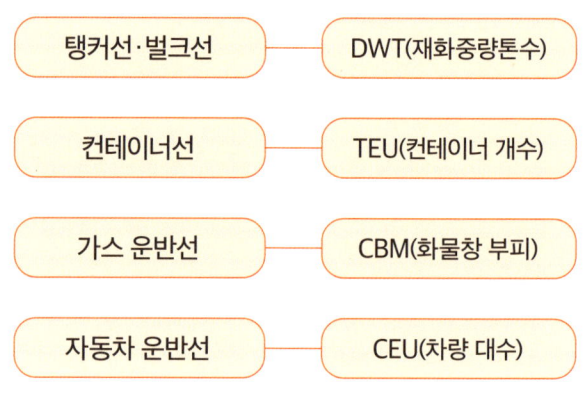

| 그림 1-43. 선종별 크기를 나타내는 단위 |

한편, 선박의 크기는 선형으로도 나타냅니다. 선형은 선종 내에서 크기에 따라 나눈 하위 분류이며, 인터미디어트, 파나막스, 수에즈막스 등 여러 가지가 있습니다. 외울 필요 없이 그때 그때 찾아보면 됩니다.

5. 선박의 가격과 제작 기간

선박 한 척의 가격은 적게는 수백억 원에서 많게는 수천억 원에 달합니다. 보통 선박의 크기가 클수록, 제조원가나 요구되는 기술 수준이 높을수록 선가가 올라갑니다. 한편, 선박의 발주부터 인도까지는 통상 2~3년이 소요됩니다.

단위: 백만불

선종	LNG 운반선 (174,000CBM)	LPG 운반선 (VLGC)	컨테이너선 (Post-Panamax)	탱커선 (VLCC)	벌크선 (Capesize)
가격	233.8	97.9	205.1	114.9	62.1

| 표 1-4. 선종별 가격표(각 선종의 최대 선형 기준, 2020년~2024년 5년 평균) |

6. 선박의 운용

선박의 운용을 이해하기 위해서는 선주, 용선주, 화주의 관계를 알아야 합니다. 이들의 관계는 다음 그림과 같습니다.

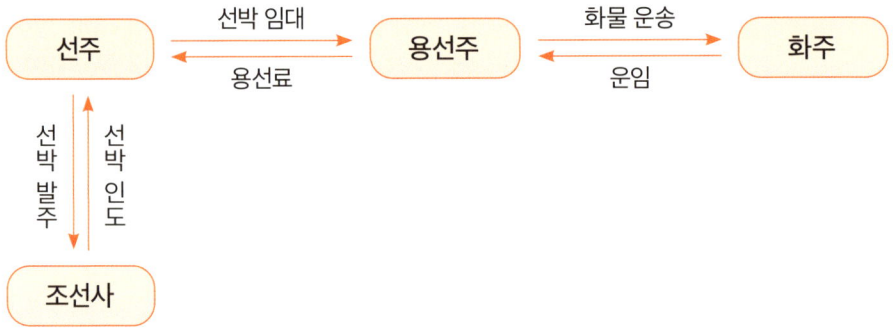

| 그림 1-44. 선주, 용선주, 화주의 관계 |

7. 선박의 수명

선종과 운영 조건에 따라 다르지만, 통상 25~40년을 운항하면 폐선을 고려합니다. 보통 해운 시장이 호황일 때는 노후 선박을 폐선하지 않고 좀 더 운용하고, 해운 시장이 불황일 때는 노후 선박에 들어가는 고정비를 줄이기 위해 폐선을 앞당깁니다.

8. 해운임지수

선종별 대표 해운임지수는 다음과 같습니다.

컨테이너선 - SCFI, CCFI, HRCI

중국은 압도적인 물동량을 자랑합니다. 그래서 컨테이너선의 해운임지수로는 상하이 컨테이너 운임지수(SCFI)와 중국 컨테이너 운임지수(CCFI)를 사용합니다. 한편, 컨테이너선의 용선지수로는 호어 로빈슨 컨테이너 용선지수(HRCI)가 있습니다.

벌크선 - BDI

벌크선의 해운임지수로는 발틱해운거래소가 발표하는 발틱 건화물 운임지수(BDI)를 사용합니다.

탱커선 중에서 유조선은 월드스케일(WS), 원유 운반선은 발틱 더티 탱커 운임지수(BDTI), 석유제품 운반선은 발틱 클린 탱커 운임지수(BCTI)을 사용합니다. 또한, 가스 운반선은 발틱 LNG 운임지수(BLNG)와 발틱 LPG 운임지수(BLPG)를 사용하지만, 다른 선종 대비 중요도가 낮습니다.

9. 항만의 이해

항만이란 선박이 안전하게 출입·정박하여, 화물 및 승객을 싣고 내릴 수 있도록 다양한 시설을 갖춘 장소를 말합니다. 대형 항만은 각 화물 및 선종에 특화된 전용 터미널을 보유하고 있습니다.

 한 걸음 더!

1. 선박을 지칭하는 용어들의 차이점

Vessel은 물 위에 떠서 운항하는 모든 운송 수단을 포괄하는 가장 상위의 개념입니다. 상선, 군함, 어선 등 모든 종류의 선박을 포함합니다. Ship은 대형 선박을, Boat는 작은 선박을 의미하며, Yacht는 레저용으로 사용되는 선박을 지칭합니다.

2. 선박의 속력 단위, 노트

노트(Knot)는 선박의 속력을 측정하는 단위입니다. 밧줄의 매듭을 의미하는 노트가 속력의 단위로 쓰이게 된 이유는 무엇일까요? 과거에는 선박의 속력을 측정하기 위해 일정한 간격으로 매듭을 묶은 밧줄을 사용했습니다. 선박이 항해하는 동안 밧줄을 내리고, 정해진 시간 동안 풀려나간 매듭의 개수를 세어 속력을 파악했죠. 이러한 방식에서 유래하여 매듭을 뜻하는 노트가 속력의 단위로 쓰이게 되었습니다.

노트는 해리÷시간으로 계산합니다. 이때 1해리는 1.852km이므로 1노트는 시간당 약 1.852km를 갈 수 있는 속력임을 알 수 있습니다. 그렇다면 해리는 어떤 단위일까요? 일상에서 우리가 접하는 거리는 직선입니다. 직선은 km 단위로 표기합니다. 그런데 선박이나 항공기는 둥근 지구를 돌며 긴 거리를 운항하기 때문에 직선의 개념으로 표기하면 오차가 생기고, 여러 불편함이 따릅니다. 그래서 직선이 아닌 둥근 지구에 적합한 단위가 요구되는데 이 단위가 바로 해리(Nautical Mile)입니다. 선박의 운항 거리를 해리로 측정하고, 위도와 경도를 알면 선박이 지구상의 어디에서 어디로 이동했는지를 쉽게 파악할 수 있습니다.

3. 북극항로

북극항로(Northern Sea Route)란 북극 주변의 빙하를 통과하는 항로를 말하며, 통상 아시아와 유럽을 연결하는 러시아 해역의 북동항로를 의미합니다. 그림 1-45에서 볼 수 있듯이, 아시아에서 유럽까지 운항할 때 수에즈 운하를 이용하면 22,000km를 이동해야 하지만, 북극항로를 이용하면 15,000km로 운항 거리가 약 30% 단축됩니다. 운항 기간과 연료비를 크게 절감할 수 있는 것이죠.

그럼에도 불구하고 북극항로는 아직 상업적으로 활성화되지 못하고 있습니다. 그 이유는 무엇일까요?

첫째, 혹독한 항해 여건입니다. 북극항로는 겨울철에 두꺼운 얼음이 형성되어, 일반 선박으로는 항해가 어렵습니다. 이를 해결하려면 얼음을 깨며 나

| 그림 1-45. 수에즈 운하를 경유하는 기존 항로와 북극항로의 비교 |

아가는 쇄빙선이 필요한데, 이 경우 운항에 막대한 비용이 들어가 경제성이 떨어집니다.

둘째, 환경 규제입니다. 북극은 매우 민감하고 취약한 생태계를 가진 지역이어서, 항로 이용 증가는 심각한 환경 문제를 야기할 수 있습니다. 이러한 이유로 국제 사회는 북극 해역에 대해 매우 엄격한 환경 규제를 적용하고 있습니다.

셋째, 지정학적 리스크입니다. 북극항로는 러시아 해역을 통과하는 만큼 러시아에 대한 국제 제재나 정치적인 문제가 발생할 경우, 항로 운영에 지장이 생길 수 있습니다.

그러나 여러 제약에도 불구하고 최근 북극항로가 다시 주목받고 있습니다. 지구온난화로 인해 북극의 빙하가 줄어들면서 북극항로의 운항 여건이 개선되고 있기 때문입니다. 이에 따라 여러 국가들이 북극항로의 가능성을 긍정적으로 평가하며 활용 모색에 나서고 있습니다.

4. 선복량, 물동량, 발주량, 인도량은 무슨 뜻일까?

선복량은 선박의 화물 적재 능력을 뜻합니다. 2.5톤의 화물을 실을 수 있는 트럭을 2.5톤 트럭이라고 부르는 것과 비슷한 개념입니다. 보통은 "지난해와 비교해 한국의 총 선복량이 증가했다."와 같이 개별 선박의 적재 능력보다는 국가 혹은 해운사가 보유한 전체 선박의 적재 능력을 지칭할 때 주로 사용합니다. 선복량을 나타내는 단위로는 DWT, TEU, CBM 등이 있습니다.

물동량은 항만 또는 항로에 드나드는 화물의 양을 뜻합니다. 선복량이 화물을 운반할 수 있는 능력을 의미한다면, 물동량은 실제로 운반된 화물의 양을 의미합니다.

발주량은 선주가 주문한 선박의 양입니다. 즉, 미래에 건조될 선박의 수량입니다. 반면 인도량은 건조가 완료되어 선주에게 인도된 선박의 양을 말합니다. 발주한 만큼 인도되므로 수량이 동일할 것 같은데 왜 이 둘을 구분해서 집계할까요?

선박 건조에는 수년이 소요되므로 발주 시점과 인도 시점 사이에 상당한 시차가 존재합니다. 10척을 한 번에 발주해도 인도는 순차적으로 이루어질 수 있어, 현재의 발주량이 특정 시점의 인도량과 정확히 일치하지 않습니다. 이러한 이유로 해운·조선 산업에서는 발주량과 인도량을 구분하여 각각 집계하고 있습니다.

5. 톤마일이란?

해운 산업을 공부하다 보면, "러시아·우크라이나 전쟁으로 우회 운송이 늘면서 유조선의 톤마일이 30% 증가했다."와 같은 기사를 접하게 됩니다. 여기서 톤마일은 무엇을 뜻하는 걸까요?

선박 수요를 예측할 때는 화물의 물동량뿐 아니라 운송 거리를 함께 파악해야 합니다. 이러한 이유로 해운업계에서는 톤마일(Ton-mile)이라는 개념을 사용합니다.

톤마일은 운송된 화물의 중량(톤)과 운송 거리(마일)를 곱한 값을 말합니다. 예를 들어, 100만 톤의 화물을 1,000마일 운송하면 10억 톤마일이 됩니다. 중국이나 인도 같은 신흥국의 경제 성장으로 교역량이 늘면 '톤'이 증가합니다. 한편, 전쟁 등으로 주요 항로가 막혀 우회 항로를 이용하면 '마일'이 증가하죠. 톤마일을 활용하면 톤과 마일의 변화를 모두 반영할 수 있어, 보다 정확하게 선박 수요를 예측할 수 있습니다.

6. 정기선과 부정기선

화물선은 정기선과 부정기선으로 나뉩니다. 정기선은 항로와 시간이 정해져 있어 규칙적으로 운항하는 선박을 말합니다. 컨테이너선이 대표적인 정기선입니다. 반면, 부정기선은 화물 운송 수요가 있을 때마다 항로와 시간을 달리하여 유동적으로 운항하는 선박을 말합니다. 벌크선과 탱커선이 대표적인 부정기선입니다.

7. PC선과 MR탱커

석유제품 운반선(Product Carrier)을 줄여서 PC선이라고 부릅니다. 그런데 뉴스를 보면 PC선을 MR탱커라고도 표현합니다. 여기서 MR은 Medium Range의 약자로, 중형 크기의 선박을 의미합니다. 원유는 한 번에 많은 양을 긴 항로(ex. 중동 → 한국)로 운송해야 하기에 대형 유조선(VLCC)을 이용합니다. 반면, 석유제품은 휘발유, 등유, 경유 등을 짧은 항로로 소량 운송하므로 MR급의 중형 선박을 이용하죠. 그래서 석유제품을 옮기는 PC선은 대부분 MR급의 크기를 갖습니다. 이런 이유로 PC선을 MR탱커라고도 부릅니다.

1. 해운 산업의 사이클
2. 수요와 공급에 영향을 미치는 요인
3. 해운 시황을 판단하는 다양한 지표들
4. 사례로 살펴보는 슈퍼 사이클

PART 02

해운 산업을 움직이는 메커니즘

해운 산업은 호황과 불황이 주기적으로 반복되는 사이클을 보입니다. 이번 장에서는 이러한 사이클의 발생 원인과 시황을 판단하는 데 도움이 되는 주요 지표들을 알아보고, 과거 사례를 통해 슈퍼 사이클의 특징까지 살펴보겠습니다.

해운 산업의 사이클

해운 산업은 호황과 불황이 주기적으로 반복됩니다. 다음 페이지의 그림 2-1을 함께 봐주세요.

해운 수요가 증가하더라도, 해운 공급은 이에 비해 늦게 증가합니다.* 지금 선박을 발주해도 인도받기까지는 2~3년이 소요되기 때문이죠. ①그 결과 수요가 공급을 초과하게 되고, 이러한 호황 국면에서는 해운임이 상승하여 해운사의 수익성이 개선됩니다. 호황이 지속되면 해운사는 더 많은 수익을 위해 경쟁적으로 선박을 발주합니다. 이에 따라 공급이 점차 증가합니다.

* 해운 산업에서 수요는 물동량을, 공급은 선복량(선박의 총 적재 능력)을 의미합니다.

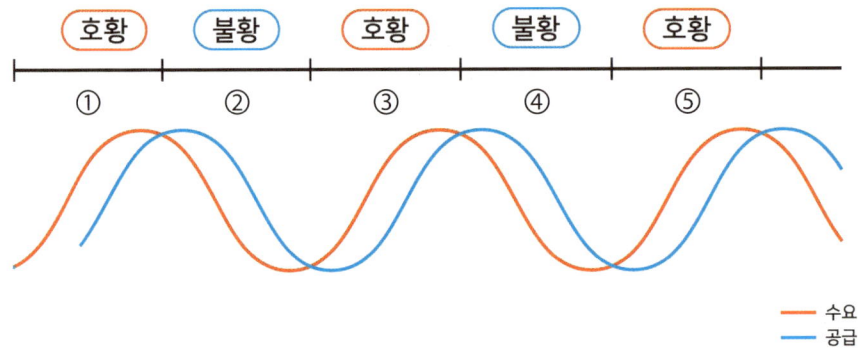

| 그림 2-1. 호황과 불황이 주기적으로 반복되는 해운 산업 |

②그런데 그 사이 수요가 줄어들어 공급이 수요를 초과하는 불황 국면이 펼쳐집니다. 그 결과 해운임이 하락하고, 해운사의 수익성이 악화됩니다. 이에 해운사는 신규 선박의 발주를 미루고, 고정비를 줄이기 위해 노후 선박의 폐선을 앞당깁니다.

③공급이 줄어든 상황에서 수요가 회복되면 다시 호황 국면이 시작됩니다. 그리고 해운사가 신규 선박 발주를 확대함에 따라, 시차를 두고 공급도 함께 증가합니다.

④수요와 공급이 모두 충분한 상황에서 수요가 꺾이면 다시 불황 국면에 들어갑니다. 불황기에는 신규 선박의 인도 지연과 노후 선박의 폐선으로 공급이 계속 감소합니다.

⑤공급이 줄어든 상황에서 수요가 살아나면 또다시 호황이 찾아옵니다.

이처럼 해운 산업은 호황과 불황이 주기적으로 반복되는 사이클을 보입니다. 다만, 각 국면의 지속 기간은 서로 상이한데, 일반적으로 호황은 짧게 지속되고 불황은 길게 이어지는 경향이 있습니다.

수요와 공급에 영향을 미치는 요인

해운 산업의 수요와 공급에 영향을 미치는 요인은 다양합니다. 특히, 어느 한쪽에만 영향을 미치지 않고 양쪽 모두에 영향을 주는 경우가 많습니다. 지금부터 하나씩 알아보겠습니다.

수요 측면

1. 글로벌 경기

글로벌 경기는 해운 산업의 수요에 가장 큰 영향을 미칩니다. 예를 들어,

경기가 호황이면 소비자들의 구매력이 향상되어 무역이 활발해지고, 이는 컨테이너선 수요 증가로 이어집니다. 또한, 산업 활동이 촉진되면 원자재 수출입이 늘어나 벌크선 수요 역시 증가합니다. 아울러 생산과 소비가 확대됨에 따라 에너지 소비가 증가하여 원유 운반선과 가스 운반선의 수요가 동반 상승하는 모습을 보입니다. 결국 경기 호황은 대부분 선종의 수요 증가를 견인한다고 할 수 있습니다.

한편, 글로벌 경기는 공급에도 영향을 미칩니다. 경기가 호황이면 해운임이 증가하여 해운사의 수익성이 개선됩니다. 이에 투자 여력이 생긴 해운사들은 신규 선박을 발주하고, 그 결과 2~3년 뒤에는 공급이 증가합니다.

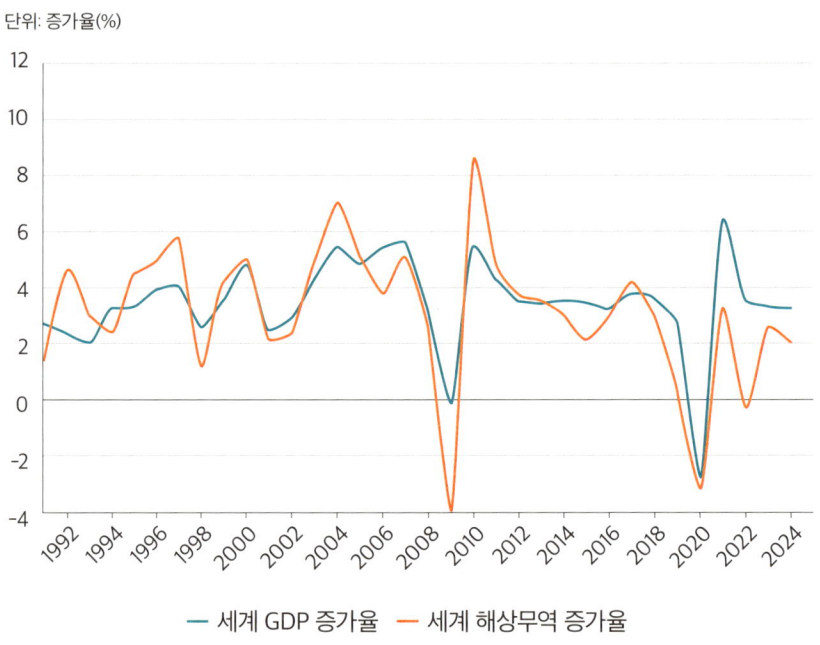

| 그림 2-2. 글로벌 경기와 유사한 흐름을 보이는 해운 수요 |

2. 중국 경기

중국은 세계 최대의 원자재 수입국으로, 철광석, 석탄, 원유, 곡물 등 다양한 원자재를 수입합니다. 이 때문에 벌크선 수요는 중국 경기에 큰 영향을 받습니다. 중국 경기가 호황이면 건설과 인프라 투자가 증가하고, 제조업 활동이 활발해지면서 원자재의 수출입이 늘어납니다. 이는 곧 벌크선의 수요 증가로 이어지죠. 반면, 중국 경기가 불황이면 원자재 수출입이 줄어들어 벌크선의 수요가 감소합니다.

3. 계절 및 소비 시즌

농산물 수확기에는 곡물 수출이 증가하고 겨울에는 난방용 에너지인 석탄과 LNG의 사용이 늘어납니다. 또, 명절이나 추수감사절, 블랙프라이데이, 크리스마스와 같은 소비 시즌에는 각종 소비재의 물동량이 급증하죠. 이는 모두 수요를 촉진하는 요소입니다. 반면, 태풍이나 해상 조건의 악화로 선박의 운항이 어려워지면 공급이 줄어드는 효과를 가져옵니다.

4. 연료 가격 상승과 연비 향상

연료 가격이 상승하면 운항 비용이 증가하고, 해운사는 이를 운임에 반영하여 화주에게 전가합니다. 운임이 높아진 화주는 수익성이 낮은 화물의 운송을 포기하거나 운송 경로를 조정하는데, 이 과정에서 수요가 줄어듭니다. 또, 연료 가격 상승으로 에너지 사용이 감소하면서 원유 운반선, LNG 운반선, LPG 운반선의 수요도 함께 줄어듭니다.

아울러, 연료 가격이 상승하면 해운사는 연료를 아끼기 위해 감속 운항을 합니다. 속도를 줄이면 동일한 화물을 운송하는 데 더 많은 시간이 소요되므로, 공급이 줄어드는 것과 같은 효과를 가져옵니다.

한편, 기술의 발달로 연비가 향상되면 연료 사용량이 줄어들어 좀 더 빠른 속도의 운항이 가능해지므로, 공급이 증가하는 효과를 불러옵니다.

공급 측면

1. 환경 규제

환경 규제는 해운 산업의 공급에 지대한 영향을 미칩니다. 예를 들어, 황산화물 규제나 탄소 배출 규제는 노후 선박의 운영 비용을 증가시켜 폐선을 촉진합니다. 이뿐 아니라, 환경 규제에 대응하려면 선박을 개조하거나 운항 속도를 줄여야 하는데, 이는 곧 공급을 감소시키는 결과로 이어집니다. 환경 규제와 관련된 내용은 파트3에서 자세히 배웁니다.

2. 항로

항로에 문제가 발생할 경우, 더 먼 항로로 우회해야 합니다. 그림 2-3에서 볼 수 있듯이, 수에즈 운하를 이용할 수 없게 되면 아프리카 남단의 희망봉을 경유해야 하므로 운송 기간이 크게 늘어납니다. 그 결과, 기존에 4~5회 왕복 운항을 했던 선박들이 같은 기간 동안 2~3회 왕복 운항을 하면서, 공급이 감소하는 효과를 가져옵니다.

항로는 국제 정세에 많은 영향을 받습니다. 2022년, 러시아·우크라이나 전쟁으로 흑해 항로의 이용이 제한된 바 있으며, 2023년과 2024년에는 이스라엘과 하마스의 전쟁으로 수에즈 운하 통행에 어려움을 겪었습니다. 해운 산업을 공부할 때 국제 정세를 함께 살펴봐야 하는 이유입니다.

| 그림 2-3. 수에즈 운하를 이용하지 못해 희망봉을 우회하는 모습 |

3. 항만

항만이 적체되면 화물의 하역이 지연됩니다. 이는 선박의 체류 시간을 늘려 공급이 감소하는 효과를 가져옵니다. 코로나19 팬데믹 시기에 주요 항만의 적체로 인해 글로벌 물류 대란이 발생한 사례가 대표적입니다. 또, 태풍이 강타하거나 노동자 파업이 일어나도 항만 운영에 차질이 생깁니다.

반면, 설비 투자 및 새로운 장비 도입으로 항만의 화물 처리 능력이 향상되거나 디지털화, 자동화로 효율성이 높아지면 선박의 체류 시간이 줄어들어 공급이 증가하는 효과를 불러옵니다.

4. 금리

선박 한 척을 발주하는 데는 수백억 원에서 수천억 원의 비용이 들어갑니다. 이를 전부 자기 자본으로 충당하기란 쉽지 않죠. 이 때문에 대출을 받아야 하는데, 금리가 높으면 이자 부담이 커져서 신규 발주가 감소합니다. 즉, 향후 공급이 줄어듭니다. 한편, 금리가 높으면 소비 위축으로 물동량이 줄어들고, 이는 곧 수요 감소로 이어집니다.

5. 조선소의 건조 능력

조선소의 건조 능력이 향상되면 선박을 더 빠르고 저렴하게 인도받을 수 있어 공급이 증가하는 효과를 불러옵니다. 반면, 건조 능력이 하락하거나 건조에 차질이 생기면 선박 인도가 늦어져 공급이 감소하는 효과를 가져옵니다.

해운 시황을 판단하는 다양한 지표들

해운 시황을 판단하는 대표적인 지표는 해운임지수입니다. 그러나 해운임지수 외에도 시황을 판단하는 데 도움이 되는 다양한 지표가 존재합니다. 하나씩 살펴보겠습니다.

신조선가와 중고선가

신조선가는 새로 건조되는 선박의 가격을 말합니다. 다양한 기관에서 신

| 그림 2-4. 신조선가지수 |

조선가지수를 발표하는데, 전체 선종 및 선형을 종합한 클락슨의 신조선가지수(Newbuilding Price Index)가 업계 표준으로 인정받고 있습니다.

　신규 선박의 발주가 늘어나면 신조선가가 상승합니다. 따라서 신조선가 상승은 해운사들이 미래 시황을 낙관적으로 전망하는 것으로 해석할 수 있습니다. 또한, 신조선가는 조선사의 수익과 직결되는 지표입니다. 신조선가가 상승하면 향후 조선사의 실적 개선을 기대할 수 있습니다.

　중고선가는 중고 선박의 거래 가격을 말합니다. 신조선가지수와 마찬가지로 여러 기관에서 발표하고 있으며, 그중에서 클락슨의 중고선가지수(Secondhand Price Index)가 가장 널리 쓰입니다.

　중고선가는 해운 시황을 직접적으로 보여주는 지표입니다. 해운 시황이 좋으면 해운사들은 인도까지 2~3년이 소요되는 신규 선박보다는 즉시 운용할 수 있는 중고 선박을 구매합니다. 따라서 중고선가가 상승한다는 것은 현재 해운 시황이 좋다는 의미로 해석할 수 있습니다.

중고선가는 신조선가에도 영향을 미칩니다. 중고선가가 너무 높아지면 해운사들은 신규 선박 발주로 시선을 돌립니다. 중고 선박을 비싸게 사기보다는 조금 늦게 받더라도 신규 선박을 구매하는 것이죠. 이런 이유로 중고선가가 오르면 시차를 두고 신조선가도 오르게 됩니다.

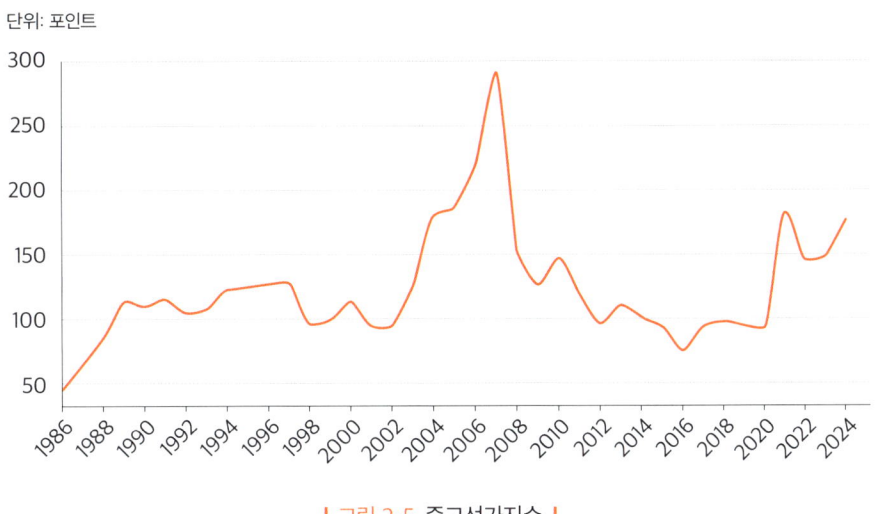

| 그림 2-5. 중고선가지수 |

정리하면, 신조선가는 미래 시장에 대한 기대와 조선사의 수익성을 가늠해 볼 수 있는 장기 지표이고, 중고선가는 현재 해운 시황을 반영하는 단기 지표입니다.

정기용선료

정기용선은 일정 기간 동안 선박을 빌리는 계약입니다. 이때의 거래 가격을 **정기용선료**라고 합니다. 클락슨에서 시장의 실거래가를 조사·종합하여, 선종, 선형, 용선 기간 및 각종 조건별로 매주 평균 가격을 발표합니다.*

정기용선료는 현재 해운 시황을 즉각적으로 반영하는 지표입니다. 시황이 좋으면 해운사는 선박 공급을 늘립니다. 이때 신규 선박 발주, 중고 선박 구매, 용선 중에서 용선이 가장 빠르게 선박을 확보할 수 있습니다. 그래서 용선을 먼저 늘리게 되고, 이에 따라 정기용선료가 다른 지표들보다 앞서 상승합니다.

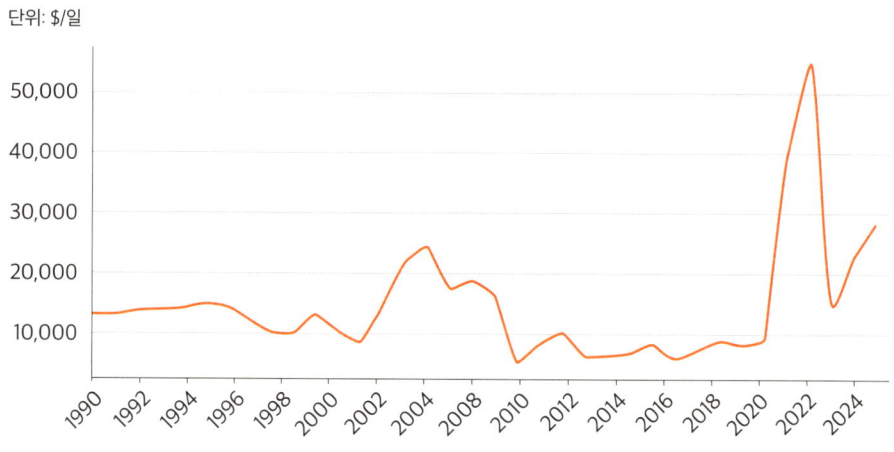

| 그림 2-6. 정기용선료(1년 기준, 전체 선종·선형 종합) |

---

* 클락슨 외에도 여러 기관에서 발표합니다.

폐선율과 평균 선령

폐선율과 **평균 선령** 또한 중요한 지표 중 하나입니다. 호황기에는 노후 선박의 폐선을 미루고 최대한 활용합니다. 반면, 불황기에는 노후 선박을 적극적으로 폐선하여 고정비를 줄이려는 경향이 있죠. 따라서 폐선율이 낮다면 현재 시황이 호황인 것으로, 높다면 불황인 것으로 해석할 수 있습니다. 다만, 시황 외에도 환경 규제나 스크랩 가격 등 폐선 결정에 영향을 미치는 다양한 요인들이 있으므로, 다른 지표와 함께 종합적으로 판단해야 합니다.

한편, 신규 선박이 편입되거나 노후 선박을 폐선하면 선종 전체의 평균 선령이 낮아집니다. 반대의 경우에는 평균 선령이 높아지죠. 이러한 관계를 통해서도 해운 시황을 유추할 수 있습니다. 예를 들어, 특정 선종의 평균 선령이 높아지는 경우는 두 가지입니다. 시황이 좋아서 노후 선박을 계속 활용

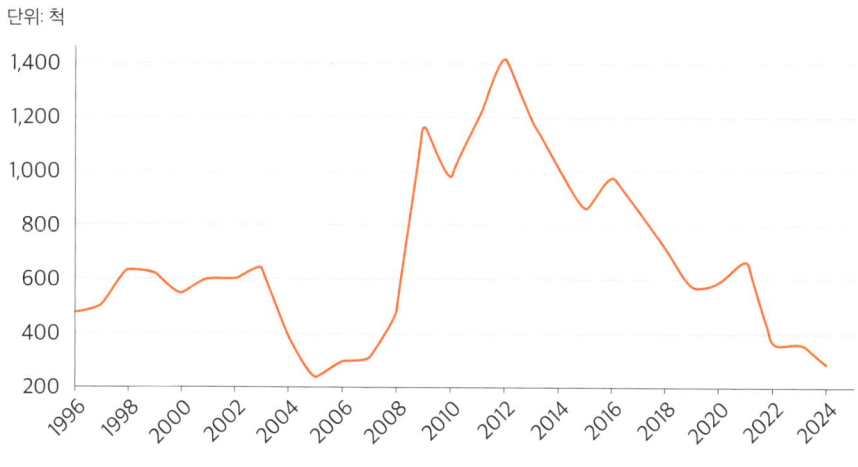

| 그림 2-7. 연간 폐선 척수 |

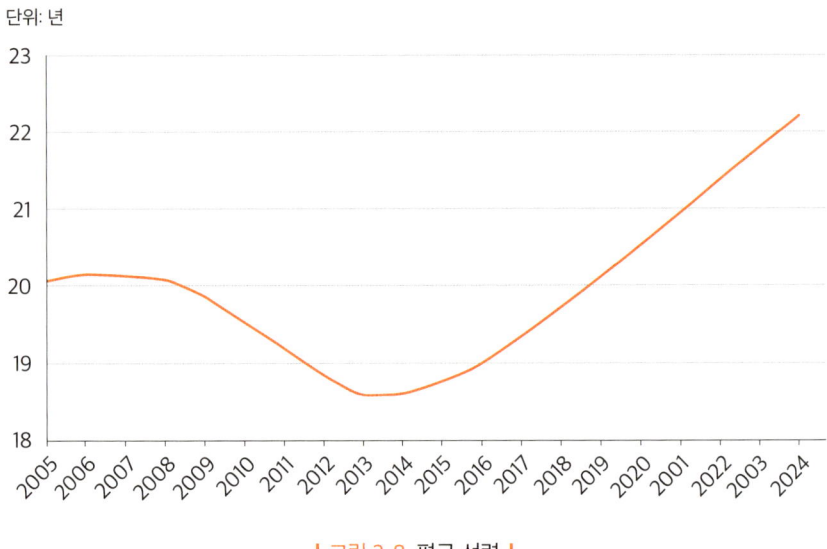

| 그림 2-8. 평균 선령 |

하거나 시황이 좋지 않아서 신규 선박 도입이 지연되는 상황입니다. 따라서 평균 선령에 변화가 있다면 어떤 요인이 작용했는지를 면밀히 분석해야 합니다.

평균 운항 속도

평균 운항 속도를 통해서도 해운 시황을 엿볼 수 있습니다. 선박의 운항 속도를 높이면 연료 소비량이 증가하여 연료 비용이 늘어납니다. 반대로 속도를 낮추면 연료 소비가 감소하여 비용이 절감되죠. 시황이 좋을 때는 연료 비용이 늘더라도 속도를 높여 더 많은 화물을 운송하는 것이 이득이지만, 시황이 안 좋으면 속도를 낮춰 연료 비용을 줄이는 것이 낫습니다. 다만, 최근에는 시황보다는 환경 규제가 운항 속도에 더 큰 영향을 미치므로, 이에 따른 영향도 함께 살펴봐야 합니다.

사례로 살펴보는
슈퍼 사이클

앞서 공부한 것처럼, 해운 산업은 호황과 불황이 주기적으로 반복되는 사이클을 갖습니다. 특히, 수요와 공급의 격차가 단기간에 커질 때는 이른바 슈퍼 사이클이 형성되기도 합니다. 지난 20여 년간 발생했던 슈퍼 사이클을 알아보겠습니다.

2002년~2004년

2001년, 중국은 세계무역기구(World Trade Organization, WTO)에 가입하며 급속한 경제 성장을 예고합니다. 대규모 인프라 투자와 산업화가 진행되면서 철광석과 석탄 등 원자재 수요가 폭발적으로 증가하죠. 동시에 브라질, 러시아, 인도가 신흥 경제 대국으로 떠오르며 가파른 경제 성장을 이룹니다. 덕분에 원자재의 수요와 공급이 모두 늘어나면서 ①2002년 1,137이었던 BDI는 ②2004년 4,509로 크게 상승합니다.

재미있는 사실은 중국과 인도는 경제 성장 과정에서 엄청난 양의 원자재를 필요로 했고, 브라질(철광석)과 러시아(원유 및 천연가스, 석탄)는 풍부한 천연자원을 이들 국가에 수출하며 경제 발전을 이루었다는 것입니다. 당시 세계

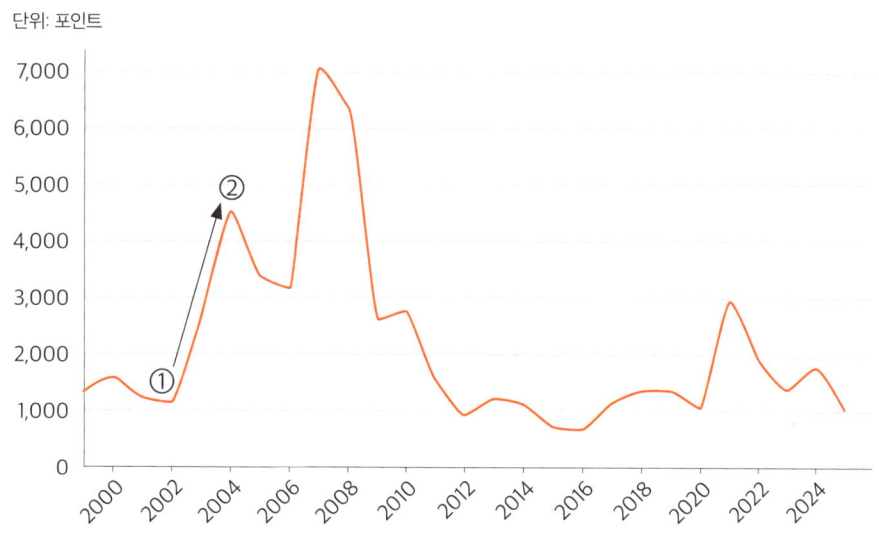

| 그림 2-9. 연도별 BDI |

경제를 이끌었던 이 4개 국가의 앞글자를 따 BRICs라는 용어가 큰 인기를 얻기도 했습니다.

2006년~2008년

그림 2-10에서 볼 수 있듯이 ③BDI는 2006년부터 2008년 사이에 다시 한번 크게 상승합니다. 이때의 슈퍼 사이클 역시 중국이 주도합니다. 2000년대 초부터 중국은 연평균 10%에 육박하는 경제 성장률을 기록합니다. 그리고 2008년 베이징 올림픽과 맞물려 중국 전역에 도시화가 진행되면서 대규모 인프라 투자와 함께 원자재 수요가 최고조에 이르죠. 더욱이 당시에는 세

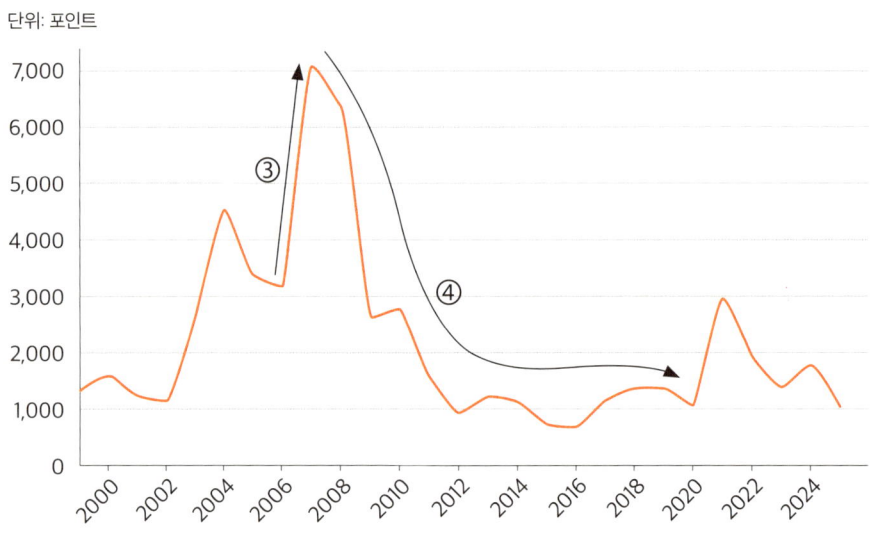

| 그림 2-10. 연도별 BDI |

계 경제도 호황이었기 때문에 벌크선뿐 아니라 대다수 선종의 해운임이 가파르게 상승했습니다.

2009년~2020년

2002년부터 2008년까지 큰 호황기를 누린 해운 산업은 2008년 글로벌 금융위기를 기점으로 장기 불황에 진입합니다. 경기가 좋지 않아 물동량은 계속 줄어드는데, 호황기에 발주한 선박들이 하나둘 인도되며 공급이 계속 증가한 것이죠. 그림 2-10에서 볼 수 있듯이, ④이런 상황이 무려 12년 동안 이어집니다. 특히, 이 시기 해운사들은 규모의 경제를 통해 위기를 극복하고자 초대형 선박을 경쟁적으로 발주하였는데, 해운 수요가 뒷받침되지 않다 보니 결과적으로 공급만 더 늘리는 결과를 초래했습니다.

물론, 불황기에는 신조선가가 하락하므로 선박을 좀 더 저렴한 가격으로 발주할 수 있다는 이점이 있습니다. 자금 여력이 충분한 글로벌 해운사들은 신규 선박을 확보하며 호황기를 위한 준비를 해나갔지만, 안타깝게도 부채가 많았던 국내 해운사들은 이 기간 동안 큰 타격을 받습니다. 결국 국내 1위의 해운사이자 세계 7위의 컨테이너 선사였던 한진해운이 파산하였고, STX 팬오션(현 팬오션)은 법정관리, 현대상선(현 HMM)은 워크아웃에 돌입합니다. 이처럼 국내 해운사들이 불황을 이기지 못하고 무너지면서 한국 해운 산업의 위상이 크게 하락합니다.

2021년~2022년

끝없는 불황은 아이러니하게도 코로나19 팬데믹을 계기로 전환점을 맞습니다. 당시에 어떤 일들이 있었던 걸까요?

팬데믹 초기에는 외부 활동을 자제하는 분위기가 확산되면서 경기 침체를 우려하는 목소리가 많았습니다. 실제로 이 시기에 해상 물동량이 급격히 줄어들어 해운업계는 선박들의 운항을 축소했고, 항만들도 감소한 물동량에 맞춰 인력을 감축했죠.

한편, 미국 정부는 경기 침체를 막기 위해 금리를 낮추고, 코로나19 지원금을 지급하는 등 다양한 경기 부양책을 적극적으로 펼쳤습니다. 그 결과, 시장에 많은 자금이 풀리며 예상과 달리 소비가 크게 증가했습니다.

그런데 공급이 감소한 상황에서 소비가 빠르게 회복되다 보니, 항만이 급증한 해상 물동량을 감당하지 못하고 마비되는 사태가 발생합니다. 이로 인해 하역 후 다른 지역으로 가야 할 선박들의 발이 묶이면서 전 세계적인 물류 대란이 일어났습니다. 설상가상으로 2022년 중국이 코로나19 확산 방지를 위해 상하이항을 봉쇄하면서 글로벌 물류 대란은 더욱 확산되었습니다.

이처럼 공급에 큰 차질이 생기자 ⑤SCFI는 단기간에 급격하게 상승합니다. 덕분에 해운사들, 특히 컨테이너 선사들은 유례가 없을 정도의 초호황을 누렸으며, "10년 동안 벌어야 할 돈을 단 1년 만에 모두 벌었다."라는 이야기가 나올 정도로 막대한 수익을 올렸습니다.

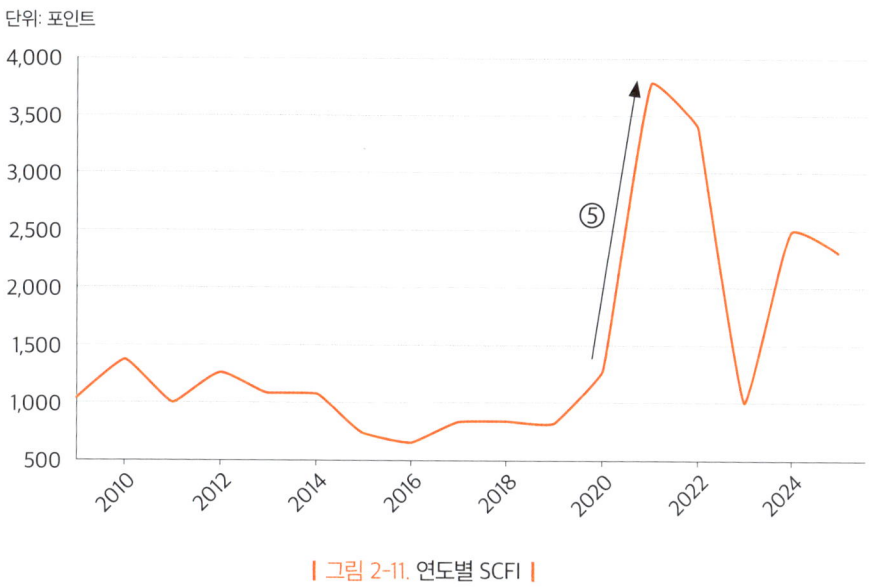

| 그림 2-11. 연도별 SCFI |

2023년 말~2024년

많은 전문가들이 코로나19 팬데믹이 끝나면 불황이 찾아올 것으로 예상했습니다. 그러나 이듬해에 파나마 운하와 수에즈 운하 통행에 차질이 생기면서 해운 산업은 다시 한번 큰 호황을 맞이합니다.

파나마 운하는 갑문식 시스템을 이용해 선박을 통과시킵니다. 이때 필요한 담수는 운하 인근의 가툰 호수에서 가져오죠. 그런데 2023년 최악의 가뭄으로 가툰 호수의 수위가 크게 낮아졌습니다. 이에 파나마운하청은 운하를 통과하는 선박의 수와 화물의 적재 용량을 줄였고, 이로 인해 운하 이용에 제한이 생겼습니다. 그 결과, 선박들이 남아메리카의 케이프 혼을 우회하면서 단

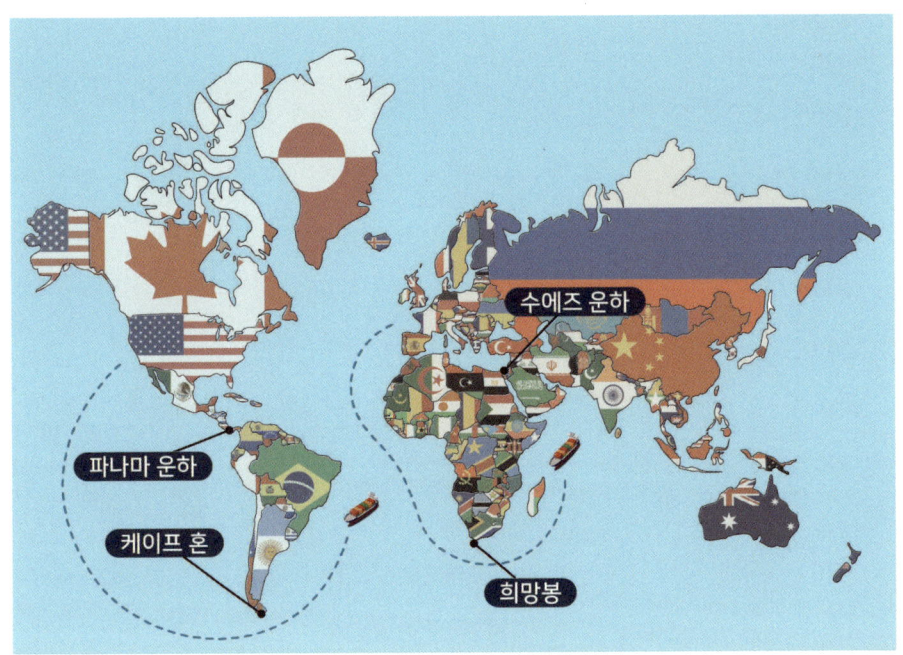

┃ 그림 2-12. 파나마 운하와 수에즈 운하를 우회하는 항로 ┃

기간에 선박 공급이 줄어드는 효과를 가져왔습니다.

엎친 데 덮친 격으로, 2024년 홍해에서는 이란의 지원을 받는 예멘의 후티 반군이 이스라엘로 향하는 민간 선박을 무차별 공격하는 사태가 발생합니다. 홍해에는 아시아와 유럽을 잇는 수에즈 운하가 있죠. 이 때문에 수에즈 운하 통행에 차질이 생겼고, 선박들이 아프리카 희망봉을 우회하면서 마찬가지로 선박 공급이 줄어드는 효과를 가져왔습니다.

파나마 운하와 수에즈 운하는 컨테이너선의 통행 비중이 높습니다. ⑥그 결과, SCFI가 다시 한번 급등하였고, 덕분에 해운사들은 연이어 큰 수익을 올리게 됩니다.

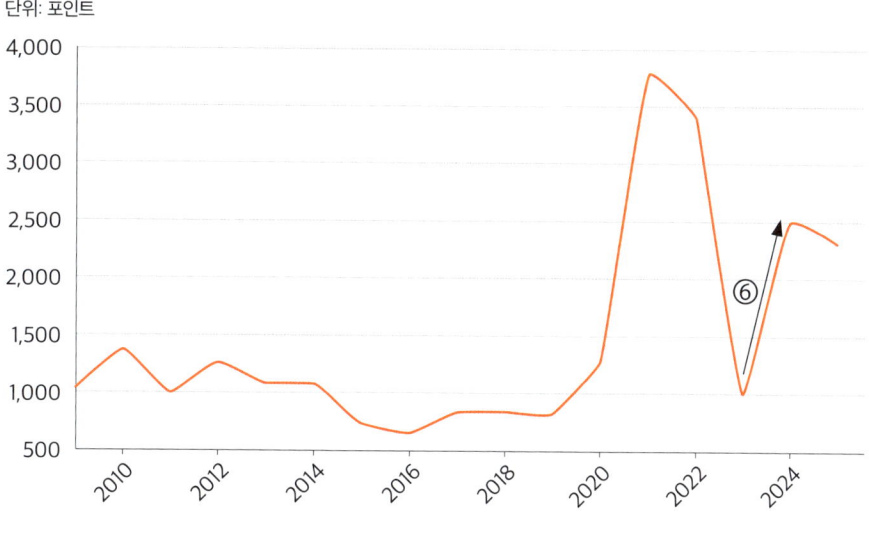

┃ 그림 2-13. 연도별 SCFI ┃

1. 해운 산업의 사이클

해운 산업은 수요와 공급 사이에 항상 시차가 존재하며, 이로 인해 호황과 불황이 주기적으로 반복되는 경향을 보입니다.

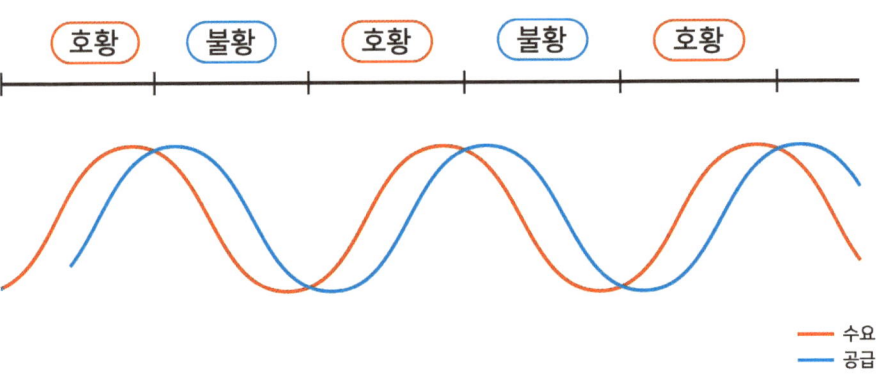

| 그림 2-14. 호황과 불황이 주기적으로 반복되는 해운 산업 |

2. 수요와 공급에 영향을 미치는 요인

해운 산업의 수요와 공급에 영향을 미치는 요인은 다양합니다.

수요 측면에는 글로벌 경기, 중국 경기, 계절 및 소비 시즌, 연료 가격 상승과 연비 향상 등의 요인이 있고, 공급 측면에는 환경 규제, 항로, 항만, 금리, 조선소의 건조 능력 등의 요인이 있습니다.

3. 해운 시황을 판단하는 다양한 지표들

해운 시황을 판단하는 데 도움이 되는 지표들은 다음과 같습니다.

신조선가는 새로 건조되는 선박의 가격으로, 미래 시장에 대한 기대와 조선사의 수익성을 가늠해 볼 수 있는 장기 지표입니다. 중고선가는 중고 선박의 거래 가격으로, 현재 해운 시황을 반영하는 단기 지표로 활용됩니다.

정기용선은 일정 기간 동안 선박을 빌리는 계약입니다. 이때의 거래 가격을 정기용선료라고 합니다. 정기용선료는 단기 시황을 가장 빠르게 반영합니다.

이 외에 폐선율과 평균 선령, 평균 운항 속도를 통해서도 해운 시황을 유추해볼 수 있습니다.

4. 사례로 살펴보는 슈퍼 사이클

수요와 공급의 격차가 단기간에 커지면 슈퍼 사이클이 형성됩니다. 다음 장에 있는 그림 2-15, 2-16을 함께 봐주세요.

①2002년부터 2008년까지는 중국의 경제 성장으로 원자재 수요가 폭증하면서 BDI가 큰 폭으로 상승했습니다. 덕분에 해운업계는 유례없는 호황을 누렸습니다.

②그러나 2008년 금융위기를 기점으로 경기가 침체되었고, 물동량이 줄어들어 BDI가 크게 하락합니다. 이후 약 10년간 해운업계는 장기 불황을 겪습니다.

③끝없는 불황은 아이러니하게도 코로나19 팬데믹을 계기로 전환점을 맞습니다. 글로벌 물류 대란이 발생하면서 SCFI가 단기간에 크게 상승하였고,

④뒤이어 파나마 운하와 수에즈 운하 이용이 제한되면서 해운사들은 천문학적인 수익을 거둬들입니다.

| 그림 2-15. 연도별 BDI |

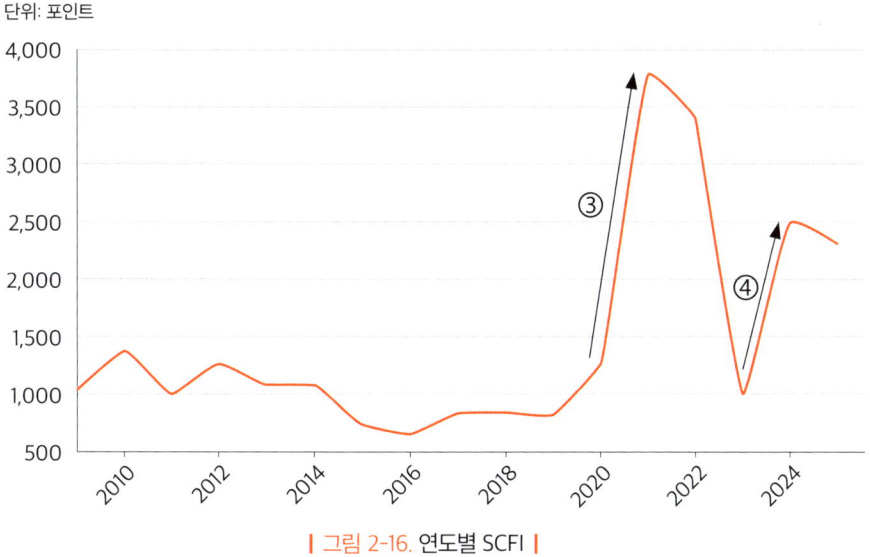

| 그림 2-16. 연도별 SCFI |

한 걸음 더!

1. 국제해사기구(IMO)란?

바다는 크게 영해(Territorial Sea), 공해(High Seas), 그리고 배타적경제수역(Exclusive Economic Zone, EEZ)으로 구분됩니다. 영해는 특정 국가가 완전

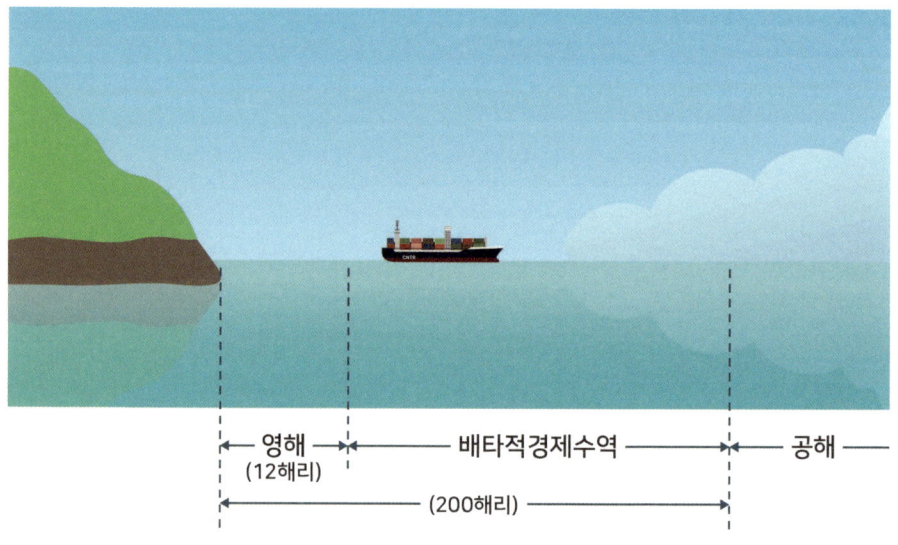

| 그림 2-17. 영해, 배타적경제수역, 공해의 구분 |

한 주권을 행사할 수 있는 해역입니다. 반면, 공해는 어떠한 국가도 소유권을 주장할 수 없으며, 모든 국가가 자유롭게 이용할 수 있는 열린 바다입니다. 배타적경제수역은 연안국*이 천연자원에 대한 탐사, 개발, 보존 등의 배타적 권리를 가지지만, 다른 국가 선박의 항행은 자유롭게 보장되는 해역입니다.

영해와 배타적경제수역은 권리를 행사할 국가가 명확히 존재하지만, 공해는 특정 국가의 소유가 아니기 때문에 다양한 문제가 생길 수 있습니다. 예를 들어, 서로 다른 국적의 선박 간 마찰이나 해상 오염 문제가 발생했을 경우, 책임 소재가 불분명하여 해결이 쉽지 않습니다. 이에 전 세계적 차원의 규범과 통제가 필요하다는 인식이 확산되었고, 1948년 유엔 산하 기관으로 국제해사기구(International Maritime Organization, IMO)가 설립되었습니다.**

현재 IMO는 약 175개국을 회원으로 두고 있으며, 해운업에 영향을 미치는 여러 문제에 대해 각국 정부 간 상호 협력을 촉진합니다. 또한, 해상 안전, 효율적 항해, 해양 오염과 관련된 실질적인 국제 기준을 마련하고 있습니다. IMO가 제정한 규정은 전 세계의 항구와 해역을 이용하는 모든 선박에 보편적으로 적용됩니다. 형식적으로는 권고이지만, 규정을 준수하지 않는 선박은 회원국 항구에서 입항 거부, 운항 정지, 벌금 부과 등 실질적인 제재를 받을 수 있으므로, 사실상 강제성을 띠고 있습니다.

---

* 바다에 접해 있는 나라를 말합니다.
** 1948년 설립이 결정되어, 1959년 정부간해사자문기구(IMCO)라는 이름으로 출범했으며, 1982년 현재의 명칭으로 변경되었습니다.

2. 선박의 연료

원유를 정유시설에서 분리·정제하면 LPG, 휘발유, 등유, 경유, 중유를 얻을 수 있습니다. 이렇게 원유를 정제해서 얻는 각각의 연료를 석유제품이라고 합니다.

다양한 석유제품 중에서 선박의 연료로는 주로 중유(Heavy Fuel Oil)를 사용합니다. 다른 연료에 비해 상대적으로 가격이 저렴하고 단위당 높은 열량을 내기 때문입니다. 하지만 중유는 황과 질소 성분을 다량 함유하고 있어 연소 과정에서 심각한 대기오염을 유발한다는 치명적인 단점을 가지고 있습니다.

최근에는 환경 규제가 강화됨에 따라 중유뿐만 아니라 친환경 연료(LNG, 메탄올, 암모니아)도 함께 사용할 수 있는 이중 연료(Dual-fuel) 선박이 늘고 있습니다.[*] 이때 LNG를 이중 연료로 사용하는 선박은 LNG 추진선, 메탄올을 이중 연료로 사용하는 선박은 메탄올 추진선이라고 부릅니다. 간혹 뉴스에서 LNG선, 메탄올선과 같이 축약해서 표현하는 경우가 있는데, 보통은 운반선을 의미하지만, 추진선으로도 쓰일 수 있으니 문맥을 통해 의미를 정확하게 파악해야 합니다.

3. 중유를 왜 벙커유라고 부를까?

중유는 벙커유(Bunker Oil)라고도 불리는데, 이는 과거 부두의 연료 저장

---

[*] 중유와 친환경 연료를 혼합해서 사용하는 것이 아니라, 필요에 따라 각 연료를 선택해 따로 사용합니다.

고를 벙커(Bunker)라고 부른 데서 유래한 이름입니다. 벙커유는 점도 등에 따라 A, B, C 등급으로 나뉘며, 이 중 C등급인 벙커C유는 과거부터 선박의 연료로 널리 사용되어 왔습니다. 엄밀히 말하면 벙커C유는 중유의 한 종류이지만, 중유, 벙커유, 벙커C유를 동일한 의미로 혼용하여 사용하는 경우가 많습니다.

―――――――――――――――――――――――

1. 대표 기업
2. 국가별 경쟁력
3. 해운 동맹
4. 해운 산업이 나아가는 방향

PART
03

글로벌 대표 기업 & 나아가는 방향

이번 장에서는 글로벌 주요 해운 기업과 국가별 경쟁력을 살펴보고, 해운 산업의 특징인 해운 동맹에 대해서도 알아봅니다. 그리고 이를 바탕으로 해운 산업이 나아가는 방향을 전망해보겠습니다.

대표 기업

머스크(Maersk), MSC 같은 대형 해운사들과 오나시스, 안젤리쿠시스 같은 유명 선주들이 언론에 자주 등장하다 보니, 해운 산업은 소수 기업이 시장을 독과점하고, 그들만의 네트워크로 움직이는 폐쇄적인 분야라는 인식이 강합니다.

하지만 실제 해운 시장은 이러한 인식과 달리 매우 파편화되어 있습니다. 컨테이너 시장 정도만이 소수 기업의 과점 체제에 가까울 뿐, 그 외 대부분의 시장에서는 뚜렷한 지배적 사업자를 찾기 어렵습니다. 일례로, 전 세계 대형 선박의 건조는 상위 10여 개 조선사가 거의 전담하지만, 이 선박들을 운용하는 해운사는 그 수를 헤아리기 어려울 만큼 많습니다.

해운 기업의 순위는 선복량(DWT)을 기준으로 합니다. 2025년 1월, 종합 순위는 그림 3-1과 같습니다.

중국의 코스코가 약 1억 DWT에 달하는 압도적인 선복량으로 1위를 차지하고 있으며, 그 뒤를 스위스의 MSC, 노르웨이의 존 프레드릭슨, 일본의 NYK Line과 MOL, 중국의 차이나머천트, 덴마크의 머스크, 프랑스의 CMA CGM, 그리스의 안젤리쿠시스, 싱가포르의 EPS 등이 따르고 있습니다. 중국과 일본 기업들이 상위권에 포진해 있어 양국의 높은 해운 산업 경쟁력을 엿볼 수 있습니다.

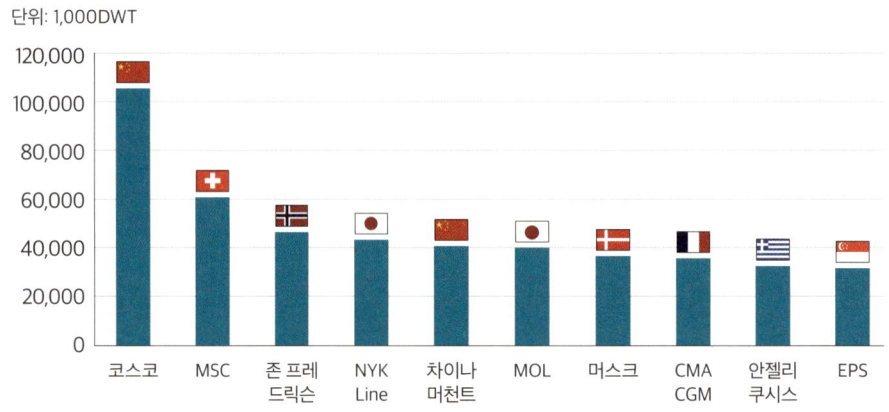

| 그림 3-1. 해운 기업 순위(종합) |

이번에는 선종별 순위와 주요 기업들을 알아보겠습니다.

컨테이너선

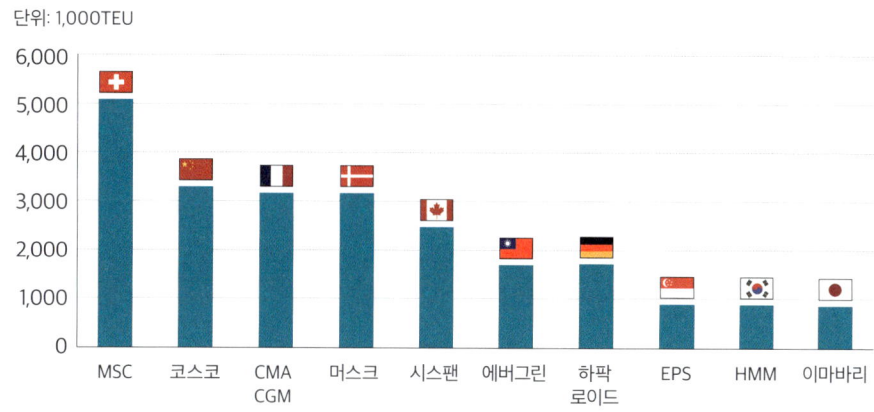

| 그림 3-2. 해운 기업 순위(컨테이너선) |

MSC 🇨🇭

MSC(Mediterranean Shipping Co SA)는 컨테이너선 시장을 선도하는 세계적인 해운 기업입니다. 이탈리아에서 설립되었으나 본사가 스위스에 위치해 있고, 스위스를 중심으로 사업을 영위하고 있어 스위스 기업으로 분류합니다.* 4위에 랭크된 덴마크의 머스크와 컨테이너선 분야에서 오랫동안 양강 체제로 군림하였으며, 전 세계 주요 항로를 모두 운항하지만 특히 아프리카 항로에서 큰 경쟁력을 갖추고 있습니다.

코로나19 팬데믹 기간에 벌어들인 막대한 수익을 바탕으로 신규 선박 발주

* 해운업계에서는 세금 혜택, 금융 편의성, 정치적 안정성 등의 이유로 법적 등록지와 실제 운영 기반이 다른 경우가 흔합니다. 그래서 국적을 분류할 때 기업의 문화와 역사, 임직원의 국적, 시장 인식 등을 종합적으로 고려하여 실질적인 국적을 판단합니다.

와 중고선 매입을 공격적으로 진행하여 컨테이너선 분야 1위로 올라섰습니다.

코스코

코스코(China Ocean Shipping Company, COSCO)는 중국을 대표하는 종합 해운 기업입니다. 컨테이너선을 포함한 다양한 선종에서 경쟁력을 갖추고 있습니다. 중국의 '일대일로*' 정책을 실현하는 핵심 기업으로서 정부의 강력한 지원과 자국 내의 압도적인 물동량을 바탕으로 최근 몇 년 사이 급격한 성장을 이루었습니다.

이뿐 아니라, 전 세계 주요 항만에 적극적으로 투자하여 글로벌 네트워크를 구축하였으며, 자회사를 통해 선박의 건조 및 수리 사업도 영위합니다. 즉, 해운·항만·조선을 아우르는 수직 계열화 체계를 갖추고 있습니다.

CMA CGM

CMA CGM은 프랑스를 대표하는 종합 해운 기업입니다. MSC와 마찬가지로 최근 몇 년 사이에 공격적으로 선대를 확장하여 머스크를 제치고 컨테이너선 분야 3위에 등극했습니다. 전 세계 주요 노선을 운항하며, 프랑스·유럽 및 중동·인도 지역에서 강력한 네트워크를 구축하고 있습니다.

---

* 중국이 주도하는 글로벌 인프라 개발 프로젝트입니다. 아시아·유럽·아프리카를 육상 및 해상으로 연결해 중국의 경제적·지정학적 영향력을 확대하는 것을 목표로 합니다.

머스크 🇩🇰

머스크(Maersk)는 덴마크를 대표하는 종합 해운 기업으로, 정식 명칭은 A.P. 몰러-머스크(A.P. Moller-Maersk)입니다. 컨테이너선 분야에서 MSC와 함께 오랫동안 양강 체제를 이어왔으나 최근 경쟁사의 공격적인 선대 확장으로 순위가 조금 내려갔습니다.

하지만 여전히 전 세계 주요 항로에서 1~2위를 다툴 만큼 업계 최고 수준의 경쟁력을 갖추고 있으며, 초대형 컨테이너 선사(MSC, 코스코, CMA CGM, 머스크) 중에서 가장 광범위한 항만 네트워크를 보유하고 있습니다.

하팍로이드 🇩🇪

하팍로이드(Hapag-Lloyd)는 독일을 대표하는 글로벌 컨테이너 선사입니다. 1847년 설립된 하팍(HAPAG)과 1857년 설립된 노르트도이처 로이드(NDL)가 합병해(1970년) 탄생했습니다. 전 세계 주요 항로를 운항하며 유럽 내 시장 점유율이 높고, 특히 북미 및 남미 지역에서 강한 경쟁력을 갖추고 있습니다.

HMM 🇰🇷

HMM은 대한민국을 대표하는 글로벌 컨테이너 선사입니다. 과거 현대그룹의 계열사였으나, 2016년 해운 시장 불황으로 인해 심각한 경영 위기를 겪으며 그룹에서 분리되었습니다. 이후 경영 정상화 과정을 거쳐 2020년에 HMM으로 사명을 변경하였고, 현재는 독립된 기업으로 운영되고 있습니다. 아시아·유럽, 아시아·미주 등 아시아를 중심으로 하는 노선을 운영하며, 비교적 최근에(2020년 이후) 초대형 선박을 인도받아 경쟁사 대비 선대의 평균 선령이 낮습니다.

벌크선

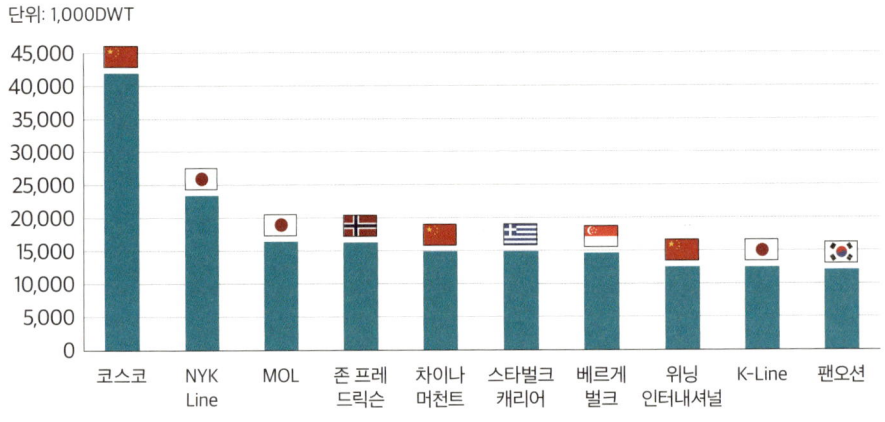

| 그림 3-3. 해운 기업 순위(벌크선) |

벌크선 1위는 중국의 코스코입니다. 앞서 기업 소개를 했으므로, 2위부터 주요 기업들을 알아보겠습니다.

NYK Line

NYK Line(Nippon Yusen Kaisha)은 1885년에 설립된 일본의 대표 종합 해운 기업입니다. 벌크선 외에도 다양한 선종에서 글로벌 경쟁력을 갖추고 있습니다. 참고로 컨테이너선 분야는 일본의 3대 해운사인 NYK Line, MOL,

K-Line이 각각의 컨테이너 사업 부문을 통합하여 별도로 설립한 법인인 ONE(Ocean Network Express)을 통해 운영되고 있습니다. ONE을 단일 선사로 보면 컨테이너선 분야에서 세계 7위 규모에 해당합니다.

MOL 🇯🇵

MOL(Mitsui O.S.K. Lines) 역시 일본을 대표하는 종합 해운 기업입니다. 1884년 설립된 오사카쇼센(Osaka Shosen Kaisha, O.S.K.)이 모태이며, 1964년에 미쓰이 스팀쉽(Mitsui Steamship)과 합병하여 현재의 MOL이 탄생했습니다. 벌크선 외에도 다양한 선종을 운영하며, 특히 LNG 운송 및 해양 에너지 분야에서 세계적인 경쟁력을 갖추고 있습니다.

K-Line 🇯🇵

1919년에 설립된 종합 해운 기업으로, NYK Line, MOL과 함께 일본의 3대 해운사로 꼽힙니다. 다양한 선종을 운영하고 있으며, 그중에서도 벌크선과 자동차 운반선 분야에서 강점을 갖습니다.

팬오션 🇰🇷

팬오션(Pan Ocean)은 대한민국을 대표하는 주요 해운 기업으로, 벌크선을 주력으로 합니다. 2015년 하림그룹에 인수되어 계열사로 편입되었고, 최근에는 모기업과의 시너지를 바탕으로 곡물 유통 사업에도 성공적으로 진출하였습니다.

원유 운반선

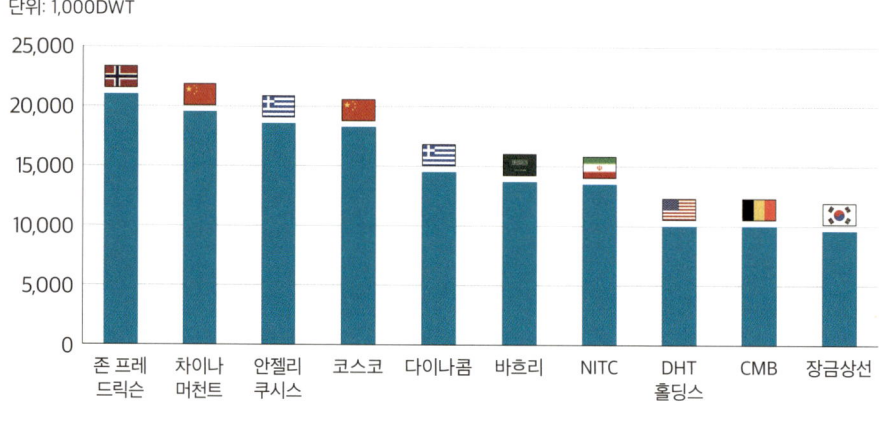

| 그림 3-4. 해운 기업 순위(원유 운반선) |

존 프레드릭슨

해운 산업에서는 한 개인이 여러 회사를 통해 대규모 선대를 실질적으로 지배하는 사례를 종종 찾아볼 수 있습니다. 이처럼 개인이 사실상 단일 해운 그룹과 같은 영향력을 행사하는 경우, 선박 순위 집계 시 그가 운영하는 모든 선박의 규모를 합산하여 개인 명의로 순위를 산정합니다.

존 프레드릭슨(John Fredriksen)은 글로벌 해운 및 에너지 분야에서 큰 영향력을 행사하는 노르웨이의 기업가입니다. 그가 운영하는 대표적인 기업으로는 프론트라인(Frontline, 원유 운반선 분야 1위), 골든오션(Golden Ocean Group, 벌크선 분야 4위), 플렉스 LNG(Flex LNG) 등이 있습니다.

안젤리쿠시스 🇬🇷

안젤리쿠시스(Angelicoussis)는 그리스를 대표하는 해운 기업입니다. 원유 운반선과 LNG 운반선에서 세계적인 경쟁력을 갖추고 있습니다. 존 프레드릭슨처럼 안젤리쿠시스 또한 창업자의 이름이며, 2021년 창업자 사망 후 현재는 딸 마리아 안젤리쿠시스가 경영을 맡고 있습니다.

바흐리

바흐리(The National Shipping Company of Saudi Arabia, Bahri)는 사우디아라비아의 국영 해운 기업으로, 자국 내 원유 수출의 상당 부분을 담당하고 있습니다. 사우디 아람코(Saudi Aramco)*와의 전략적 파트너십을 바탕으로 원유 운송 분야에서 높은 경쟁력을 확보하고 있습니다.

NITC 🇮🇷

NITC(National Iranian Tanker Company)는 이란의 국영 해운 기업으로, 중동 최대 규모의 탱커 선대를 보유하고 있습니다. 국제 사회의 이란 제재로 인해 글로벌 해운 기업들이 이란산 원유 운송을 기피하면서 이란의 원유 수출은 사실상 NITC가 전담하고 있습니다.

---

* 세계 최대 규모의 석유 회사로, 사우디아라비아의 국영 기업입니다.

제품 운반선*

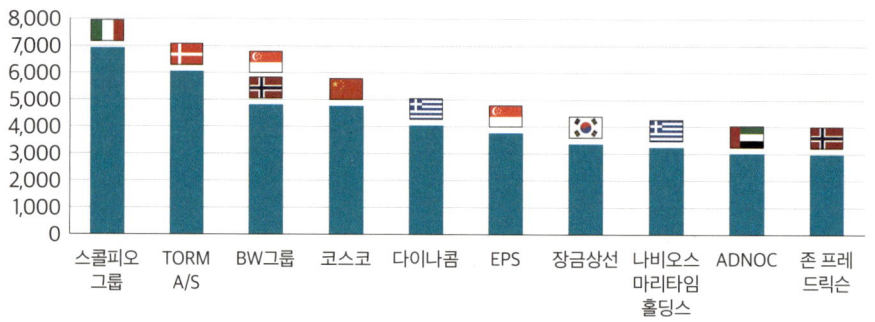

| 그림 3-5. 해운 기업 순위(제품 운반선) |

스콜피오그룹

스콜피오그룹(Scorpio Group)은 이탈리아의 해운 기업으로, 주요 자회사인 스콜피오 탱커스(Scorpio Tankers)를 통해 석유제품 운반선을 운용합니다.

TORM A/S

TORM A/S는 1889년 설립된 덴마크의 해운 기업으로, 석유제품 운송에 특화된 MR(Medium Range) 및 LR(Long Range) 탱커를 운용합니다.

BW그룹

BW그룹은 싱가포르와 노르웨이를 기반으로 활동하는 글로벌 해운 및

* 석유제품 운반선을 말합니다.

에너지 기업입니다. LNG와 LPG 운송에 강점이 있으며, 2019년 그룹 내 탱커선 자회사와 글로벌 상위 탱커 선사인 하프니아(Hafnia)가 합병하면서 석유제품 운송 분야에서도 큰 경쟁력을 갖추게 되었습니다. 또한, 에너지 설비 분야에서도 막강한 입지를 구축하고 있습니다.

장금상선

장금상선은 컨테이너선을 주력으로 하는 대한민국의 대표 해운 기업입니다. 한국·중국 항로를 기반으로 아시아와 아시아를 잇는 주요 항로에서 강력한 네트워크를 구축하고 있으며, 제품 운반선 분야에서도 영향력을 키워가고 있습니다.

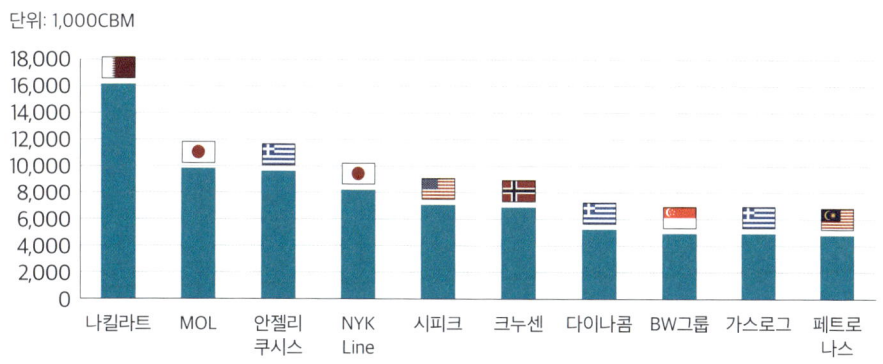

| 그림 3-6. 해운 기업 순위(LNG 운반선) |

나킬라트 🇶🇦

나킬라트(Nakilat)는 2004년에 설립된 카타르의 국영 해운 기업입니다. 세계 최대 규모의 LNG 운반선 선대를 보유하고 있으며, 카타르에서 생산된 LNG를 아시아, 유럽 등 전 세계로 운송합니다.

시피크 🇺🇸

시피크(Seapeak)는 LNG와 LPG 운송에 특화된 해운 기업으로, 업계 최고 수준의 가스 운반선 선대를 보유하고 있습니다. 본래 티케이(Teekay)그룹의 LNG 운송 자회사였으나, 2022년 미국의 사모펀드인 스톤피크(Stonepeak)에 인수되면서 현재 사명으로 변경하였습니다.

LPG 운반선

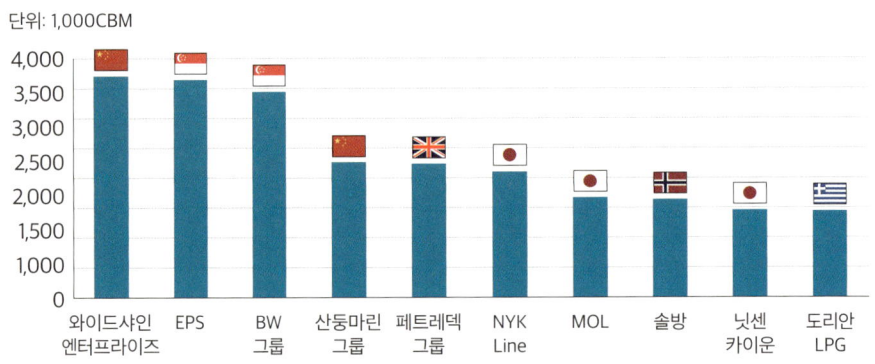

| 그림 3-7. 해운 기업 순위(LPG 운반선) |

와이드샤인 엔터프라이즈 🇨🇳

와이드샤인 엔터프라이즈(Wideshine Enterprise)는 LPG 운송에 특화된 중국의 해운 기업입니다. 산하에 텐진 사우스웨스트 마리타임(Tianjin Southwest Maritime)과 시노가스 마리타임(Sinogas Maritime)을 두고 있으며, 중국·홍콩·싱가포르 간 LPG 운송에 주력하고 있습니다.

EPS 🇸🇬

EPS(Eastern Pacific Shipping)는 싱가포르에 본사를 두고 있는 종합 해운 기업입니다. 컨테이너선(세계 8위), 벌크선, 원유 운반선, 제품 운반선(세계 6위), 자동차 운반선(세계 10위) 등 다양한 선종을 보유하고 있습니다. 화주의 화물을 직접 운송하지 않고, 다른 기업에 선박을 빌려주는 용선 형태로 사업을 영위합니다.

솔방 🇳🇴

솔방(Solvang)은 노르웨이의 해운 기업입니다. LPG 및 석유화학 가스(ex. 에틸렌) 운반선 분야에서 글로벌 경쟁력을 갖추고 있습니다.

자동차 운반선

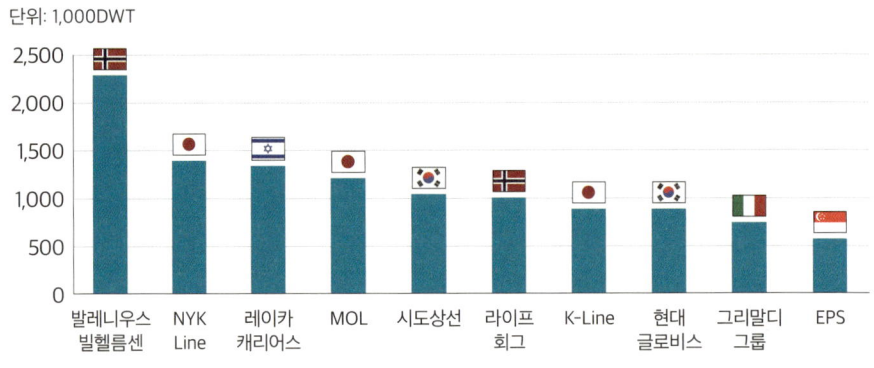

| 그림 3-8. 해운 기업 순위(자동차 운반선) |

발레니우스 빌헬름센

발레니우스 빌헬름센(Wallenius Wilhelmsen)은 스웨덴의 발레니우스(Wallenius)와 노르웨이의 빌헬름센(Wilhelmsen)이 공동 설립한 합작회사입니다. 자동차나 중장비와 같은 고부가가치 화물의 해상 운송을 전문으로 합니다. 세계 최대 규모의 자동차 운반선 선대를 보유하고 있으며, 전 세계에 분포해 있는 자동차 물류 거점과 10개 이상의 항만·터미널 운영을 통해 완성차 공급망 전체를 아우르는 통합 서비스를 제공합니다.

레이카 캐리어스

레이카 캐리어스(Ray Car Carriers)는 이스라엘의 해운 기업으로, 2000년대 이후 적극적인 선대 확장을 통해 글로벌 경쟁력을 확보했습니다. 직접 화주의 화물을 운반하지 않고, 보유한 자동차 운반선을 다른 기업에 용선하는 형태로 사업을 영위합니다.

시도상선 🇰🇷

시도상선은 대한민국의 해운 기업입니다. 1990년대 후반에 선박 투자 사업을 시작하여 단기간에 대규모 선대를 구축하였습니다. 다양한 선종을 보유하고 있으며, 그중 자동차 운반선이 절반 이상을 차지합니다. 선박 운영 사업(40%)과 용선 사업(60%)을 모두 영위하고 있습니다.

현대글로비스 🇰🇷

현대글로비스는 현대자동차그룹의 종합 물류 기업입니다. 자동차 물류를 핵심으로 하여 육상·해상·항공 운송, 물류센터 운영 등 통합 물류 서비스를 제공합니다. 특히 자동차 운반선 분야에서 세계적인 경쟁력을 보유하고 있으며, 포트폴리오 다변화를 위해 그룹사 이외의 물량을 늘리는 데 힘쓰고 있습니다.

국내 기업

국내에도 많은 해운 기업들이 있습니다. 앞에서 다루지 않은 기업을 중심으로 살펴보겠습니다.

그림 3-9. 국내 해운 기업 순위

SK해운

SK해운은 1969년에 설립된 SK그룹의 해운 기업입니다. 초기에는 SK의 원유 운송을 전담하며 성장했으며, 현재는 유조선 외에도 국내 최대 규모의 LNG 운반선을 운영하고 있습니다. SK그룹의 탄탄한 지원(ex. SK에너지)을 바탕으로 에너지 운송 분야에서 경쟁력을 갖추고 있습니다.

에이치라인해운

에이치라인해운은 철광석, 석탄, LNG 등 원자재 및 에너지를 운송하는 해운 기업입니다. 포스코, 한국전력 자회사, 현대글로비스, 한국가스공사 등과 전용선 계약*을 체결해 안정적으로 수익을 창출하고 있습니다.

---

* 화주가 정해진 기간 동안 특정 선박을 전용으로 사용하는 장기 계약을 말합니다. 장기 계약의 특성상 해운임 변동에 영향을 덜 받으므로 안정적인 수익 창출이 가능합니다.

폴라리스쉬핑

폴라리스쉬핑은 대형 벌크선을 운영하는 해운 기업입니다. 포스코, 한국전력 자회사를 비롯해 브라질의 광산 기업인 발레(VALE)와 전용선 계약을 체결해 안정적으로 수익을 창출하고 있습니다.

SM상선

SM상선은 1999년에 설립된 SM그룹*의 해운 기업으로, 컨테이너선을 주력으로 합니다.

대한해운

대한해운은 대형 벌크 화물을 주력으로 하는 해운 기업입니다. 포스코, 한국전력 자회사, 한국가스공사 등과 전용선 계약을 체결해 안정적으로 수익을 창출하고 있습니다. 2013년 SM그룹에 인수되었습니다.

KSS해운

KSS해운은 1969년에 설립된 해운 기업으로, LPG와 석유화학 제품 운송에 특화되어 있습니다. 특히, LPG 운송에서 세계적인 경쟁력을 갖추고 있으며, 최근에는 암모니아 운송에도 힘을 쏟고 있습니다.

---

* SM은 삼라마이더스의 약자입니다. 엔터테인먼트 기업인 SM과는 다른 회사입니다.

흥아해운

흥아해운은 석유화학 제품 운송(케미컬 탱커선)에 특화된 해운 기업입니다. 아시아 지역에서 경쟁력을 확보하고 있으며, 최대 주주는 장금상선(70%)입니다.

항만 운영 기업

해운 산업에서 운송만큼 중요한 분야가 바로 항만입니다. 이번에는 항만을 운영하는 글로벌 기업들을 알아보겠습니다.

PSA 인터내셔널

PSA 인터내셔널(PSA International)은 싱가포르의 항만 운영 기업으로, 전 세계 40여 개국에서 60개 이상의 항만 및 터미널을 운영합니다. 싱가포르항만청에서 출발해 1997년 민영화되었으며, 현재는 싱가포르 국부 펀드인 테마섹(Temasek)이 지분 100%를 가지고 있습니다. 회사명인 PSA는 원래 싱가포르항만청(Port of Singapore Authority)의 약자였으나 현재는 독립된 브랜드명으로 사용됩니다.

허치슨 포트

허치슨 포트(Hutchison Ports)는 홍콩의 대표 기업 중 하나인 CK 허치슨

홀딩스의 자회사입니다. 전 세계 20여 개국에서 50개 이상의 항만 및 터미널을 운영하고 있으며, 특히 중국 본토 및 홍콩의 주요 항만에서 강력한 경쟁력을 갖추고 있습니다.

APM 터미널스

APM 터미널스(APM Terminals)는 덴마크의 대표 해운사인 머스크의 자회사입니다. 전 세계 38개국에서 60개 이상의 항만 및 터미널을 운영하고 있으며, 머스크의 안정적인 물동량을 기반으로 글로벌 네트워크를 구축하고 있습니다.

DP월드

DP월드(DP World)는 아랍에미리트(UAE) 두바이에 본사를 둔 항만 운영 기업입니다. 2005년 두바이항만청과 두바이 포트 인터내셔널의 합병으로 설립되었으며, 2006년 영국의 P&O사를 인수하면서 중동을 넘어 세계적인 항만 기업으로 거듭났습니다. 중동 최대의 컨테이너 항만인 제벨알리(Jebel Ali)를 비롯해 40여 개국에서 70개 이상의 해상 및 내륙 터미널을 운영하고 있습니다.

코스코 해운 항만

코스코 해운 항만(COSCO Shipping Ports)은 중국의 대표 해운사인 코스코의 자회사로, 전 세계 20여 개국에서 50개 이상의 항만 및 터미널을 운영합니다. 모기업의 안정적인 물동량과 중국 시장에서의 압도적인 지배력을 바탕으로 규모의 경제를 실현하고 있으며, 해외 주요 거점에 전략적으로 지분을 투자해 글로벌 영향력을 확대하고 있습니다.

기타 항만 운영 기업

차이나머천트 포트(China Merchants Port)는 중국의 항만 운영 기업으로, 전 세계 20여 개국에서 40개 이상의 항만 및 터미널을 운영합니다. 허치슨 포트, 코스코 해운 항만과 함께 중국의 3대 항만 운영 기업으로 꼽힙니다.

터미널 인베스트먼트 리미티드(Terminal Investment Limited)는 글로벌 해운사인 MSC의 자회사입니다. 전 세계 20여 개국에서 20개 이상의 터미널을 운영합니다.

인터내셔널 컨테이너 터미널 서비스(International Container Terminal Services)는 필리핀의 항만 운영 기업입니다. 전 세계 10여 개국에서 30개 이상의 항만 및 터미널을 운영합니다.

CMA 터미널스(CMA Terminals)는 프랑스의 대표 해운사인 CMA CGM의 자회사입니다.* 전 세계 10여 개국에서 20개 이상의 항만 및 터미널을 운영합니다.

상하이 국제항만(Shanghai International Port Group, SIPG)은 세계 최대의 항만인 상하이항을 운영합니다. 참고로 국내 대표 항만인 부산항은 공기업인 부산항만공사(Busan Port Authority, BPA)가 운영하고 있습니다.

---

* CMA CGM은 CMA 터미널스 외에도 터미널 링크(Terminal Link)라는 항만 운영 기업을 보유하고 있습니다. 터미널 링크는 CMA CGM과 차이나머천트 포트의 합작 기업입니다.

국가별 경쟁력

지금까지 선종별 대표 기업들을 살펴봤습니다. 이제 국가별 경쟁력을 알아볼까요? 보유 선박의 가치를 기준으로 한 국가별 순위는 다음과 같습니다.

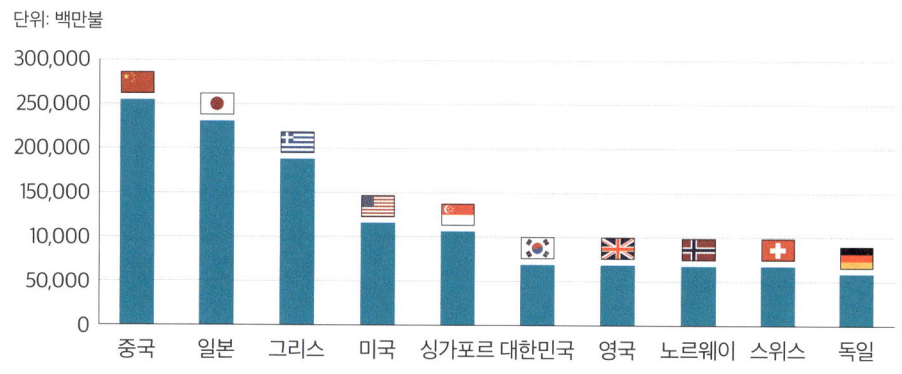

| 그림 3-10. 국가별 순위(종합), 출처: VesselValue |

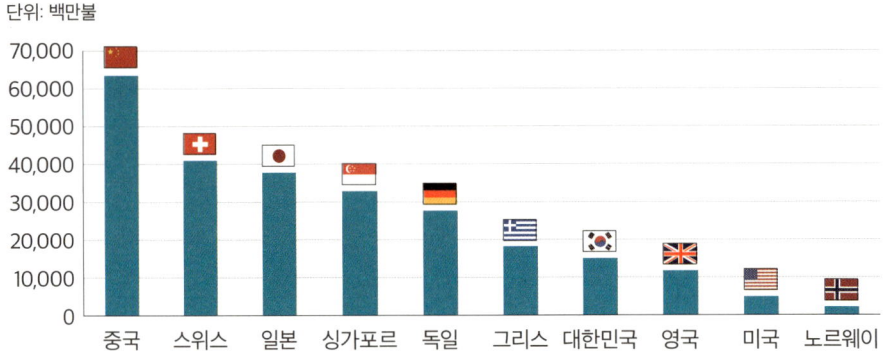

| 그림 3-11. 국가별 순위(컨테이너선), 출처: VesselValue |

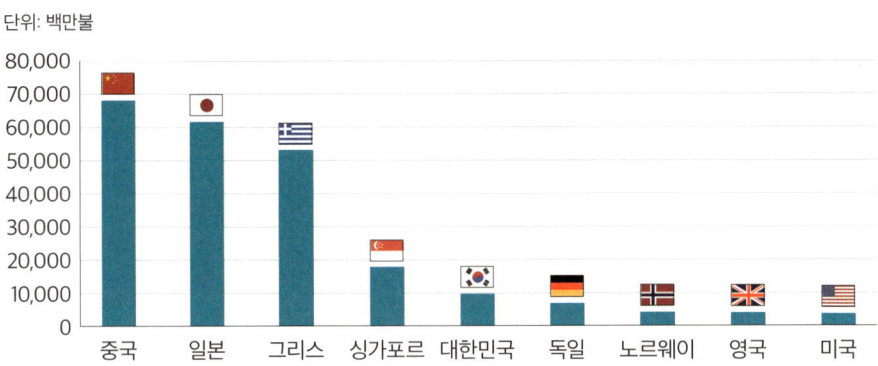

| 그림 3-12. 국가별 순위(벌크선), 출처: VesselValue |

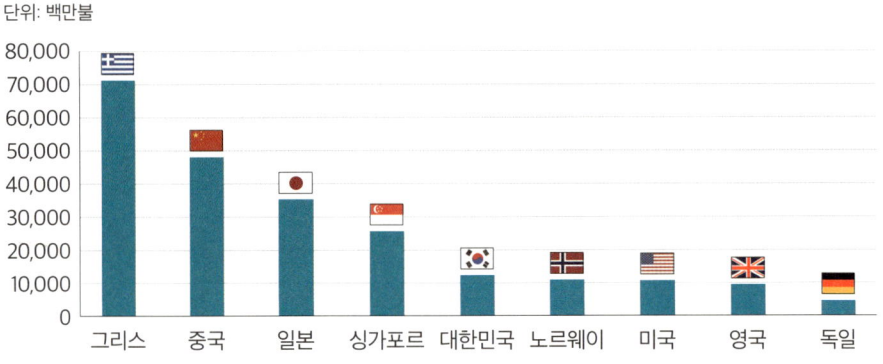

| 그림 3-13. 국가별 순위(원유 운반선), 출처: VesselValue |

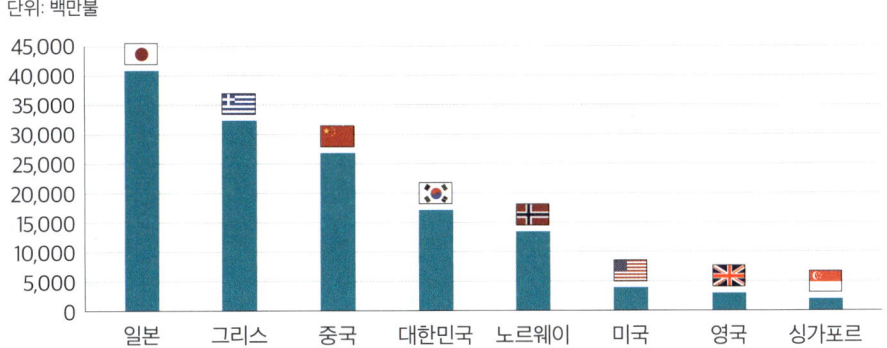

| 그림 3-14. 국가별 순위(LNG 운반선), 출처: VesselValue |

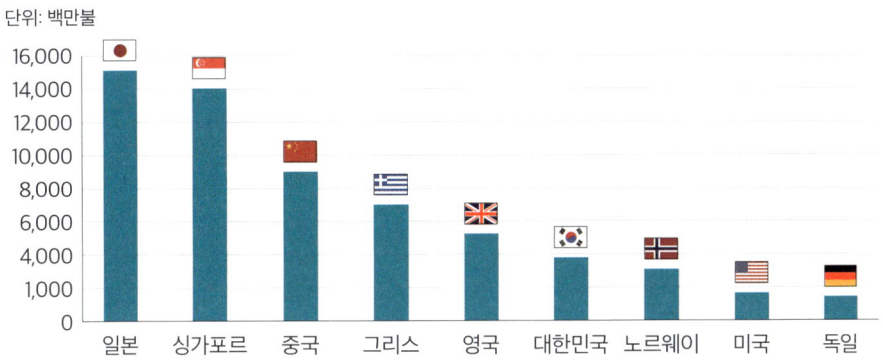

| 그림 3-15. 국가별 순위(LPG 운반선), 출처: VesselValue |

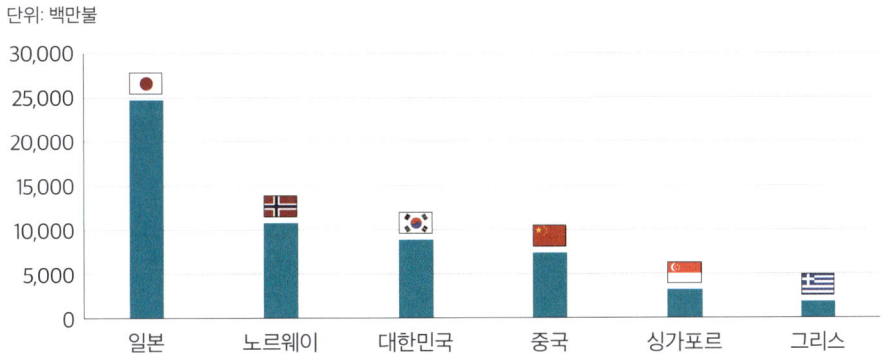

| 그림 3-16. 국가별 순위(자동차 운반선), 출처: VesselValue |

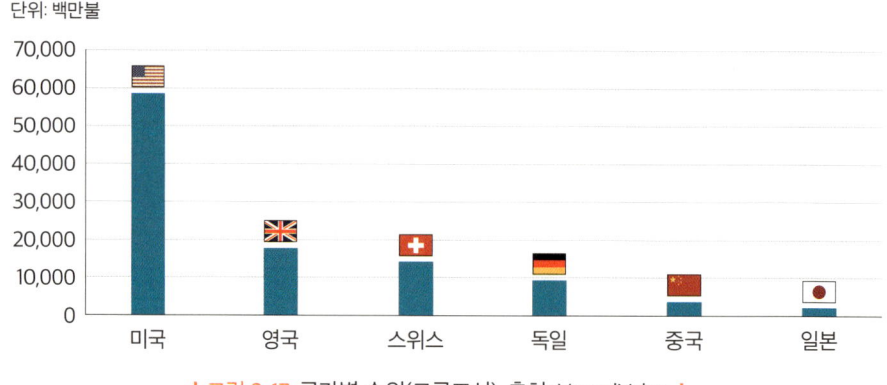

| 그림 3-17. 국가별 순위(크루즈선), 출처: VesselValue |

 중국, 일본, 그리스 등 특정 국가들이 산업을 주도하고 있는 것을 볼 수 있습니다. 왜 이들 국가는 해운 산업이 발달했고, 다른 국가는 그러지 못했을까요? 해운 산업의 경쟁력을 결정하는 핵심 요소는 다음과 같습니다.

자국의 압도적인 물동량

 물동량이 풍부하면 항만이 발달하고, 항만이 발달하면 화물을 안정적으로 확보할 수 있어 해운 산업의 경쟁력을 키울 수 있습니다.

지리적 이점

 주요 항로나 환적(Transshipment)* 거점에 위치하면 물동량이 다소 적더라도 항만 허브로 성장해 해운 산업을 육성할 수 있습니다.

---

* 화물을 출발지에서 목적지로 바로 운송하지 않고, 중간 지점에서 다른 운송 수단(또는 다른 선박)에 옮겨 실은 후, 최종 목적지까지 운송하는 것을 말합니다.

조선 산업의 경쟁력

조선 산업의 경쟁 우위는 해운사들이 최신·대형 선박을 필요한 시기에 확보할 수 있는 기반이 되며, 이는 곧 해운 산업의 경쟁력 제고로 이어집니다.

글로벌 해운사(선대) 보유

대형 해운사나 글로벌 규모의 선대를 보유하고 있으면 해운 산업에서 강력한 영향력을 행사할 수 있습니다.

정부 정책 및 지원

세금 혜택, 보조금, 규제 완화, 국가 전략 산업 육성 등 정책적 지원을 통해 해운 산업의 경쟁력을 키울 수 있습니다.

금융 및 투자 환경

선박 확보와 운영에는 막대한 자금이 필요합니다. 따라서 자금 조달을 원활하게 할 수 있는 금융 및 투자 환경이 무엇보다 중요합니다.

이제 이러한 요소를 바탕으로 주요 국가의 경쟁력을 분석해보겠습니다.

중국

#압도적인 물동량 #정부 정책 및 지원 #조선 산업 경쟁력 #대규모 선대 보유

중국은 핵심 요소를 두루 갖춘 글로벌 해운 강국입니다. 압도적인 해상 물

| 그림 3-18. 중국에 집중되어 있는 전 세계 주요 항만 |

동량을 기반으로 글로벌 10대 컨테이너 항만 중 무려 6곳을 보유하고 있죠. 또한, 정부의 전폭적인 지원에 힘입어 코스코와 같은 대형 해운사를 성공적으로 육성했으며, 조선 산업에서도 세계 1위를 기록하고 있습니다.

컨테이너선과 벌크선 보유량이 많아 글로벌 무역과 원자재 수송에서 강력한 영향력을 행사하며, 이 외에 대부분의 선종에서도 높은 경쟁력을 갖추고 있습니다.

일본

#조선 산업 경쟁력 #정부 정책 및 지원

일본은 NYK Line, MOL, K-Line 등 글로벌 선사를 보유한 전통적인 해운 강국입니다. 조선 산업에서도 경쟁 우위를 확보하고 있으며, 정부 역시 해운과 조선을 연계한 육성 정책, 세제 혜택 및 보조금 지급을 통해 해운 산업을 적극적으로 지원합니다.

토요타(TOYOTA) 등 자국 자동차 기업과의 연계를 바탕으로 자동차 운반선 분야에서 독보적인 입지를 구축했고, 막대한 LNG 수입량을 기반으로 LNG 운반선 분야에서도 시장을 주도하고 있습니다. 그 밖에도 벌크선, 탱커선, 컨테이너선 등 여러 선종에서 두루 경쟁력을 갖추고 있습니다.

그리스
#지리적 이점 #정부 정책 및 지원

그리스는 지중해의 일부인 에게해(Aegean Sea)와 인접한 지리적 이점 덕분에 고대부터 해운업이 발달했습니다. 그림 3-19에서 볼 수 있듯이, 오늘날에는 수에즈 운하를 통과하는 아시아·유럽 화물을 중계하고, 이를 발칸반도와 흑해 연안국으로 분배하는 허브 역할을 수행하고 있습니다.*

정부의 해운 친화적인 정책과 낮은 조세 부담이 해운 산업의 발전을 견인하고 있으며, 국가 경제에서 해운업이 차지하는 비중 또한 매우 큽니다. 국영 기업이 아닌 민간 기업, 그중에서도 중소형 선주들이 산업을 주도하는 점이 특징적입니다. 탱커선과 대형 벌크선 분야에서 강력한 경쟁 우위를 확보하고 있

---

* 그리스 위쪽에 위치한 알바니아, 북마케도니아, 세르비아, 코소보 등이 발칸반도 국가이며, 흑해에 인접한 불가리아, 루마니아, 우크라이나, 러시아, 조지아, 튀르키예 등이 흑해 연안국입니다.

| 그림 3-19. 발칸반도와 흑해 연안국의 허브 역할을 수행하는 그리스 |

으며, LNG 운반선 분야에서도 상위권을 유지하고 있습니다. 선원과 선박 관리의 전문성도 높이 평가받습니다.

미국

#압도적인 물동량 #금융 및 투자 환경

미국은 20세기 중반까지는 해운 강국이었으나, 점차 경쟁력이 약화되어 현재는 해운 시장에서의 존재감이 크지 않습니다. 다만, 크루즈선 분야에서는 압도적인 경쟁력을 자랑합니다. 세계 1, 2위를 다투는 카니발(Carnival)과 로열 캐리비안(Royal Caribbean)이 모두 미국 기업이죠. 또한, 엑손모빌(Exxon

| 그림 3-20. 미국이 보유한 글로벌 항만 |

Mobil), 쉐브론(Chevron) 등 석유 메이저 기업들이 자회사를 통해 유조선을 운영하고 있으며 옥수수, 대두, 밀, 석탄 등의 대량 수출로 인해 벌크선의 보유량이 상당합니다. 그리고 세계 최대의 소비국답게 풍부한 물동량을 기반으로 로스앤젤레스항, 롱비치항, 뉴욕·뉴저지항, 휴스턴항 등 경쟁력 있는 항만을 다수 보유하고 있습니다.

세계 금융의 중심지인 뉴욕 월스트리트를 통해 글로벌 해운 기업에 필요한 자금을 공급하고, 미국계 투자은행과 사모펀드들이 선박 금융에 적극적으로 참여하는 등 금융 및 투자 분야에서 큰 강점을 보입니다.

싱가포르

#지리적 이점 #정부 정책 및 지원 #금융 및 투자 환경

싱가포르는 말라카 해협에 인접한 지리적 이점을 활용해 동서양을 잇는 중계 거점이자 아시아 대표 항만 허브로 자리매김했습니다. 세계적인 항만 운영사인 PSA 인터내셔널을 중심으로 항만 산업에서 높은 경쟁력을 자랑합니다. 또한, 아시아·유럽, 아시아·미주 항로의 핵심 기항지로서 선박 연료 공급(벙커링) 인프라도 탄탄하게 구축되어 있습니다.

정부는 다양한 조세·행정 인센티브를 제공하며, 용선 중개, 선박 금융, 해상 보험, 해상 법률 등 해운 서비스 산업 역시 잘 발달해 있습니다. 한편, BW 그룹, EPS 등 글로벌 해운사들이 싱가포르에 거점을 두고 있어, 컨테이너선과 탱커선 부문에서도 높은 순위를 유지하고 있습니다.

| 그림 3-21. 동서양을 잇는 중계 거점에 위치한 싱가포르 |

대한민국

#충분한 물동량 #지리적 이점 #조선 산업 경쟁력

대한민국은 아시아의 해운 강국입니다. 수출입 의존도가 높아 해운 산업이 국가 경제에서 중요한 역할을 합니다. 세계 최고 수준의 조선 기술력과 경쟁력 있는 항만(부산항)을 기반으로 해운 산업을 발전시켜 왔습니다. 특히 LNG 운반선과 자동차 운반선 분야에서 강점을 보이며, 그 외에 다양한 선종에서도 우수한 경쟁력을 갖추고 있습니다. 2017년 한진해운 파산*으로 해운 경쟁력이 약화되었으나, 해운 시장 호황에 힘입어 점차 회복해 나가고 있습니다.

기타 주요 국가

영국은 전통적인 해양 강국입니다. 과거에는 영국 해협 같은 지리적 이점을 바탕으로 해운업이 발달했지만, 현재는 금융 및 투자 분야에서 더 큰 강점을 보입니다. 해운 보험의 대명사인 로이즈(Lloyd's)와 국제해사기구(IMO) 본부가 영국에 자리하며, 선박 보험, 해상 법률 등 해운 서비스 기반 역시 잘 갖춰져 있습니다. 크루즈선 분야에서도 높은 경쟁력을 자랑합니다.

노르웨이는 존 프레드릭슨, 발레니우스 빌헬름센 등의 대형 선사를 보유하고 있으며, 특히 자동차 운반선 분야에서 강점을 갖습니다. 또한, 풍부한 천연자원을 기반으로 LNG 운반선과 LPG 운반선 분야에서도 중위권에 위치해 있습니다.

---

* 파트3 '한 걸음 더'에서 자세히 다룹니다.

독일은 유럽 최대 무역국입니다. 주요 항만인 함부르크항과 브레머하펜항은 유럽 물류의 핵심 거점 역할을 수행하며, 글로벌 컨테이너 선사인 하팍로이드를 보유하고 있습니다.

스위스는 내륙 국가임에도 불구하고 MSC를 보유하고 있어 업계에서 큰 영향력을 행사하며, 덴마크는 머스크를 중심으로 해운 산업이 발달해 있습니다.

해운 동맹

해운 동맹이란 무엇일까?

해운 산업을 공부하다 보면, 해운 동맹(Shipping Alliance)이란 용어를 자주 접하게 됩니다. 해운 동맹은 무엇을 말하는 걸까요?

19세기 후반, 영국은 전 세계 해운과 무역을 장악하고 있었습니다. 특히 영국·인도(캘커타) 노선에서 활발한 교역이 이루어졌는데, 화물 유치 경쟁이 과열되다 보니, 해운사들이 적자를 면치 못했습니다. 이에 1875년, 주요 해운사들이 모여 운임을 일정한 수준으로 유지하고, 항로를 조정하는 협정을 체결합니다. 이것이 최초의 해운 동맹으로 평가받는 영국·캘커타 해운 동맹(UK-Calcutta Conference)입니다. 이 동맹에 속한 해운사들의 수익성과 안정성이 크게 개선되자 곧 다른 항로에서도 유사한 동맹이 체결됩니다. 이후에도 해운 동맹은 계속 발전하여 현재는 가격 협정보다는 선복 공유, 항만 및 터미널 공동 사용과 같은 전략적 제휴를 통해 운영의 효율성을 높이는 데 중점을 두고 있습니다.

사실 해운 동맹은 일종의 담합 행위입니다. 그러나 과도한 경쟁으로 수익성이 악화되면 산업 기반 자체가 흔들릴 수 있어 그 필요성이 일부 인정되고 있습니다. 다만, 그 합법성과 활동 범위는 시대적 상황과 각국의 규제에 따라 조금씩 달라집니다.

미국은 해운법(Shipping Act, 1984)을 통해 해운 동맹을 독점 금지법의 예외로 인정해왔으나, 2017년부터는 운임 공동 결정을 제한하고, 선복 공유와 같은 운영상의 협력만 허용하는 방향으로 규제를 강화했습니다. 한편 일본과 중국은 자국의 해운 산업 보호를 위해 시장 경쟁을 크게 저해하지 않는 범위 내에서 해운 동맹을 허용하고 있죠. 반면 유럽연합(EU)은 2008년 독점에 대한 면책 특권을 폐지하였고, 현재는 개별 사안별로 경쟁법 적용 여부를 판단하고 있습니다. 한국은 공동 운항 및 협력은 허용하되, 경쟁을 제한하는 행위는 담합으로 간주합니다.

해운 동맹에 대한 국가별 규제는 점차 강화되는 추세이며, 최근 몇 년 사이 컨테이너 선사들이 막대한 수익을 올리면서 규제에 대한 목소리가 커지고 있습니다.

해운 동맹 현황

해운 동맹은 컨테이너 선사들이 주축을 이룹니다. 특히 전체 선복량의 약 83%를 차지하는 상위 8~10개의 대형 컨테이너 선사들이 동맹을 주도하고 있죠. 동맹에 속하지 못한 중소형 선사들은 규모의 경제를 실현하지 못해 비용 부담이 증가하고, 주요 항로에서의 경쟁력이 약화될 우려가 있으므로, 개별 기업을 공부할 때는 해운 동맹 가입 여부와 해당 동맹의 경쟁력을 함께 살펴봐야 합니다.

해운 동맹의 현황은 그림 3-22와 같습니다. 3대 해운 동맹의 시장 점유율이 약 83%로, 막강한 영향력을 행사하고 있음을 알 수 있습니다.

2M 얼라이언스(2M Alliance)는 2015년 머스크와 MSC가 결성한 해운 동맹입니다. 이 둘이 당시 세계 1, 2위 컨테이너 선사였던 만큼, 가장 높은 시장 점유율을 자랑합니다.

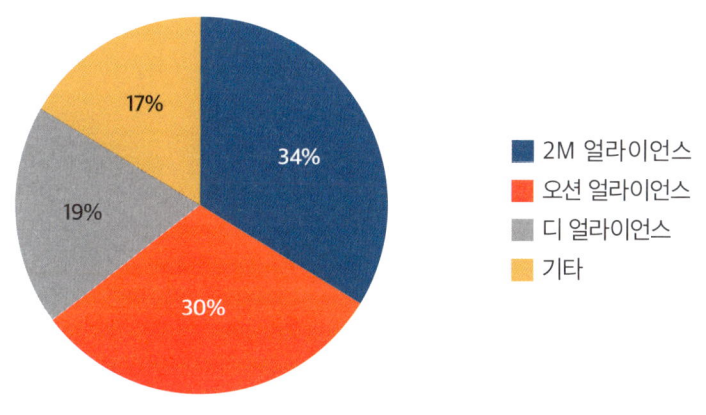

그림 3-22. 해운 동맹 현황(2024년 기준)

오션 얼라이언스(Ocean Alliance)는 2017년 CMA CGM의 주도로 만들어진 해운 동맹으로, 회원사는 코스코와 대만의 에버그린(Evergreen)입니다.

디 얼라이언스(THE Alliance)는 2017년에 탄생한 해운 동맹입니다. 하팍로이드와 일본의 ONE(NYK line, MOL, K-Line), 대만의 양밍(Yang Ming)이 회원사로 있으며, 2020년에 국내 기업인 HMM이 합류하였습니다.

그림 3-23에서 볼 수 있는 것처럼, 2025년부터는 기존의 해운 동맹에 큰 변화가 있을 것으로 예상됩니다. 머스크와 MSC가 독자 노선을 걷기로 결정하면서 2M 얼라이언스의 동맹이 해체되었고, 머스크와 하팍로이드가 새로운 해운 동맹인 제미니 코오퍼레이션(Gemini Cooperation)의 출범을 선언했기 때문입니다. 디 얼라이언스는 남은 회원사를 주축으로 프리미어 얼라이언스(Premier Alliance)로 전환하였으나, 가장 많은 선복량을 보유한 하팍로이드가 빠지면서 경쟁력 악화를 우려하는 목소리가 나오고 있으며, 2M 얼라이언스의 양대 산맥이었던 MSC의 향후 행보에도 관심이 쏠리고 있습니다.

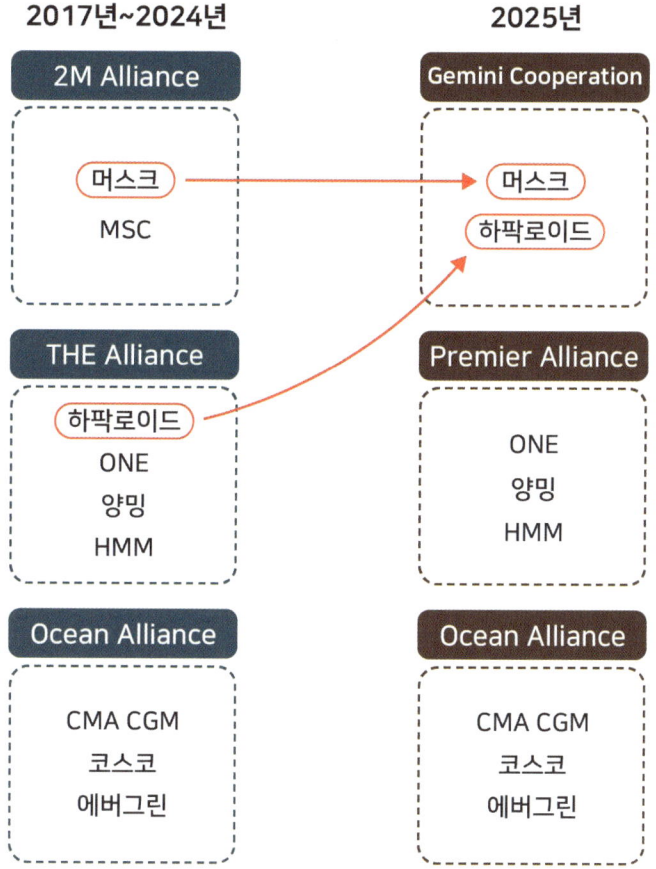

| 그림 3-23. 새롭게 재편된 해운 동맹 현황(2025년 2월 기준) |

해운 산업이 나아가는 방향

환경 규제와 친환경 선박

1. IMO 환경 규제

온실가스*로 인한 지구온난화(기후 위기)를 우려하는 목소리가 커지면서 해운 산업에도 큰 변화의 바람이 불고 있습니다. 해운 산업은 연간 약 10억

---

* 대기에서 열을 가두어 지구 표면의 온도를 상승시키는 기체를 총칭합니다. 이산화탄소(CO_2)의 비중이 압도적으로 크기 때문에, 온실가스 감축은 실질적으로 탄소 감축을 의미합니다.

톤의 탄소를 배출하는데,* 이는 대한민국 전체 탄소 배출량(2022년 기준, 약 6억 5천만 톤)의 1.5배가 넘는 수준입니다. 이에 국제해사기구(IMO)는 해운 산업이 환경에 미치는 영향을 최소화하기 위해 여러가지 규제를 도입하고 있습니다. 대표적인 규제는 다음과 같습니다.

2013년 - EEDI(Energy Efficiency Design Index, 에너지 효율 설계 지수)

EEDI는 친환경 선박을 설계하도록 유도하는 탄소 배출 규제입니다. 2013년 1월 1일 이후 계약되는 총톤수 400톤 이상의 선박들은 EEDI에 따라 탄소 배출량을 기준치**보다 10%*** 감축하도록 설계되어야 합니다. 이를 준수하지 않을 경우, 국제에너지효율증서(IEEC) 발급이 거부되어, 국제 항해 시 운항이 금지될 수 있습니다. 다만, EEDI는 실제 배출량이 아닌 이론값을 사용하고, 기존 선박에는 적용되지 않는다는 점에서 한계가 있습니다.

2023년 - EEXI(Energy Efficiency Existing Ship Index, 현존 선박 에너지 효율 지수)

EEXI는 신규 선박에만 적용되는 EEDI의 한계를 보완하기 위해 도입된 규제입니다. EEXI가 도입됨에 따라 2023년 1월부터 총톤수 400톤 이상의 기존 선박들은 EEDI와 유사한 수준의 환경 규제를 적용받으며, 감속 운항, 항로 최적화, 에너지 절감 장치(Energy Saving Device, ESD) 설치 등을 통해 탄소

---

* 선박의 연료로 사용되는 중유는 연소 과정에서 다량의 탄소를 배출합니다.
** 1999년~2009년의 평균 탄소 배출량을 기준으로 합니다.
*** 이 수치는 단계적으로 상향될 예정입니다.

감축을 유도하거나 대체 연료를 사용하여 탄소 배출량을 줄여야 합니다. 이를 준수하지 않으면, IEEC 발급이 거부되어 국제 항해 시 운항이 금지될 수 있습니다.

2023년 - CII(Carbon Intensity Indicator, 탄소 집약도 지수)

CII는 선박의 운항 과정에서 발생하는 탄소 배출량을 모니터링하여 탄소 집약도를 산출하고, 이를 바탕으로 A부터 E까지 5단계로 효율 등급을 부여하는 규제입니다.

$$탄소\ 집약도\ 지수 = \frac{연간\ 총\ 탄소\ 배출량}{연간\ 운항\ 거리 \times 선박\ 적재\ 능력}$$

총톤수 5천 톤 이상의 선박이 대상이며, 2023년에 시행되어 그 결과를 바탕으로 2024년에 첫 등급이 부여되었습니다.

3년 연속 D등급을 받거나 한 번이라도 E등급을 받으면 에너지 효율 개선 계획안(Ship Energy Efficiency Management Plan)을 제출해야 하고, 다음 해에 실제 이행 여부를 입증해야 합니다. 이를 이행하지 않으면 입항이 제한될 수 있으며, 화주나 금융권에서도 높은 등급의 선박을 선호하기 때문에 향후 영업 활동이나 자금 조달 등 거래 전반에서 불이익을 받을 수 있습니다.

EEDI와 EEXI는 한 번만 평가를 받지만, CII는 매년 평가가 이루어지고, 2019년을 기준으로 2023년에는 5% 감축, 2024년부터 2026년까지는 매년 2%씩 추가 감축을 해야 한다는 점에서 더욱 까다로운 규제입니다.

2023년 7월, IMO는 2050년까지 2008년 대비 온실가스 배출량을 100% 감축하는 넷제로(Net-Zero) 목표를 채택했습니다. 이에 따라 앞으로 더욱 강화된 탄소 배출 규제가 도입될 것으로 예상됩니다.

탄소 배출과 관련된 규제 외에도 다양한 규제가 시행되고 있습니다.

2017년 - BWM(Ballast Water Management Convention, 선박 평형수 관리 협약)

BWM은 해양 생태계 보호를 목표로 하는 선박 평형수(Ballast Water) 관련 규제입니다. 선박 평형수는 대형 선박이 균형과 안정성을 유지하기 위해 하부 탱크에 채우거나 배출하는 바닷물을 말합니다. 이 바닷물에는 수천 종의 해양 생물이 포함되어 있는데, 선박이 이동하면서 원래 있던 지역과 다른 지역에 선박 평형수를 배출하면 생태계가 교란될 우려가 있습니다. 쉽게 말해, 미국 바다에서 채운 선박 평형수를 한국 바다에 배출하면 문제가 생길 수 있다는 뜻입니다.

이에 IMO는 2017년 9월 8일, 선박 평형수를 적재하고 국제 항로를 운항하는 모든 선박을 대상으로 선박 평형수 처리 장치(Ballast Water Treatment System, BWTS) 설치를 의무화하고, 처리되지 않은 선박 평형수의 배출을 금지하는 선박 평형수 관리 협약을 발효합니다. 발효 이후부터 건조되는 선박은 반드시 선박 평형수 처리 장치를 설치해야 하며, 기존 선박도 2022년 9월 7일까지 해당 설비를 갖춰야 했습니다. 이를 위반할 경우, 시정조치 전까지 출항이 정지될 수 있으며, 국가별로 벌금이 부과됩니다.

2020년 - IMO 2020(선박 연료 황 함유량 제한)

IMO 2020은 선박 연료에 포함된 황 함유량을 3.5%에서 0.5%로 낮추는 규제입니다. 해양 오염 방지협약(Marine Pollution Treaty, MARPOL)의 부속서를 개정한 규정으로, 황산화물(SOx) 배출을 줄이는 것을 목표로 합니다. 이에 따라 2020년 1월부터 국제 항해를 하는 모든 선박들은 황 함유량이 0.5% 이하인 저유황유를 사용하거나, 기존 연료를 사용할 경우 스크러버(Scrubber)* 를 필수로 장착해야 합니다. 위반 시에는 관할국의 법령에 따라 과태료 부과 및 형사 처벌을 받을 수 있습니다.

2. EU의 탄소 배출권 거래 제도 도입

탄소 배출권 거래 제도(Emissions Trading System, ETS)는 그림 3-24에서 볼 수 있듯이, ①정부가 온실가스(#탄소)의 총배출 허용량을 설정하고, 그 범위 안에서 각 기업에게 배출 가능한 허용량(#배출권)을 할당하는 제도입니다. 기업은 할당된 범위 내에서만 탄소를 배출할 수 있으며, ②초과 배출이 필요한 경우 ③탄소를 덜 배출한 기업으로부터 ④남는 배출권을 구매해야 합니다. 탄소 배출의 총량을 제한하고 기업간 자유로운 배출권 거래를 통해 탄소 감축을 유도하는 시스템입니다.

2022년, 유럽연합(EU)은 탄소 배출이 많은 철강·정유 등 일부 산업에만 적용했던 ETS를 해운 산업에도 도입하기로 결정했습니다. 이에 따라 2024년

---

* 엔진의 배기가스를 물로 세척(분사)하여 황산화물을 제거하는 장치입니다.

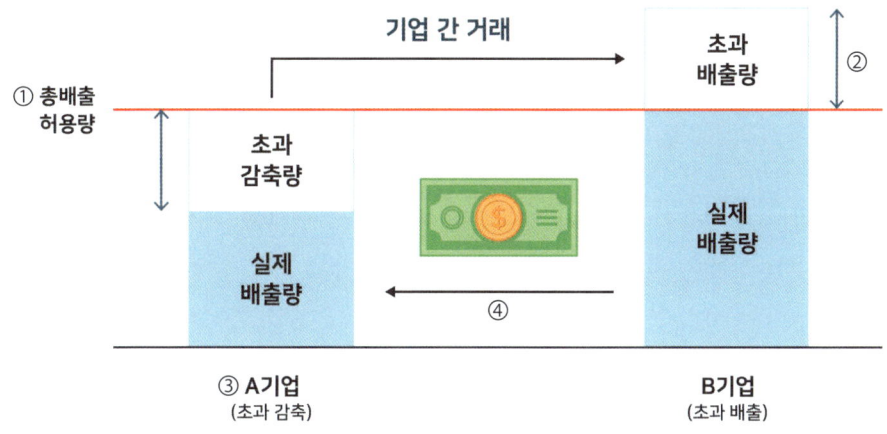

| 그림 3-24. 탄소 배출권 거래 제도 |

1월부터 유럽 경제 지역(EEA) 회원국의 항만을 이용하는 총톤수 5천 톤 이상의 선박들은 연간 발생한 탄소 배출량*을 모니터링한 후, 다음 해 4월까지 이에 상응하는 탄소 배출권을 제출해야 합니다. 단, 해운업계의 적응을 위해 2024년에는 배출량의 40%, 2025년에는 70%, 2026년부터 100%가 순차적으로 적용됩니다.

    만약 이를 어길 경우, 초과 배출량에 대해 톤당 100유로의 벌금이 부과되며, 벌금과 별개로 다음 해까지 미제출된 배출권을 제출해야 합니다. 또한, 연속 2회 이상 요건을 위반한 선박에 대해서는 입항지·회원국의 관할 당국이 추방 명령을 내릴 수 있습니다.

*   EU 역내를 운항하며 발생한 탄소는 100%, EU 외 국가를 출발지 또는 도착지로 하여 발생한 탄소는 50%가 배출량으로 산정됩니다.

3. 친환경 선박 발주

해운사들은 환경 규제에 대응하기 위해 항로 최적화, 감속 운항, 저유황유 사용, 스크러버 설치 등 여러 노력을 해왔습니다. 그러나 환경 규제가 한층 강화되면서 벙커유를 연료로 사용하는 근본적인 문제를 해결하지 않고서는 대응이 어렵다는 결론에 이르게 되죠. 이에 해운사들은 적극적으로 친환경 선박 발주에 나섭니다.

친환경 선박은 탄소 배출*을 최소화하도록 설계된 선박을 말합니다. 현재의 기술 수준에서 탄소 배출을 줄이는 가장 효과적인 방법은 전통 연료인 벙

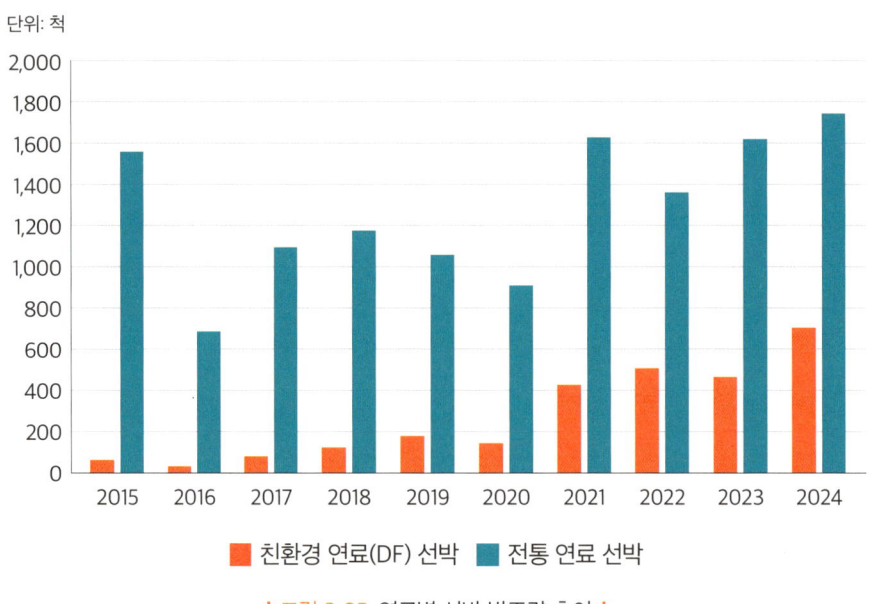

| 그림 3-25. 연료별 선박 발주량 추이 |

* 정확하게는 온실가스와 유해 물질(황산화물, 질소산화물) 배출입니다.

커유와 친환경 연료를 함께 사용하는 것입니다. 이렇게 두 가지 연료를 사용하는 선박을 이중 연료(Dual-fuel, DF) 추진선이라고 부릅니다. 대표적인 친환경 연료로는 LNG, 메탄올, 암모니아가 있습니다.

LNG는 벙커유 대비 탄소 배출량을 20~30% 줄일 수 있으며, 질소산화물(NOx), 황산화물, 미세먼지와 같은 대기오염 물질도 거의 발생하지 않습니다. 또한, 매장량이 풍부하고 전 세계 주요 항만에서 LNG 인프라(#벙커링)를 빠른 속도로 갖추고 있어, 안정적인 공급이 가능합니다. 다만, 여전히 탄소가 배출되고, 연소 과정에서 LNG의 주성분인 메탄의 일부가 대기로 방출되는 메탄 슬립(Methane Slip)*이 발생할 우려가 있습니다. 그리고 LNG를 액화 상태로 보존하려면 극저온(-162℃) 유지가 필수적인데, 이 과정에는 고도의 기술력이 요구되므로 선박 건조에 많은 비용이 들어갑니다.

메탄올은 벙커유 대비 약 10~15% 탄소를 감축할 수 있으며, 황산화물과 미세먼지의 배출이 거의 없고, 질소산화물도 60% 이상 줄일 수 있습니다. 또한, 상온에서 액체로 저장할 수 있어 취급이 용이하고, 이미 생산·유통되는 범용 화학 물질이기 때문에 항만과 터미널에 있는 저장 시설을 개조해 선박 연료 공급에 활용할 수 있다는 장점을 갖습니다. 단점은 여전히 탄소가 배출된다는 점, 에너지 밀도가 낮아서 같은 양의 에너지를 보관하려면 기존 연료보다 약 2배 이상 큰 연료탱크가 필요하다는 점, 독성이 있어 엄격한 관리가 필

---

* 메탄의 온실 효과는 이산화탄소의 수십 배입니다. 따라서 메탄 슬립이 발생하면 탄소 감축의 효과가 상쇄될 수 있습니다.

요하다는 점을 꼽을 수 있습니다.

암모니아는 질소와 수소의 화합물로, 탄소 화합물이 아니므로 연소과정에서 탄소와 황산화물이 아예 배출되지 않습니다. 아직 연료 공급망 인프라가 충분히 갖춰져 있지는 않지만, 이미 비료 등으로 쓰이고 있어 대량 생산이 가능하고 유통·저장 시스템이 존재해, 추후 이러한 인프라를 활용할 수 있을 것으로 기대되고 있습니다. 다만, 독성이 매우 강해 취급이 까다롭고, 질소산화물이 다량 배출되며, 연소 반응이 느리고 점화가 어려워 연료 효율이 떨어집니다. 또한, 에너지 밀도가 매우 낮아 큰 연료탱크(기존 연료 대비 3배)가 필요하죠. 즉, 해결해야 할 기술적인 과제가 남아 있는 상황입니다.

그림 3-26에서 볼 수 있듯이, 현재 친환경 연료별 선박 발주는 LNG DF가 가장 많고, 그다음이 메탄올 DF이며, 암모니아 DF는 아직은 발주량이 적

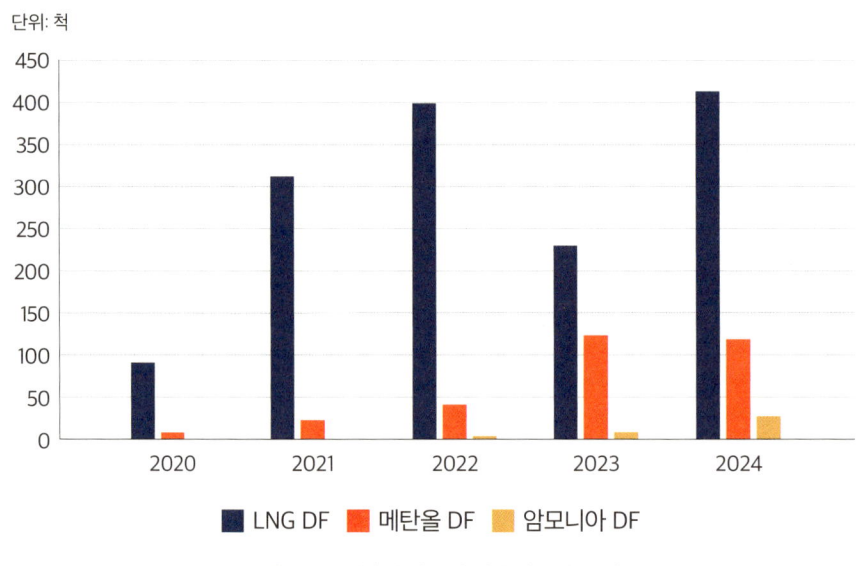

│ 그림 3-26. 친환경 연료별 선박 발주량 추이 │

습니다. 그러나 환경 규제가 강화될수록 암모니아 DF의 비중 역시 늘어날 것으로 예상됩니다.

LNG, 메탄올, 암모니아 외에도 다양한 친환경 연료에 대한 연구가 활발하게 진행되고 있습니다. 수소와 바이오 연료가 대표적입니다.

수소는 암모니아와 마찬가지로 탄소와 황산화물을 전혀 배출하지 않으며, 적절한 연소 기술을 적용하면 질소산화물의 배출도 극히 적습니다. 다만, 저장을 위해서는 초고압을 견딜 수 있는 고가의 설비가 필요하고, 폭발의 위험이 있으며, 생산 비용이 높고, 현재는 관련 인프라가 미비하다는 단점이 있습니다.

바이오 연료는 식물, 동물, 미생물 등 생물 자원에서 얻은 친환경 연료를 말합니다. 이산화탄소 배출량이 적고, 황 함유량이 매우 낮으며, 무엇보다 기존의 설비나 인프라를 개조할 필요 없이 그대로 사용할 수 있다는 장점이 있습니다. 그러나 생산 비용이 높고, 생물 자원이므로 대량 생산에 한계가 있어 안정적인 공급이 어렵다는 단점을 갖습니다.

스마트화

1. 자율운항

테슬라(TESLA)의 오토파일럿(Autopilot), GM의 슈퍼 크루즈(Super Cruise) 같은 운전자 지원 시스템을 활용하면 차량이 스스로 앞차와의 간격을 유지하고, 속도를 조절하며, 상황에 따라 차선을 변경합니다. 이처럼 자동차 분야에서는 자율주행이 이미 부분적으로 시행되고 있습니다. 도로 위를 달리는 자동차가 자율주행을 할 수 있다면 바다 위를 달리는 선박도 자율운항이 가능하지 않을까요?

자율운항 선박은 인공지능(AI), 빅데이터 등을 활용해 선원의 조종 없이 스스로 운항하는 선박을 말합니다. IMO는 MASS(Maritime Autonomous Surface Ship) Code에 따라 선박의 자율운항을 크게 네 단계로 구분하고 있습니다.

1단계는 선원이 직접 운항을 하면서 자동화 시스템의 도움을 받는 단계(Ship with Automated Processes and Decision Support)입니다. 인공지능 기반 항로 최적화, 자동 충돌 방지 등이 1단계에 속하는 기술입니다.

2단계는 원격 제어가 가능하지만 아직은 선원이 승선하는 단계(Remotely Controlled Ship with Seafarers on Board)입니다. 원격 모니터링을 통한 엔진 및 항해 관리 솔루션 등이 2단계에 속하는 기술입니다.

3단계는 원격 제어가 가능하고 선원도 승선하지 않는 단계(Remotely Controlled Ship without Seafarers on Board)입니다. 인공지능과 자율운항 시스템이 큰 역할을 하며, 모든 운항은 원격 관제 센터에서 이루어집니다.

4단계는 완전한 자율운항이 가능한 단계(Fully Autonomous Ship)입니다. 인간의 개입 없이 인공지능이 자동으로 항로를 설정하고, 장애물을 피하며, 기상 및 해상 상태를 분석하여 최적의 운항을 수행합니다. 또한, 선박의 모든 기능(운항, 유지·보수, 화물 관리 등)이 자동화 시스템에 의해 제어됩니다.

현재는 2단계 수준까지 자율운항이 상용화되었고, 여러 국가와 기업이 3단계 기술 개발에 적극 나서고 있습니다. 참고로 유럽과 일본은 산업, 대학, 연구소, 국가 기관이 유기적으로 협력하는 반면, 우리나라는 대형 조선사가 해운 기업, 국내외 기관과 협력해 독자 플랫폼을 만들고 있습니다. 특히, HD현대그룹의 계열사인 아비커스(Avikus)는 대형 상선용 자율운항 솔루션을 공급하고 있으며, 이 분야에서 가장 앞선 기술력을 보유하고 있습니다.

자율운항 기술은 운항 최적화를 통해 연료 소모를 줄여 환경 규제 대응을 돕고, 선원의 업무 부담을 경감시켜 인력 부족 문제 해결에도 크게 기여할 것으로 예상됩니다.

2. 디지털라이제이션

최근 해운업계에서는 인공지능, 빅데이터, IoT, 클라우드 등의 최신 기술을 접목하여 선박의 주요 데이터를 수집하고, 이를 분석하여 성과를 개선하는 디지털라이제이션(Digitalization)이 빠르게 진행되고 있습니다. 디지털라이제이션이 점점 더 중요해지는 이유는 다음과 같습니다.

첫째, 운영의 효율성을 높입니다. 선박의 속도, 위치, 방향, 기상 상태, 해류 정보 등의 데이터를 활용하면 최적의 운항 조건과 항로를 찾을 수 있습니다. 결과적으로 연료 사용량이 줄어들어 비용이 절감되고 탄소 배출도 줄일 수 있죠. 나아가 선대 전체의 운항 데이터를 통합 관리하면 더욱 효율적인 운영이 가능합니다.

둘째, 안전성을 높입니다. 엔진과 각종 기계 장치의 온도, 압력, 진동 데이터를 실시간으로 분석하면 고장 징후와 수리 시점을 예측할 수 있습니다. 또한, 레이더, 라이더(LiDAR), AIS(선박자동식별시스템) 등의 특수 장비를 활용해 주변 선박 및 장애물과의 충돌을 사전에 방지할 수 있죠. 그리고 원유나 가스처럼 위험한 화물은 온도, 압력, 유량, 가스 누출 여부 등을 실시간으로 파악하여 안전 사고를 예방할 수 있습니다.

셋째, 친환경적인 운항을 할 수 있습니다. 선박의 탄소 배출량과 연료 소비 패턴을 지속적으로 모니터링하면 엔진 출력을 일정하게 유지하고, 필요한 경우 감속 운항을 실시해 탄소 배출을 줄일 수 있습니다. 또한, 전력 및 에너지 관리 시스템을 통해 선박 내 에너지 사용을 최소화할 수 있죠. 아울러 선박 평형수 교환 시점과 위치를 최적화하면 해양 생태계 교란을 막는 데도 도움이 됩니다.

이처럼 디지털라이제이션은 운영의 효율성 증대, 안전성 강화, 환경 규제 대응이라는 세 가지 목표를 동시에 달성할 수 있게 해주어, 해운 산업의 경쟁력을 높이는 중요한 요소로 자리 잡고 있습니다.

핵심만 쏙쏙!

1. 대표 기업

해운 기업의 순위는 선복량을 기준으로 하며, 종합 순위는 다음과 같습니다.

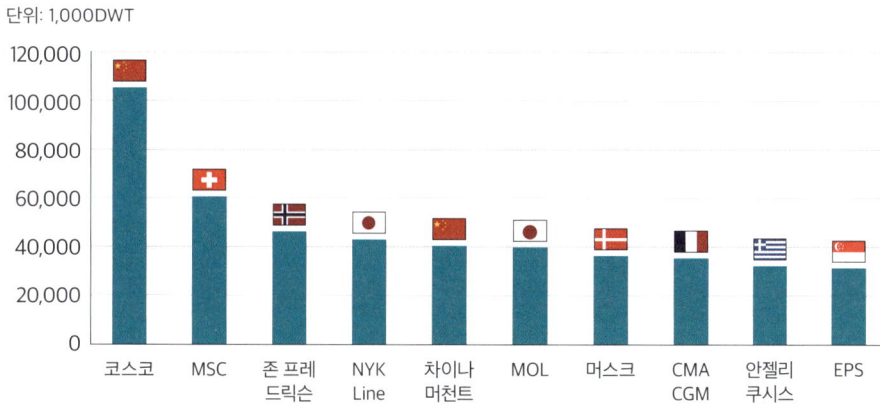

| 그림 3-27. 해운 기업 순위(종합) |

2. 국가별 경쟁력

보유 선박의 가치를 기준으로 한 국가별 순위는 다음과 같습니다.

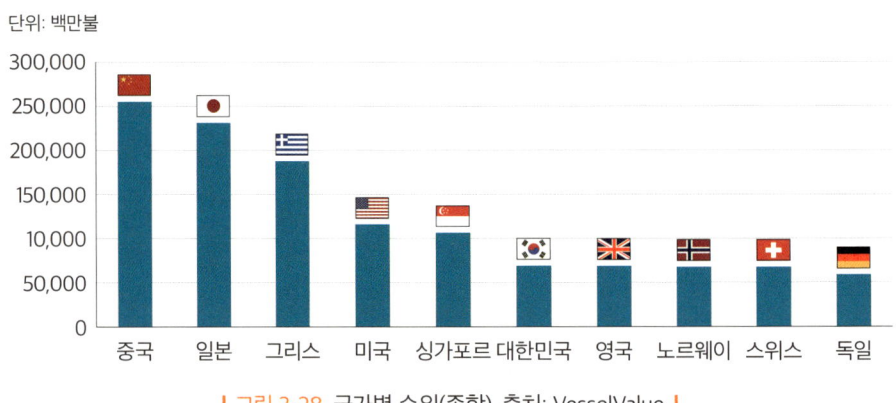

| 그림 3-28. 국가별 순위(종합), 출처: VesselValue |

해운 산업의 경쟁력을 결정하는 핵심 요소로는 자국의 압도적인 물동량, 지리적 이점, 조선 산업의 경쟁력, 글로벌 해운사(선대) 보유, 정부 정책 및 지원, 금융 및 투자 환경 등이 있습니다.

3. 해운 동맹

해운 동맹이란 여러 해운사가 모여 선복 공유, 운항 일정 조정 등을 통해 운영의 효율성과 안정성을 도모하는 전략적 협의체를 말합니다. 해운 동맹의 필요성은 일정 부분 인정되지만, 사실상 담합 행위이므로 합법성과 활동 범위는 시대적 상황과 각국의 규제에 따라 조금씩 달라집니다.

해운 동맹은 상위 8~10개의 대형 컨테이너 선사들이 주도하고 있으며, 그 현황은 다음과 같습니다.

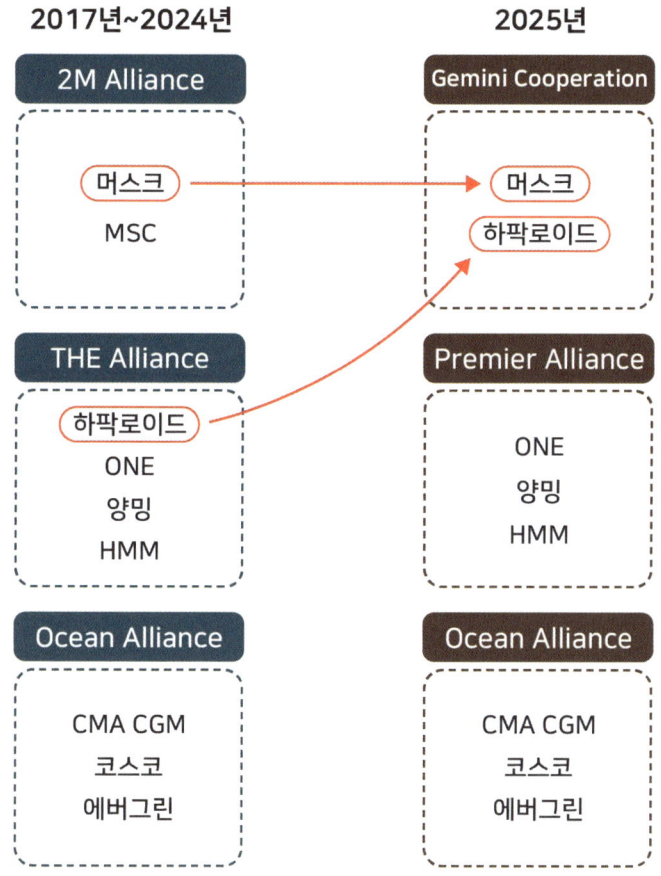

| 그림 3-29. 해운 동맹 현황(2025년 2월 기준) |

4. 해운 산업이 나아가는 방향

현재 해운 산업의 가장 큰 트렌드는 환경 규제입니다. IMO는 EEDI, EEXI, CII와 같은 일련의 조치를 통해 단계적으로 탄소 감축을 유도하고 있으며, 선박 연료에 포함된 황 함유량을 3.5%에서 0.5%로 낮추는 규제인 IMO 2020, 선박 평형수 관리 협약 등을 시행하고 있습니다. 한편, EU 역시

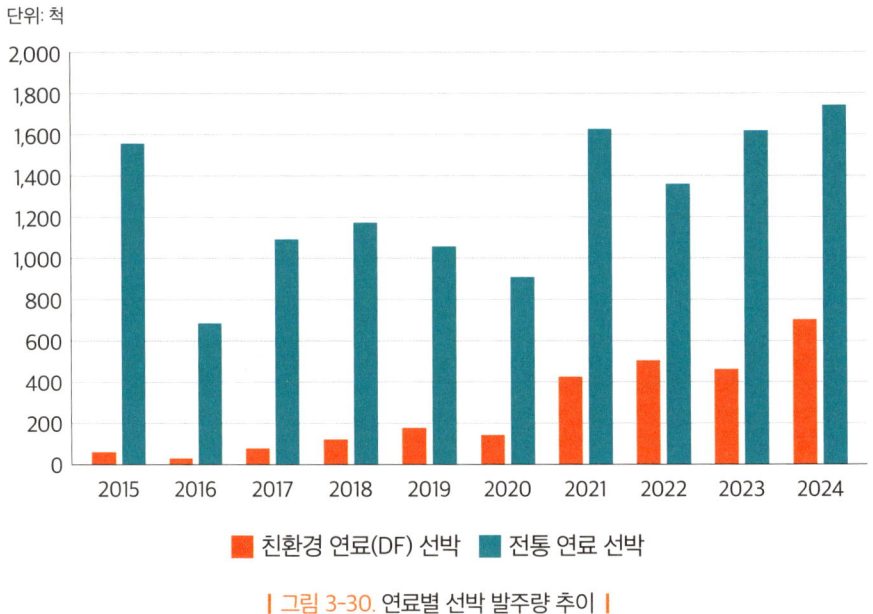

| 그림 3-30. 연료별 선박 발주량 추이 |

 탄소 배출권 거래 제도를 도입해 탄소 감축에 앞장서고 있죠. 환경 규제가 강화됨에 따라 해운사들은 앞다퉈 친환경 선박을 발주하고 있습니다.

 현재의 기술 수준에서 탄소 배출을 줄이는 가장 효과적인 방법은 전통 연료인 벙커유와 친환경 연료를 함께 사용하는 것입니다. 이렇게 두 가지 연료를 사용하는 선박을 이중 연료(Dual-fuel, DF) 추진선이라고 부릅니다. 대표적인 친환경 연료로는 LNG, 메탄올, 암모니아가 있으며, 현재는 LNG와 메탄올의 비중이 높습니다.

 환경 규제와 더불어 해운 산업의 중요한 트렌드는 스마트화입니다. 자율운항과 디지털라이제이션이 대표적입니다.

 자율운항은 인공지능, 빅데이터 등을 활용해 선원의 조종 없이 스스로 운

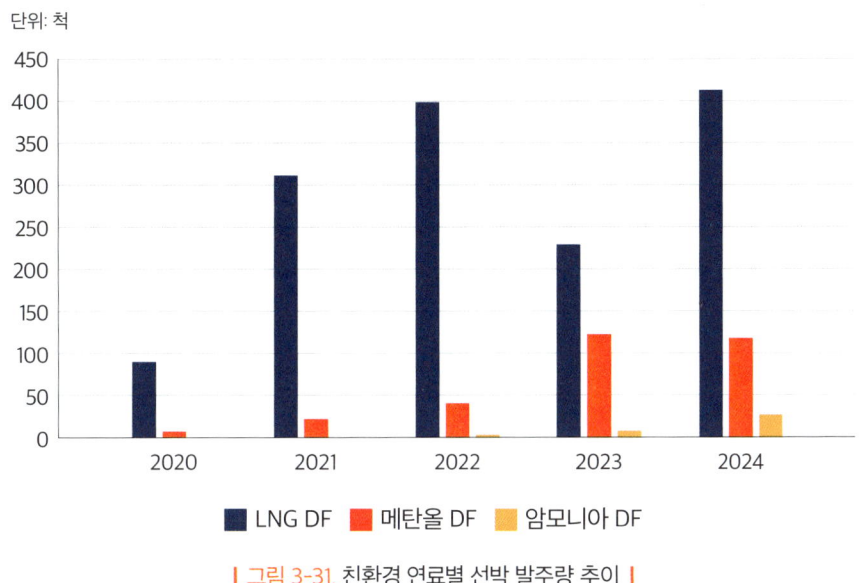

| 그림 3-31. 친환경 연료별 선박 발주량 추이 |

항하는 기술을 말합니다. 현재는 원격 제어는 가능하지만 선원이 승선해야 하는 2단계까지 상용화가 되었고, 여러 국가와 기업이 3단계 기술 개발에 적극적으로 나서고 있습니다.

1단계	선원이 직접 운항하되, 자동화 시스템의 지원을 받는 단계
2단계	원격 제어가 가능하지만 선원이 탑승하는 단계
3단계	원격 제어만으로 무인 운항이 가능한 단계
4단계	모든 운항과 관리를 인공지능이 수행하는 완전 자율운항 단계

| 표 3-1. 선박의 자율운항 4단계 |

디지털라이제이션은 인공지능, 빅데이터, IoT, 클라우드 등의 최신 기술을 접목하여 선박의 주요 데이터를 수집하고, 이를 분석하여 성과를 개선하는

것을 말합니다. 운영의 효율성과 안전성을 향상시키고, 친환경적인 운항을 가능하게 함으로써, 해운 산업의 경쟁력을 강화하는 핵심 요소로 자리매김하고 있습니다.

한 걸음 더!

1. 세계 7위 컨테이너 선사, 한진해운의 몰락

한진해운은 1977년에 설립된 대한민국의 대표 해운사입니다. 컨테이너선을 주력으로 하여 국내 해운사 최초로 연매출 1조 원(1992년)을 달성하였고, 이후 거양해운(1995년)과 독일 DSR-세나토(1997년)를 인수하는 등 공격적인 선대 확장을 통해 국내 1위, 글로벌 7위의 컨테이너 선사로 성장합니다. 그리고 2005년에는 포브스(Forbes)가 선정한 아시아 50대 우량 기업에 이름을 올리죠. 이처럼 승승장구하던 한진해운은 어쩌다 위기에 빠진 걸까요?

2000년대 초반, 중국의 경제 성장으로 해상 물동량이 크게 증가하면서 해운 시장은 초호황을 맞이합니다. 이에 해운사들은 더 많은 선박을 확보하기 위해 경쟁적으로 용선과 신규 선박 발주를 늘렸죠. 한진해운도 예외가 아니었습니다. 문제는 필요한 자금을 대출과 채권 발행을 통해 마련하다 보니 부채 비율이 급격하게 높아졌다는 것입니다. 또한, 호황이 오래 지속될 것으로 판단해 단기 계약이 아닌 10년 이상의 장기 용선 계약을 체결했는데 이것이 훗

날 한진해운을 큰 위기로 몰아넣습니다.

    2008년, 글로벌 금융위기를 기점으로 해운업계에도 먹구름이 드리웁니다. 신규 발주한 선박들이 하나둘 인도되며 선복량은 증가하는데, 경기 불황으로 물동량은 감소하여 해운임이 크게 하락한 것입니다. 결국 공급 과잉 문제가 심화되며 해운업은 끝을 알 수 없는 장기 불황에 진입합니다.

    불황이 지속되자 한진해운은 심각한 위기에 빠집니다. 해운임이 낮은 상황에서도 장기 용선 계약 때문에 매년 수천억 원에 달하는 용선료를 부담해야 했으며, 이미 부채 비율이 높아 추가 자금 조달도 쉽지 않았습니다. 재무 구조를 개선하기 위해 자산 매각, 구조조정 그리고 한진그룹의 계열사인 대한항공으로부터 긴급 자금을 받는 등 자구책을 마련해보았지만 역부족이었죠. 설상가상으로 마지막 희망이었던 정부의 추가 지원마저 제때 이루어지지 않으면

| 그림 3-32. 한때 컨테이너선 부문 세계 7위의 위상을 자랑했던 한진해운 |

서 결국 2017년, 40년 역사의 한진해운은 파산하고 맙니다.

한진해운의 파산은 한국 해운 산업에 큰 타격을 주었습니다. 전 세계 주요 항만에서 한진해운의 선박들이 입항을 거부당하면서 화주의 화물이 바다에 묶이는 글로벌 물류 대란이 발생했고, 이로 인해 국제 해운 시장에서 한국 해운의 신뢰도가 크게 하락했습니다. 또한 한진해운이 담당하던 수많은 노선을 글로벌 해운사들이 차지하면서 한국의 해운 시장 점유율이 감소했죠. 더불어 한진해운이 주요 거점으로 활용하던 부산항의 환적 물동량이 급감하여 부산항의 경쟁력도 심각한 타격을 입습니다.

한국 해운업이 위기에 처하자 정부는 해운 산업의 경쟁력을 되찾기 위해 '해운재건 5개년 계획'을 세워 정책 방향을 소극적 지원에서 적극적 지원으로 전면 수정합니다. 선박 금융·보증 관련 기관들을 통합해 한국해양진흥공사(KOBC)를 설립하고, 한진해운과 더불어 한국 해운의 양대축이었던 HMM(구 현대상선)에 적극적인 지원을 하죠. 특히, 2018년~2020년에 세계 최대 규모인 2만 4천 TEU급 컨테이너선 12척의 건조를 지원하여 선복량을 획기적으로 늘립니다(40만TEU → 70만 TEU). 이후 코로나19 팬데믹이 발생하면서 해운임이 급등하였고, HMM은 2020년 2분기, 5년 만에 영업이익 흑자 전환에 성공하게 되죠. 이 외에도 중소형 해운 기업에 대한 지원을 확대하고, 국내 해운사간의 협력을 도모하기 위해 한국해운연합(KSP)을 결성하는 등 다양한 정책을 추진합니다. 이러한 노력과 뒤이어 찾아온 해운 시장 호황에 힘입어 한국 해운 산업은 재도약의 기반을 마련하였고, 세계 시장에서의 경쟁력을 점차 회복해가고 있습니다.

2. 해운 동맹의 중심, 컨테이너 선사

해운 동맹은 컨테이너 선사들이 주축을 이룹니다. 왜 그럴까요?

컨테이너선은 특정 항로를 정해진 일정에 따라 운항합니다. 화물의 양과 관계없이 정시에 출항해야 하므로 항상 공선(빈 배)의 위험이 있죠. 이때, 해운 동맹 회원사끼리 화물을 공유하면 공선의 부담을 줄일 수 있습니다.

이뿐 아니라, 서비스도 개선할 수 있습니다. 같은 항로를 주 1회 운항하는 선사와 주 2회 운항하는 선사가 서로 협력하면 주 3회 운항이 가능해집니다. 또, 서로 다른 노선을 운항하는 선사끼리 협력하면 다양한 지역으로 화물을 운송할 수 있죠. 즉, 화주에게 더 경쟁력 있는 서비스를 제공할 수 있습니다.

마지막으로 해운임의 변동성을 완화할 수 있습니다. 컨테이너 해운임은 변동성이 매우 큽니다. 이러한 변동성은 회원사들의 공급 조절과 공동 운임 정책을 통해 어느 정도 통제가 가능합니다.

3. 친환경 선박 발주, 누가 가장 적극적일까?

그림 3-33에서 볼 수 있듯이, 친환경 선박 발주는 컨테이너 선사들이 가장 적극적입니다. 이유는 다음과 같습니다.

첫째, 컨테이너선은 정해진 시간에 화물을 운송하는 것이 중요합니다. 그래서 다른 선종보다 고속 운항에 유리하도록 설계가 되어 있죠. 하지만 빠른 속도로 인해 연료 소모와 탄소 배출양이 많아, 환경 규제의 직접적인 대상이 되고 있습니다.

둘째, 애플, 나이키, 아마존, 이케아 같은 글로벌 기업들은 자체 탄소 중립

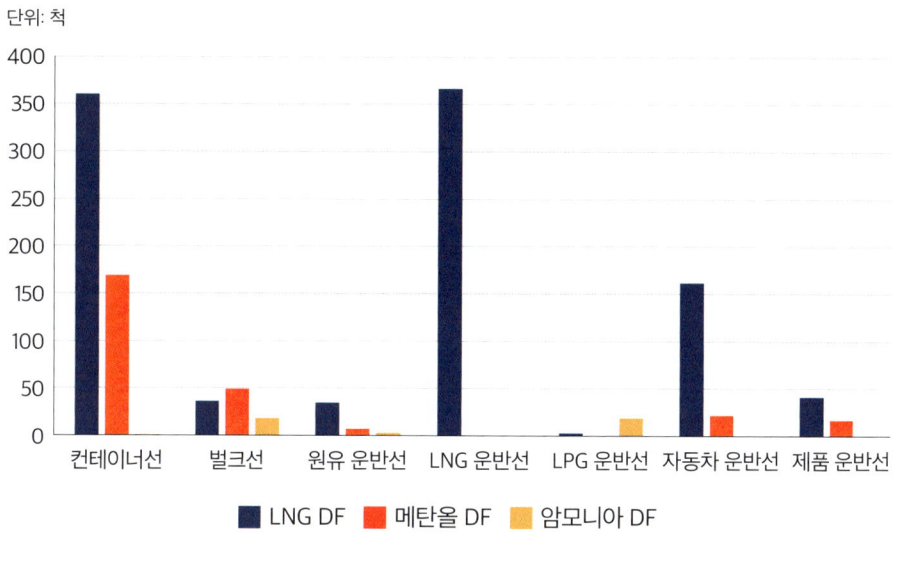

| 그림 3-33. 선종에 따른 친환경 연료별 발주 잔고(2024년 말 기준) |

목표를 가지고 있습니다. 화주인 이들은 목표를 달성하기 위해 물류 파트너인 컨테이너 선사들에게도 친환경 운송을 요구합니다.

셋째, 재정적 여유가 충분합니다. 최근 몇 년간 컨테이너 선사들은 해운임 급등으로 막대한 수익을 올렸습니다. 그래서 친환경 선박을 발주하는 데 비교적 부담이 덜합니다.

넷째, 연료 공급이 다른 선종보다 용이합니다. 부정기 항로가 많은 벌크선과 탱커선은 세계 곳곳의 항구에 드나듭니다. 친환경 연료를 공급받기 위해서는 수많은 항구에 연료 공급(벙커링) 인프라를 구축해야 하죠. 반면, 컨테이너선은 대부분이 정기 항로여서 자주 이용하는 주요 항구에만 인프라를 구축하면 됩니다.

이러한 이유에서 컨테이너 선사들이 친환경 선박 발주에 더욱 적극적으로 나서고 있습니다.

4. 레디선이란?

레디선(Ready선)은 기존 연료를 사용하되, 친환경 연료 사용에 대비하여 시스템 변경이 용이하게 설계된 선박을 말합니다. 예를 들어, LNG 레디선은 현재는 벙커유를 사용하지만, 추후 LNG도 연료로 쓸 수 있도록 탱크 공간과 배관 시스템이 설계되어 있습니다. 이렇게 레디선을 준비해 놓으면 연료나 추진 방식을 변경할 때 최소한의 개조만으로 신속하게 전환할 수 있어 나날이 강화되는 환경 규제에 좀 더 유연하게 대응할 수 있습니다.

5. 전기차는 대세인데, 왜 전기 추진 선박은 안 될까?

전기 추진 선박은 현재 소형 여객선이나 유람선(ex. 페리)처럼 단거리 운항에만 사용되고 있습니다. 그 이유가 무엇일까요?

선박을 움직이려면 막대한 양의 전력이 필요합니다. 소형 여객선이나 유람선은 짧은 항로를 운항하며 항구에 정박할 때마다 충전이 가능하지만, 대서양을 횡단하는 대형 선박은 중간에 충전할 방법이 없습니다. 충전 없이 장거리를 운항하려면 무려 17.5만 톤(15만m^3)*의 배터리를 싣고 다녀야 하죠. 크기와 부피가 클 뿐 아니라 가격도 3조 원에 육박합니다. 이런 이유로 현재의 기술력으로는 대형 전기 추진 선박의 상용화가 어렵습니다.

한편, 배터리 대신 연료전지**를 사용하는 방식도 연구되고 있습니다. 액

---

* 배터리는 에너지 밀도가 낮습니다. 그래서 같은 양의 에너지를 얻기 위해서는 벙커유 대비 50~100배의 무게가 필요합니다.
** 배터리는 에너지를 저장하는 장치이고, 연료전지는 에너지를 생성(발전)하는 장치입니다.

화수소를 연료로 사용하여 연료전지에서 전기를 생산하고 이를 전기 모터로 전달하는 방식입니다. 에너지 밀도가 높은 수소를 활용할 수 있어 장거리 운항에 더 적합하죠. 다만, 액화수소를 다루기가 쉽지 않고(-253°C), 이를 저장하고 운반하는 인프라가 부족한 데다 비용이 많이 들어 아직은 초기 단계에 머무르고 있습니다.

1. 조선 산업의 특징
2. 선박의 발주와 선박 금융
3. 선박의 건조 과정
4. 선박의 기자재

PART 04
조선 산업을 이해하기 위한 기초 지식

선박은 한 척에 수천억 원을 호가하는 고가의 자산입니다. 또한, 매우 복잡한 공정을 거쳐 완성되며, 이 과정에서 방대한 노동력과 수많은 부품이 투입됩니다. 이번 장에서는 조선 산업의 특징을 살펴보고, 선박의 발주부터 건조까지의 전 과정과 핵심 기자재에 대해 알아보겠습니다.

조선 산업의 특징

조선 산업이란 선박을 설계하고 건조하는 산업을 말합니다. 선주가 조선소에 선박을 발주하면, 조선소는 선박을 건조하여 선주에게 인도하는 방식으로 운영됩니다. 이러한 조선 산업은 다음과 같은 특징을 갖습니다.

첫째, 자본집약적입니다. 선박을 건조하려면 넓은 부지와 대형 설비가 필수입니다. 이를 갖추기 위해서는 수천억 원에서 수조 원에 이르는 막대한 초기 자본이 필요하죠. 또한, 인도 대금을 받기 전까지 재료비와 인건비 등의 비용을 조선사가 부담해야 하므로, 안정적인 자본 조달 능력이 매우 중요합니다.

둘째, 노동집약적입니다. 선박 한 척을 만들기 위해서는 1천 명 이상의 노동력이 수년간 투입되어야 합니다. 건조 공정이 다양한 데다, 기계로 대체할 수 없는 고난도 작업이 많아, 숙련된 인력의 역할이 매우 중요하죠. 이러한 특성으로 인해 고용 창출 효과가 크며, 지역 경제에도 큰 영향을 미칩니다.

셋째, 경제적 파급 효과가 큽니다. 조선 산업은 전·후방 산업과 긴밀히 연계되어 있습니다. 선박을 발주하는 해운 산업의 영향을 많이 받으며, 원재료를 공급하는 철강 산업과도 서로 영향을 주고받습니다. 또한 매출의 대부분이 수출이라서 국가 경제에도 크게 기여합니다.*

넷째, 국가 안보와 직결됩니다. 조선소의 기술과 시설은 민간 선박은 물론 군함 건조에도 활용됩니다. 자국 내에서 군함을 직접 설계하고 건조하는 능력은 국가 안보의 핵심 기반이 되죠. 더 나아가, 전시에 민간 조선소를 군사적 목적으로 전환해 활용함으로써 위기 대응 능력을 한층 강화할 수 있습니다.

이처럼 조선 산업은 자본과 노동이 집약된 전략 산업으로서 국가 경제와 안보에 중요한 역할을 수행합니다.

---

* 2024년 기준, 조선 산업의 수출액은 256달러(약 35조 8400억 원)입니다. 이는 대한민국 전체 수출액의 약 18%에 해당합니다.

선박의 발주와 선박 금융

선박의 발주 과정

컨테이너선 선사들은 화물의 운송 수요 예측에 따라, 원유나 LNG 운반선 선사들은 광구의 개발 계획에 따라 선박을 발주합니다.

선박 발주가 확정되면 선주는 선박에 요구되는 제원(Specification, 스펙)을 결정한 후, 조선사들과 발주 협상을 진행합니다. 협상은 선주가 직접 할 수도 있고, 선박 브로커(중개인)가 대신할 수도 있습니다. 선박 브로커는 선주와 조선사 간 중개 역할을 하며, 계약 체결 시 일정 비율의 수수료를 받습니다.

협상에서는 선가, 납기, 선속, 적재량, 환경 규제 관련 수치 등 구체적인 제원을 논의합니다. 특히 선가와 납기는 조선소의 선박 수주 상황에 큰 영향을 받습니다. 선박 건조의 핵심 설비인 도크(Dock)가 한정된 자원이기 때문입니다. 조선소의 생산 방식에 따라 차이가 있지만, 선박 한 척을 건조하는 데는 통상 수개월의 도크 점유 기간이 필요하며, 이는 전체 건조 기간(2~3년) 중 후반부에 해당합니다. 따라서 선박 발주란 어떤 의미로 '수년 후에 사용할 특정

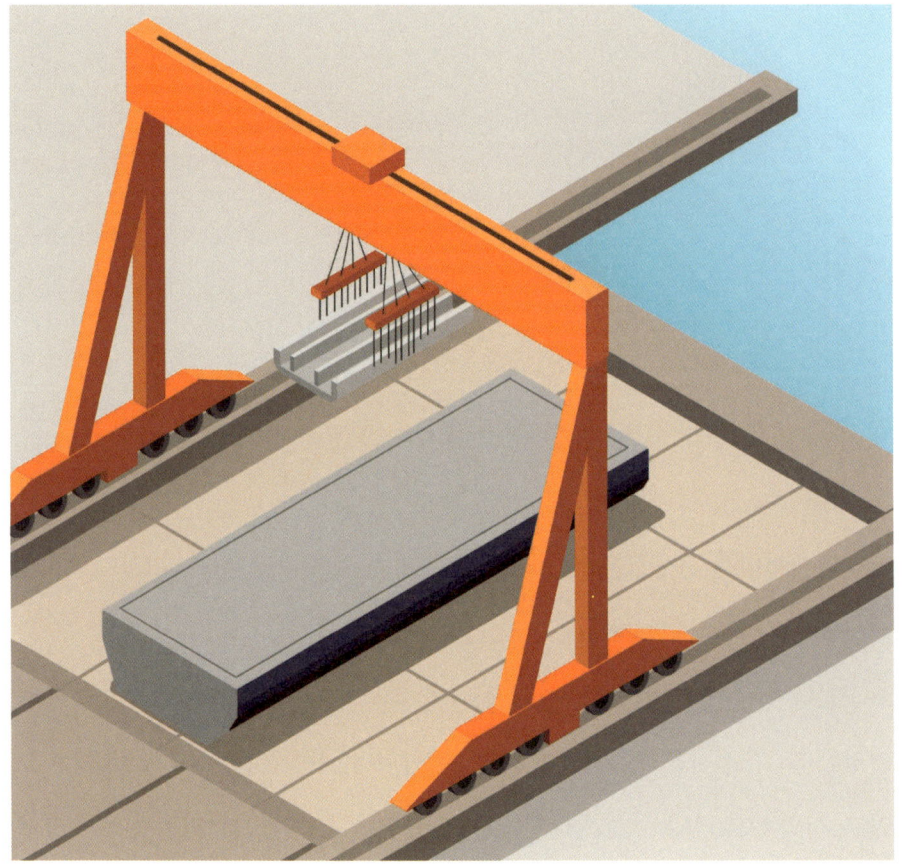

| 그림 4-1. 선박 건조의 핵심 설비인 도크 |

도크를 미리 예약하는 것'으로 이해할 수 있습니다. 이러한 이유로 업계에서는 "선주는 5년 후 선대 확장을 위해 도크를 확보했다."와 같이 표현하며, 이때 도크를 '슬롯(Slot)'이라고 부르기도 합니다.

　슬롯의 여유 상황은 조선소별로 다른데, 슬롯이 부족하면 선가가 상승하고 납기가 지연됩니다. 해운임이 높은 상황에서는 선박을 빠르게 확보하는 것이 이득이므로, 선주는 높은 선가를 감수하고 선박 발주를 서두릅니다. 이렇게 선주보다 조선사가 우위에 있으면, 조선사는 더 많은 이익을 볼 수 있습니다. 반대로 슬롯에 여유가 생기면 선가가 하락하고 납기가 앞당겨집니다. 조선사는 고정적으로 유지해야 하는 노동력과 장비가 많기 때문에 저가 수주를 하더라도 슬롯을 채우려 합니다. 이 경우는 선주가 조선사보다 우위에 있으므로, 선주에게 유리한 조건으로 계약이 체결됩니다.

　슬롯 상황과 더불어 선주의 요구사항을 반영하여 최종 선가를 협상합니다. 조선사들은 각자 보유한 표준 모델(기본 선형)에 추가 또는 제외 항목을 가감하여 선박의 세부 사항을 선주에게 제공하고, 협상을 통해 가격 및 제원을 조정합니다.

　큰 틀에서 합의가 이루어지면 선주와 조선사는 건조의향서(Letter of Intent, LOI)를 체결합니다. LOI는 특정 조선사와 세부 협상을 진행하겠다는 의미를 담은 계약입니다. 법적 구속력이 있는 정식 계약은 아니지만, 협상이 마무리 단계에 돌입하였으며, 특정 조선사와만 협상을 이어나가겠다는 의사표현으로 이해할 수 있습니다. 이후 마무리 협상을 거쳐 최종 계약을 맺습니다.

선박 금융

선박은 매우 고가의 자산입니다. 다수의 선박을 동시에 발주할 경우 조 단위의 자금이 소요되죠. 선주는 이처럼 막대한 자금을 어떻게 조달할까요? 그 해답은 바로 선박 금융에 있습니다.

선박 금융이란 선박의 자산 가치와 미래 수익을 담보로 외부에서 자금을 조달하는 금융 방식입니다. 쉽게 말해 선박을 담보로 받는 대출입니다. 선박은 부동산(ex. 빌딩)과 달리 한 곳에 고정되지 않고, 세계 여러 국가를 항해하며 다양한 이해관계자를 갖습니다. 이러한 이유로 전 세계의 여러 금융기관들이 협조 융자(Syndicated Loan)* 형태로 자금을 제공하는 경우가 많습니다.

선박 금융은 해당 선박을 담보로 제공하고 그 선박이 창출하는 경제적 이익을 통해 원리금을 상환하는 프로젝트 금융(Project Financing, PF)의 성격을 띱니다. 구조화된 금융 시스템을 통해 특수목적법인(Special Purpose Company, SPC), 투자자, 해운사, 조선사, 금융기관 등 다양한 이해 당사자들이 역할을 분담하죠. 선박 금융의 일반적인 구조도는 그림 4-2와 같습니다.

선박투자회사(Ship Investment Company, SIC)는 투자자로부터 자금을 모아 선박을 취득 및 운용하고, 여기서 발생한 수익을 투자자에게 배분하는 회

---

* 여러 금융기관이 함께 참여하여 대규모 자금을 대출해주는 금융 방식을 말합니다.

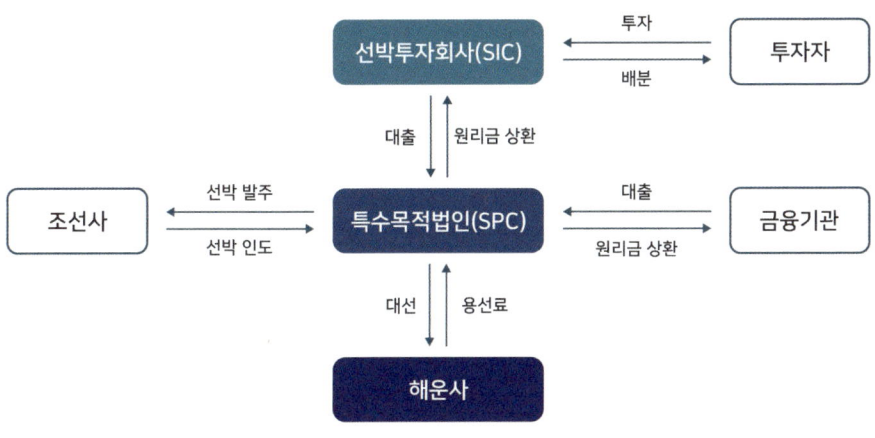

| 그림 4-2. 선박 금융의 구조 |

사입니다.* 신규 선박을 발주하는 경우에는 해외에 SPC를 설립하여** 투자금을 대출 형식으로 이전하고 선박의 소유권을 부여합니다. 이제 SPC가 선박을 발주해야 하는데, 투자금만으로는 비용을 충당할 수 없으므로, 선박을 담보로 금융기관으로부터 추가 대출을 받습니다. 그리고 이 자금을 토대로 조선사에 신규 선박을 발주합니다. 선박이 인도되면 SPC는 해운사에 선박을 빌려주고, 용선료를 받습니다. 이렇게 수취한 용선료의 일부는 금융기관 대출의 원리금 상환에 우선 사용되며, 나머지는 SIC 대출의 원리금 상환으로 쓰입니다. SIC는 SPC에게 받은 돈을 투자자에게 배분합니다.

참고로, SIC가 직접 대출을 받지 않고 SPC를 통해 진행하는 이유는 리스

---

* 해운사가 직접 SIC를 설립하거나 주도하여 투자금을 모으는 경우도 자주 있습니다.
** 해외에 SPC를 설립하면 글로벌 금융기관으로부터 자금을 원활하게 조달할 수 있고, 선박 금융에 특화된 법적 체계를 이용할 수 있으며, 조세 감면 혜택도 받을 수 있습니다.

크를 분리하기 위함입니다. 각 선박마다 별도의 SPC를 설립하여 대출을 받으면, 특정 선박에 문제가 생기더라도 그 영향이 해당 SPC에만 국한됩니다. 개별 프로젝트의 실패가 SIC 전체나 다른 선박 운영에 영향을 미치지 않도록 사전에 차단하는 것이죠. 이러한 구조는 투자자와 금융기관 모두에게 안정성을 제공하며, 각 프로젝트를 독립적으로 평가하고 관리할 수 있게 합니다.

선박 금융이 발달하면 해운사는 안정적으로 선박을 확보하고, 조선사는 지속적으로 일감을 공급받습니다. 이처럼 선박 금융은 해운 산업과 조선 산업의 성장 및 안정에 지대한 영향을 미칩니다.

선박의 건조 과정

선박이 발주되면 조선사는 본격적으로 선박 건조 작업에 돌입합니다. 선박의 건조는 여러 단계를 거쳐 이루어지며, 각 단계마다 전문적인 기술이 요구됩니다. 지금부터 단계별로 자세히 알아보겠습니다.

설계

설계는 진행 과정에 따라 기본설계, 상세설계, 생산설계로 나뉩니다. 기본

설계는 계약 협상과 함께 진행되며, 상세설계와 생산설계는 계약 이후에 진행됩니다.

기본설계는 선주의 요구사항에 맞춰 선박의 크기, 속력 등 주요 제원과 전체적인 틀을 결정하는 단계입니다. 화물과 항로의 특성을 분석하고, 조선사의 기술력을 접목하여 최적의 선박을 설계하죠. 또한, 선박 건조에 필요한 비용을 산정하여 선주와의 협상에서 핵심 요소인 견적가를 산출합니다.

최종 계약이 성사되면 **상세설계**가 진행됩니다. 이 단계에서는 기본설계에서 확정된 선형과 주요 장비 등을 실제 제작 가능하도록 구체화합니다. 선박을 각 구역별로 세분화하여 구조를 설계하고, 배관·전기·통신 설비와 주요 장비들의 배치를 결정하죠. 그리고 이를 바탕으로 장비 발주를 위한 구매사양서를 작성합니다.

생산설계는 각 부품의 수치, 형상, 수량을 구체화하여 현장에서 즉시 제작할 수 있도록 준비하는 단계입니다. 전체 건조 공정과 작업장의 특성을 고려하여 세부 작업의 방법과 순서를 설계합니다.

설계 단계가 끝나면 조선소에서 건조 작업이 진행됩니다.

가공(철판의 전처리, 절단, 성형)

선박은 수만 개의 철판을 자르고, 구부리고, 이어 붙여서 만듭니다. 자동차나 가전제품에 사용되는 철판은 얇기 때문에 두루마리 휴지처럼 말아서 운

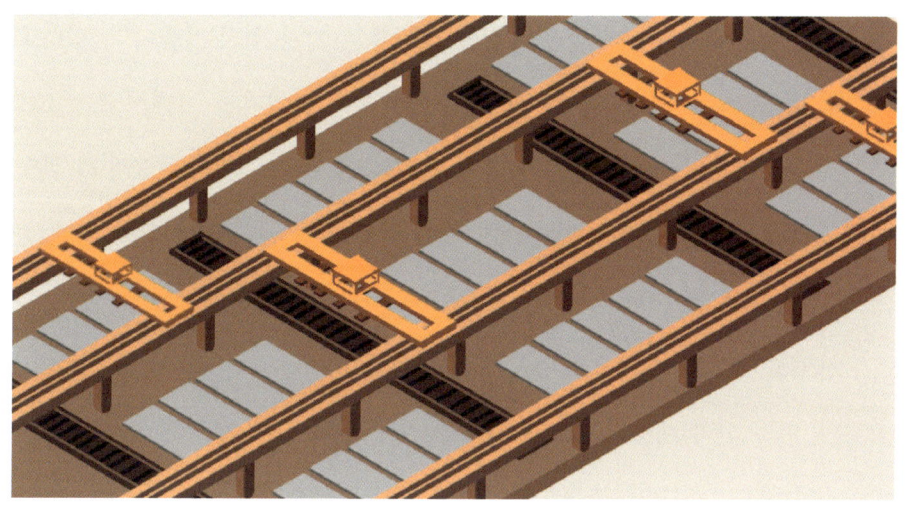

| 그림 4-3. 후판이 쌓여 있는 강재* 적치장의 모습 |

반할 수 있으나, 조선소에서 쓰는 철판은 이보다 훨씬 두꺼워서 평평한 철판 형태 그대로 운반합니다. 이러한 철판을 후판(厚板)이라고 부릅니다.

제철소에서 후판이 입고되면 **전처리** 작업을 합니다. 전처리는 철판의 부식을 방지하기 위한 작업으로, 도료가 잘 부착되도록 비비탄보다 작은 크기의 쇠구슬을 강하게 분사하여 표면을 거칠게 만든 후, 부식 방지용 도료(Shop Primer)를 도포합니다. 대부분의 대형 조선소는 이 과정을 자동화 설비를 통해 무인으로 진행합니다.

이제 철판을 **절단**(Cutting)하고, **성형**(Forming)할 차례입니다.

철판은 어떻게 자를까요? 종이라면 칼이나 가위 같은 절단 도구를 이용

---

* 강재는 철강 소재 전반을 가리키는 용어입니다. 즉, 후판은 강재의 한 종류입니다.

해 자르면 됩니다. 그런데 철판은 절단 도구를 찾기가 쉽지 않습니다. 있다고 하더라도 몇 번 사용하면 쉽게 마모되어 경제성이 떨어지죠. 그래서 조선소에서는 자동 마킹 머신을 이용해 절단할 위치를 표시하고, 얇은 초고온의 불꽃 혹은 플라즈마로 절단면을 미세하게 녹여 쇳물로 만든 다음, 바람을 세게 불어 절단하는 방식을 사용합니다.

참고로 철판을 처음으로 절단하는 작업을 **착공**(Steel Cutting, SC)이라고 합니다. 이는 선박 제작의 시작을 알리는 공식 절차이며, 이후 일정에 따라 선박을 구성하는 다양한 구조물들이 순차적으로 제작됩니다.

절단된 철판 중 일부는 **성형** 작업을 거칩니다. 성형이란 평평한 철판을

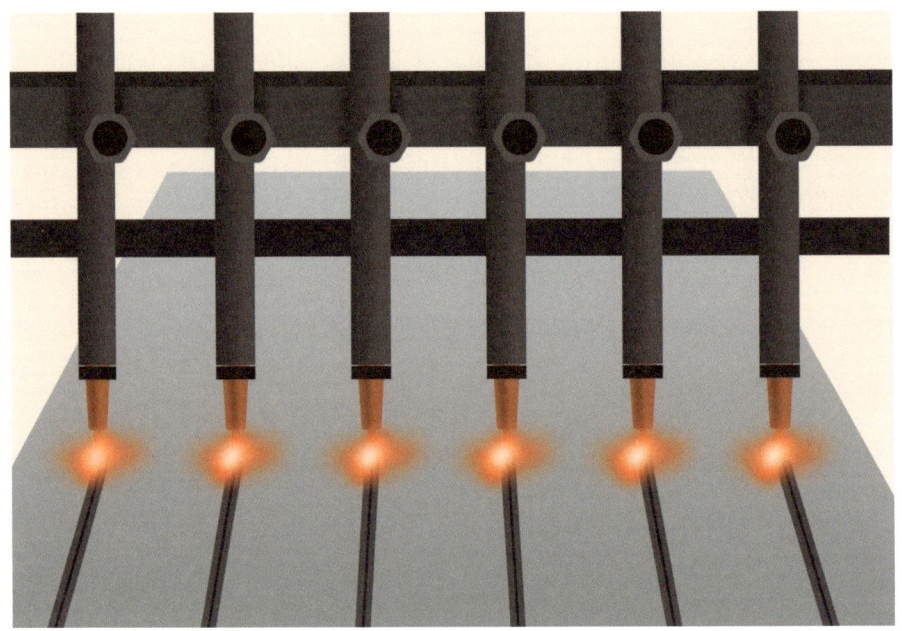

| 그림 4-4. 불꽃이나 플라즈마로 철판을 절단하는 모습 |

선박의 곡선 형태에 맞게 변형시키는 작업으로, 크게 두 가지 방법이 있습니다.

첫째, **냉간 성형**입니다. 손에 힘을 주어 물체를 구부리는 것처럼, 수천 톤의 압력을 가할 수 있는 대형 프레스기를 이용해 철판을 구부리는 방식입니다. 열을 가하지 않은 상태에서 작업하기 때문에 냉간(冷間)이라는 이름이 붙었습니다. 냉간 성형은 작업 시간이 짧고, 결과물의 품질이 비교적 균일하다는 장점이 있습니다. 하지만 프레스의 누름틀 형태로만 제작이 가능하므로, 틀 외의 형상은 만들기 어렵다는 단점을 지닙니다.

둘째, **열간 성형**입니다. 철판은 열을 받으면 팽창하고, 식으면 수축합니다. 이를 열변형이라고 합니다. 열변형은 가열과 냉각의 정도 그리고 속도에 따라 최종 형상이 달라집니다. 이러한 특성을 이용해 선박에 알맞은 형태의 곡면을 만들어내는 것이 열간 성형입니다. 열을 사용하기 때문에 열간(熱間)이라는 이름이 붙었습니다. 열간 성형의 가장 큰 장점은 복잡하고 정교한 곡면 형상을 만들 수 있다는 것입니다. 예를 들어, 그림 4-5에 있는 선박의 선수(둥근 앞부분)처럼 여러 방향으로 구부러진 유선형의 형상은 오직 열간 성형으로만 제작할 수 있습니다.

그런데 여기서 한 가지 의문이 생깁니다. 철판을 어느 정도로 가열하고 식혀야 원하는 곡면이 나오는 걸까요? 계절마다 철판의 온도가 달라지기 때문에 조건이 조금만 바뀌어도 결과에 큰 차이가 생길 것 같은데 말이죠. 정답은 바로 작업자의 '감'입니다. 철판을 구부려 휘어진 형상으로 만드는 것을 곡작업이라고 하는데, 조선소에는 곡작업만 수십 년을 해온 숙련공들이 있습니다

| 그림 4-5. 고난도의 곡면으로 이루어진 선박의 선수 |

다. 이들은 오랜 경험을 바탕으로 감에 의존해 작업을 하는데, 놀랍게도 이렇게 만든 곡면이 설계와 딱 들어맞습니다. 실제로 현장에서 곡작업을 지켜보면 왜 숙련공이 그토록 중요한지를 바로 알 수 있습니다.

조립(블록의 제작)

선박 제작은 레고 블록을 조립하는 것과 유사합니다. 그림 4-6에서처럼, 설계된 선박을 제작하기 좋은 크기로 나눈 다음(나눠진 덩이를 '블록'이라고 합니다.) 각 블록을 별도의 작업장에서 제작하고, 이를 다시 도크로 옮겨 순차적으로 조립해나가는 방식입니다. 이를 **블록 공법**이라고 합니다.

블록을 조립하는 과정은 크게 세 단계로 나뉩니다.

첫째, **소조립**입니다. 이 단계에서는 철판과 철판을 이어 붙여 소조립품을 만듭니다. 선박의 바닥이나 옆면을 이루는 강철판에 보강재를 설치하는 작업이 주로 이루어집니다.

둘째, **중조립**입니다. 소조립 단계에서 제작된 소조립품을 연결하여 중조립품으로 만듭니다. 선박 내부를 칸막이로 나누는 벽(격벽)이나 선박 내부의 바닥 또는 층(갑판)을 정확한 위치에 고정시키고, 추가 보강재를 더해 조립품

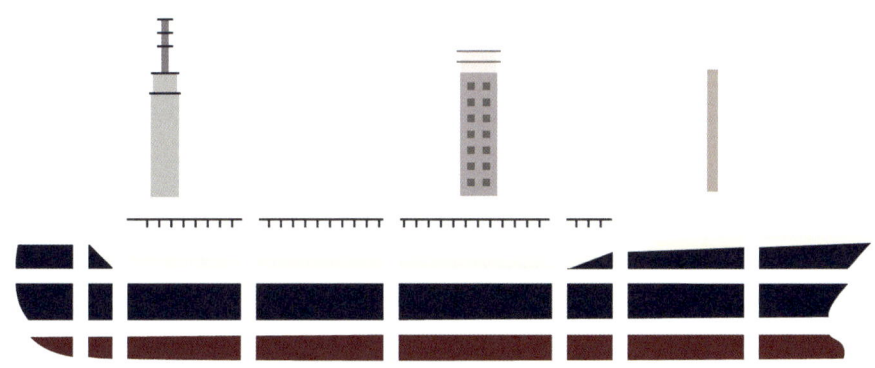

| 그림 4-6. 여러 개의 블록을 조립하여 만드는 선박(블록 공법) |

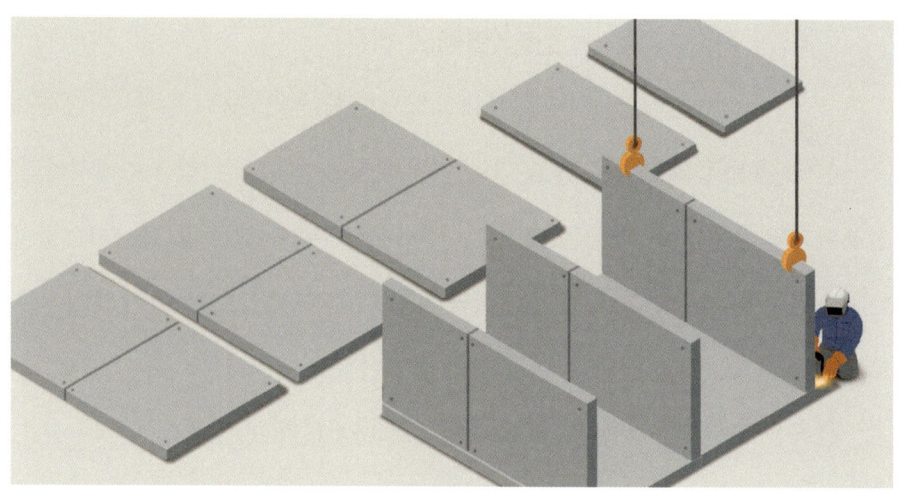

| 그림 4-7. 소·중조립품을 제작하는 과정 |

의 강도를 높입니다.

　셋째, **대조립**입니다. 그림 4-8에서 볼 수 있듯이, 중조립 단계에서 제작된 중조립품을 연결하여 하나의 블록으로 완성합니다. 블록은 그 형상에 따라 곡블록과 평블록으로 나뉩니다. 이 중에서 곡블록은 그림 4-9와 같이 표면이 휘어져 있기 때문에 정확한 곡선 형태를 유지할 수 있도록 도와주는 핀지그(Pin Jig)* 위에서 제작됩니다.

---

* 핀지그는 높이 조절이 가능한 수많은 핀(Pin)으로 구성된 특수 지지대입니다. 3차원 설계 데이터에 따라 각 핀의 높이를 정밀하게 조절하여, 곡블록의 복잡하고 정교한 곡면을 안정적으로 지지합니다.

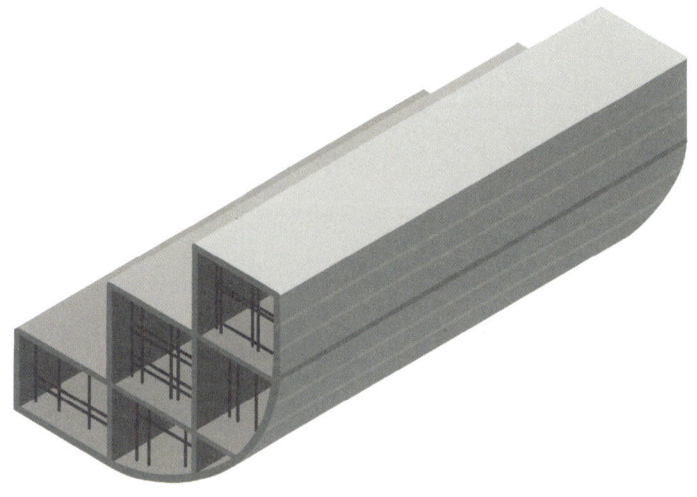

┃그림 4-8. 대조립을 통해 완성된 블록의 모습┃

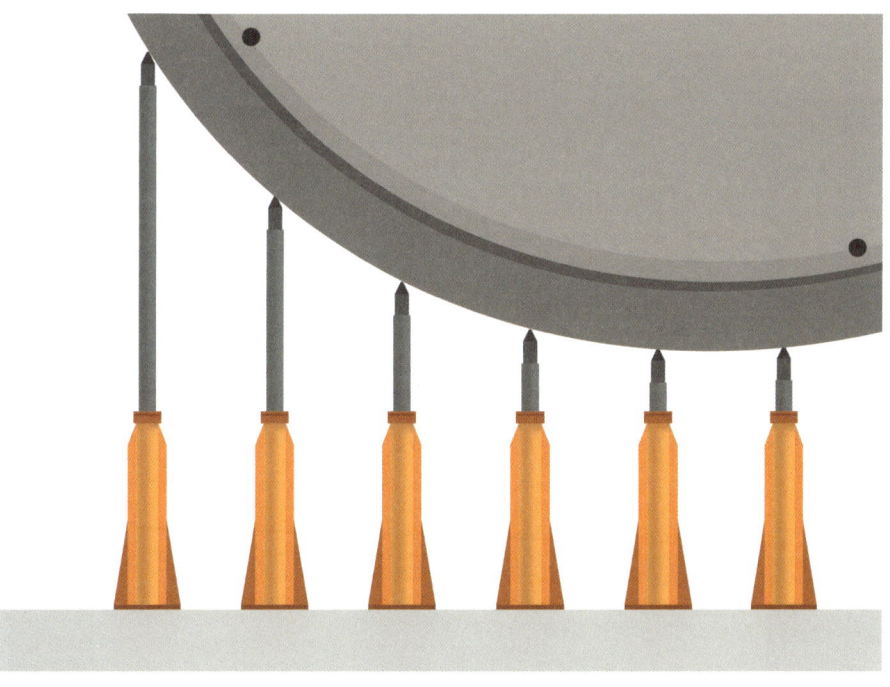

┃그림 4-9. 핀지그 위에서 이루어지는 곡블록 작업┃

선행 의장 및 선행 도장

의장이란 배관, 전기 배선, 기계 설비 등의 각종 의장품을 선박 내부에 설치하는 작업을 말합니다. 블록들을 합치기 전에 미리 의장품을 설치하면 작업 효율이 크게 향상되므로 대부분의 조선소에서는 블록 조립 단계에서 의장 작업을 함께 수행합니다. 이를 **선행 의장**이라고 합니다. 선행 의장 작업은 볼트와 너트로 체결하는 방식도 일부 있으나, 대부분 용접으로 진행됩니다.

도장이란 선박의 표면에 페인트(도료)를 도포하여 방청, 방수 그리고 미관 등을 개선하는 작업을 말합니다. 작업의 편의성을 위해 선행 의장을 거친 후 블록 상태에서 미리 대부분의 도장 작업을 진행하는데, 이를 **선행 도장**이라고 합

| 그림 4-10. 선행 의장을 수행하는 모습 |

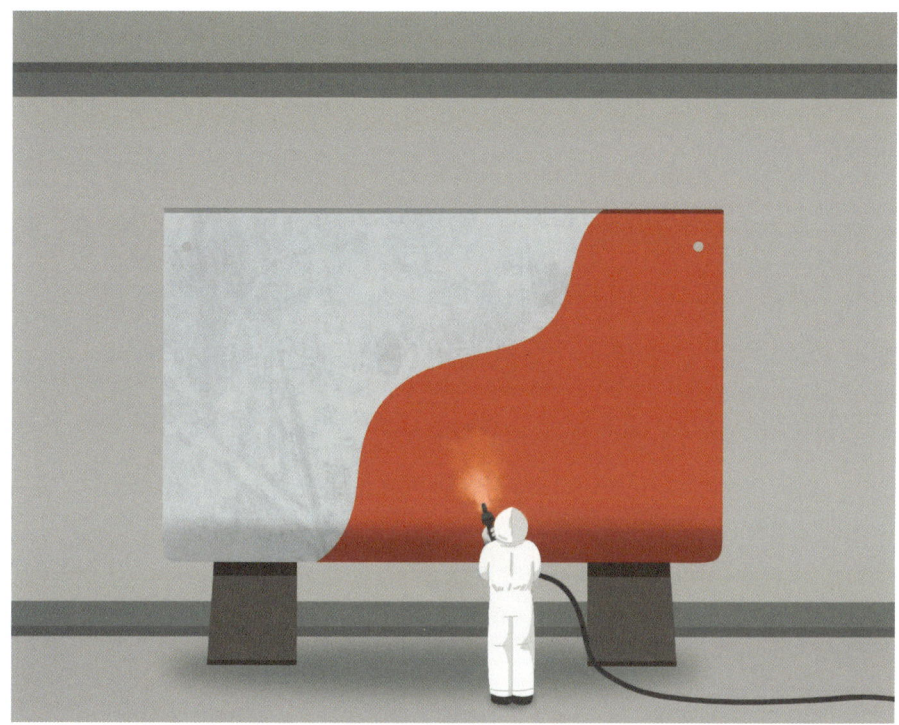

| 그림 4-11. 선행 도장을 수행하는 모습 |

니다. 도장의 품질은 선박의 내부식성에 큰 영향을 미치므로 선주들은 도장 과정의 각 단계를 면밀히 검사합니다. 최근에는 환경을 고려해 인체 유해 성분이 적고, 환경 오염이 덜한 친환경 도료의 사용이 늘어나는 추세입니다.

블록의 탑재 및 건조

선행 의장과 선행 도장 전후로 선행 탑재(Pre-erection, PE)가 이루어집니다. PE는 블록과 블록을 결합해 더 큰 블록을 만드는 작업입니다. PE 후 블록의 중량은 적게는 수백 톤에서 많게는 1천 톤 이상에 이르기 때문에 넓은 작업장과 대형 장비가 필수입니다. 완성된 블록은 트랜스포터(Transporter)*와 골리앗 크레인(Goliath Crane) 등의 특수 장비를 통해 도크로 옮겨집니다. 이렇게 블록들을 도크의 적절한 위치에 쌓는 것을 **탑재**라고 합니다. 그리고 첫 번째 블록이 도크에 탑재되는 것을 **기공**(Keel Laying, KL)이라고 부릅니다.

건조 단계에서는 설계에 맞춰 블록을 조립합니다. 이때 무거운 블록을 들

| 그림 4-12. 트랜스포터로 블록을 옮기는 모습 |

* 중량물을 옮기는 특수차량으로, 수백 톤의 무게를 지탱할 수 있습니다. 특히 여러 대를 연결할 수 있는 모듈형 트랜스포터(Self-Propelled Modular Transporter, SPMT)를 활용하면 1천 톤을 훨씬 넘는 초중량 구조물도 운송할 수 있습니다.

어올리는 것뿐 아니라, 각 블록이 서로 정확히 들어맞도록 내려놓는 것도 중요합니다. 또한, 블록을 탑재하는 동시에 용접 작업도 함께 이루어지는데, 이 과정에서 조금의 오차라도 발생하면 선체가 뒤틀릴 위험이 있으므로 정도* 관리가 매우 중요합니다. 조선소의 기술력을 평가하는 필수 요소로 정도 관리를 꼽는 이유입니다.

조선 산업을 공부하다 보면 도크라는 용어를 자주 접하게 됩니다. 도크는 선박의 건조 및 유지·보수를 위한 작업 공간(시설)을 말합니다. 도크의 규모가 곧 조선사의 생산 능력과 경쟁력을 좌우할 만큼 도크는 선박 건조에서 매우 중요한 요소입니다.

도크는 운영 방식에 따라 육상의 드라이 도크(Dry Dock)와 해상의 플로팅 도크(Floating Dock)로 나뉩니다.

| 그림 4-13. 드라이 도크(좌)와 플로팅 도크(우)의 모습 |

---

* 실제 작업된 치수 및 규격이 설계상의 치수 및 규격과 얼마나 일치하는지를 나타내는 개념입니다. 쉽게 말해, 작업의 정확도를 뜻합니다.

드라이 도크는 육상에 고정된 시설로, 쉽게 표현하면 땅 위에 파놓은 거대한 구덩이입니다. 펌프를 이용하여 물을 채우고 뺄 수 있는 구조이며, 물이 없는 상태에서 블록들을 탑재하여 선박의 형상을 만들고, 이후 도크 내부에 물을 채운 후 수문을 열어 건조된 선박을 바다로 내보내는 방식으로 운영됩니다. 드라이 도크는 큰 규모와 무거운 중량을 지탱할 수 있는 구조여서 안정성이 높습니다. 또, 주변에 대형 크레인과 장비를 설치하기가 용이하죠. 이런 이유로 대형 선박 건조에 주로 쓰입니다. 즉, 대형 선박을 건조하는 대부분의 조선소는 드라이 도크를 보유하고 있습니다.

반면, **플로팅 도크**는 해상에 떠 있는 부유식 시설로, 내부탱크에 물을 비우거나 채워 부력을 조절하고, 이를 통해 도크를 물에 띄우거나 가라앉혀 선박을 들어올리거나 내립니다. 도크 자체를 침수시켜 선박을 바다로 쉽게 내보낼 수 있고, 필요에 따라 도크의 위치를 옮길 수 있다는 장점이 있습니다. 따라서 건조와 수리 주기가 비교적 짧은 중소형 선박의 건조 및 유지·보수에 주로 쓰입니다.

도크 건설에는 막대한 투자 비용이 들어가고, 해안 부지여야 한다는 지리적 제약이 따르기 때문에 도크를 쉽게 늘리기는 어렵습니다. 따라서 제한된 도크를 활용해서 얼마나 효율적으로 건조 작업을 진행하느냐가 조선소의 경쟁력을 결정하는 중요한 기준이 됩니다.

후행 의장 및 후행 도장

도크 탑재와 동시에 선행 의장 단계에서 설치된 의장품을 연결하고 추가 의장품을 설치하는데, 이를 **후행 의장**이라고 합니다. 즉, 의장은 도크 탑재를 기준으로 선행과 후행으로 나뉩니다. 참고로 후행 의장 또한 선행 의장처럼 대부분 용접과 볼트 작업으로 진행됩니다.

후행 의장은 설치 대상에 따라 배관, 전계장, 기계 의장으로 구분됩니다.

배관 작업은 선박 내부의 각종 배관을 연결하는 공정입니다. 선박 내부

| 그림 4-14. 후행 의장을 수행하는 모습 |

에는 다양한 배관이 설치되어 있습니다. 특히 유조선이나 가스 운반선과 같이 액체화물을 다루는 선박에서는 배관 시스템이 핵심적인 역할을 합니다. 따라서 배관을 용도와 규격에 맞추어 정확하게 설치하는 것이 매우 중요합니다.

전계장 작업은 선박에 필요한 각종 전기·계기 장치와 케이블 등을 설치하는 공정입니다. 최근 선박 자동화로 인해 제어 시스템의 비중이 증가하면서 전계장 작업의 중요성이 커지고 있습니다.

기계 의장은 선박 운용에 필수적인 추진 엔진을 비롯해 발전기, 보일러, 프로펠러, 조향타 등의 다양한 기계 장치를 설치하는 공정입니다. 이러한 장비들은 선박의 성능에 직접적인 영향을 미치므로 숙련된 기술자들이 세심한 주의를 기울여 작업을 수행합니다.

선박의 형상이 완성된 후에는 외부 및 내부 전체에 도장을 합니다. 이를

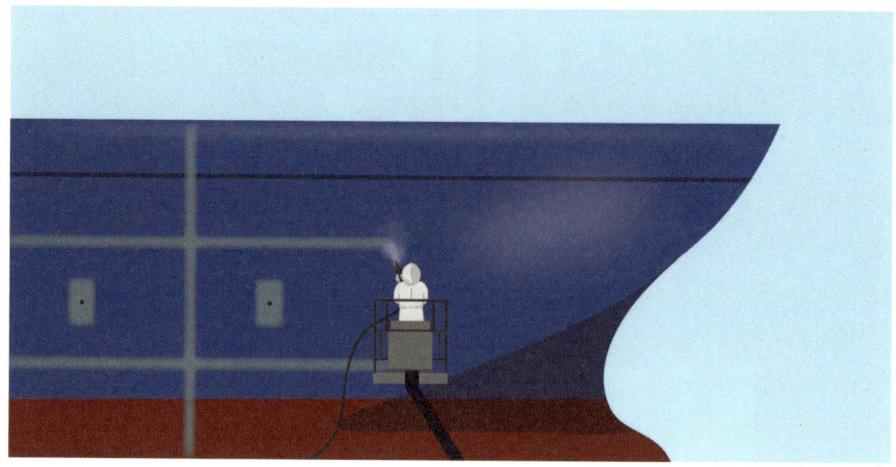

| 그림 4-15. 후행 도장을 수행하는 모습 |

후행 도장이라고 하며, 주로 도크에서 이루어집니다. 후행 도장에서는 용접이나 의장품 설치 과정에서 손상된 도장면을 보수하고, 각 공간을 용도에 맞게 활용할 수 있도록 구획별로 정해진 규격에 따라 작업을 진행합니다.

선박의 외판은 항상 해수에 노출되어 있어 부식의 위험이 큽니다. 특히 해수면 아래에 잠기는 선저부는 따개비와 같은 해양생물이 쉽게 부착되어, 선박의 속도와 연비에 영향을 미칠 수 있습니다. 하지만 부식과 해양생물 증식을 방지하는 도료의 도장 작업을 통해 이러한 일을 줄일 수 있죠. 따라서 선체 도장은 선박의 수명과 성능 유지에 필수적인 작업입니다.

후행 도장까지 마치면 전체 공정의 80~90%가 완성됩니다.

진수 및 안벽 의장

도크에서 마무리 작업까지 끝낼 수도 있지만, 도크를 효율적으로 사용하기 위해 후행 도장까지 마친 선박은 바다로 내보내고 안벽*에 접안시켜 물 위에 띄운 상태에서 마무리 작업을 진행합니다. 이렇게 건조 중인 선박을 바다에 띄우는 것을 **진수**(進水, Launching)라고 하며, 이후 진행되는 마무리 의장 작업들을 **안벽 의장**이라고 합니다.

의장 작업을 완료한 후에는 다양한 테스트를 진행합니다. 먼저, 선박이

* 선박이 안전하게 접안하여 정박할 수 있도록 조성된 조선소 내 시설입니다.

| 그림 4-16. 진수 후 안벽 의장을 수행하는 모습 |

물에 안정적으로 뜨는지, 외부 힘에 의해 기울어졌을 때 스스로 평형을 되찾는 능력을 갖췄는지를 확인합니다. 또한, 설계치가 아닌, 건조된 선박의 실제 적재량을 정확하게 측정하고, 엔진의 작동 상태를 점검하죠. 발전기와 보일러 같은 핵심 설비는 직접 가동하여 성능을 체크하고, 각 장비에 전기를 공급해 시스템이 정상적으로 작동하는지 살펴봅니다. 이 외에도 다양한 기능을 종합적으로 시험하는 과정을 거칩니다.

해상 시운전 및 인도

안벽에서의 점검이 완료된 선박은 **해상 시운전**을 위해 바다로 나갑니다. 이는 선박이 설계 목적에 맞게 정상적으로 작동하는지를 확인하는 최종 단계입니다. 이 과정에는 조선사 관계자뿐 아니라, 실제 선박을 운용할 선주사의 감독관, 각종 장비 엔지니어들이 모두 참여하여 선박의 속도와 회전 반경 같은 기본 성능과 비상 상황 대응 장비, 화물창, 연료탱크 등 다양한 항목을 체계적으로 점검합니다.

해상 시운전을 마친 후에는 선주와 조선사 간의 인도 서명식을 진행합니다. 인도 서명식은 조선사가 계약 조건에 맞게 선박을 완공했음을 공식적으로 확인하는 자리로, 양측의 대표가 참석하여 최종 서류에 서명합니다. 이 서명을 통해 선박의 소유권이 조선사에서 선주에게 공식적으로 이전되며, 이후 선박은 조선소를 떠나 선주에게 최종 **인도**(Delivery, DL)됩니다.

선박의 기자재

기자재는 기계, 장비, 부품 등을 총칭하는 용어로, 선박 한 척에는 수백여 개의 기자재가 사용됩니다. 주요 기자재를 알아보겠습니다.

엔진

엔진은 선박에 추진력을 제공하는 동력 장치로, 선가의 약 10%를 차지하는 핵심 부품입니다. 엔진 내부에 연료를 주입하고 점화하면 순간적으로 연소

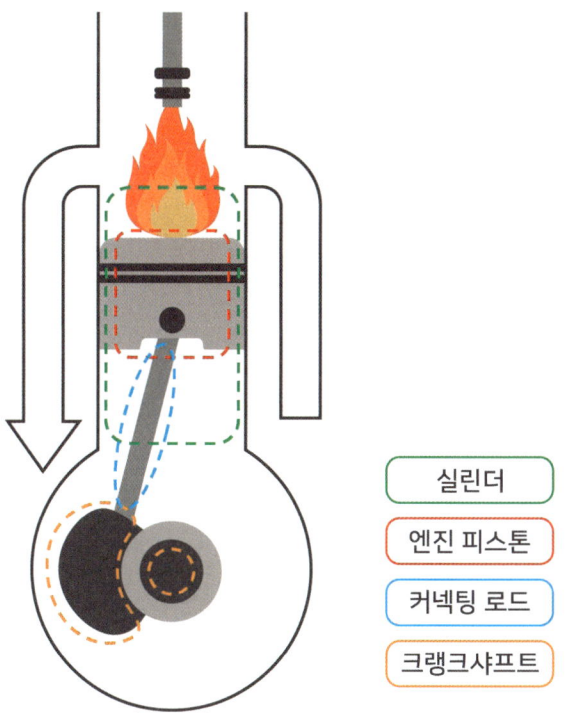

| 그림 4-17. 엔진의 구조 |

가 일어나면서 가스가 팽창하여 피스톤을 밀어냅니다. 이 힘이 프로펠러에 전달되어 선박을 움직이게 하죠. 이 과정에서 발생하는 폭발력을 얼마나 안전하고 효율적으로 제어하느냐가 엔진의 안정성을 결정합니다.

엔진 피스톤은 흡입, 압축, 폭발, 배기의 네 과정을 거치는데, 이 과정을 1회 왕복으로 완료하면 2행정(2-Stroke), 2회 왕복으로 완료하면 4행정(4-Stroke)입니다. 2행정은 강력한 힘을 발휘하고 연료 효율이 높아 주로 중대형 선박의 추진 엔진으로 사용되며, 4행정은 작동이 부드럽고 조용하여 소형 선박의 추진 엔진 및 중대형 선박의 발전 엔진으로 사용됩니다.

엔진은 회전 속도(RPM, 분당 회전 수)에 따라 크게 세 가지로 구분합니다.

저속(2행정) 엔진은 회전 속도가 느린 대형 엔진으로, 추진력과 연료 효율이 가장 뛰어납니다. **중속(4행정) 엔진**은 회전 속도가 중간 수준인 중형 엔진으로, 적당한 힘과 연료 효율을 지닙니다. **고속(4행정) 엔진**은 회전 속도가 빠른 소형 엔진으로, 기동성이 뛰어나지만 힘과 연료 효율은 상대적으로 떨어집니다. 저속 엔진은 중대형 선박의 추진 엔진으로, 중속 엔진은 중대형 선박의 발전 엔진 및 소형 선박의 추진·발전 엔진으로, 고속 엔진은 선박의 비상 엔진 및 모터보트와 같은 초소형 선박에 사용됩니다.

엔진이 작동하기 위해서는 연료가 필요합니다. 전통적으로는 벙커유를 사용하는 디젤 방식의 엔진이 주류를 이루었으나, 최근에는 벙커유와 친환경 연료(LNG, 메탄올, 암모니아 등)를 모두 사용할 수 있는 이중 연료(Dual-fuel) 엔진 기술이 빠르게 발전하고 있습니다. 환경 규제 강화로 친환경 선박 발주가 증가함에 따라 이중 연료 엔진 수요가 급증하고 있으며, 조선사들은 이러한 시장 변화에 대응하기 위해 시설 투자와 기술 개발에 박차를 가하고 있습니다.

참고로 선박에는 동력을 얻는 추진 엔진(Propulsion Engine) 외에도 선박에서 사용할 전기를 생산하는 발전 엔진(Generator Engine)이 탑재됩니다. 발전 엔진은 주로 4행정 중형 엔진을 사용하며, 추진 엔진과는 별도로 운용됩니다.

엔진 내부에 있는 주요 부품은 다음과 같습니다.

크랭크샤프트는 피스톤의 왕복 직선 운동을 회전 운동으로 변환하는 부품입니다. 엔진 연소실 내 폭발과 진동을 견뎌야 하므로 높은 강도와 내구성이 필수입니다.

실린더 라이너는 피스톤을 둘러싼 원통형 부품으로, 피스톤이 정확하게 상하로 왕복 운동을 할 수 있도록 합니다. 피스톤의 왕복 운동으로 인해 마모가 발생하기 때문에 5~7년 주기로 교체해줘야 합니다.

배기밸브는 연료가 연소한 후 발생한 고온·고압의 연소가스를 실린더 밖으로 배출하는 부품입니다. 500~700℃ 이상의 고온을 견뎌야 하므로 특수합금으로 만듭니다. 배기밸브 스핀들은 배기밸브의 실제 작동(개폐)을 담당하는 핵심 축이 되는 부품입니다.

주요 기자재

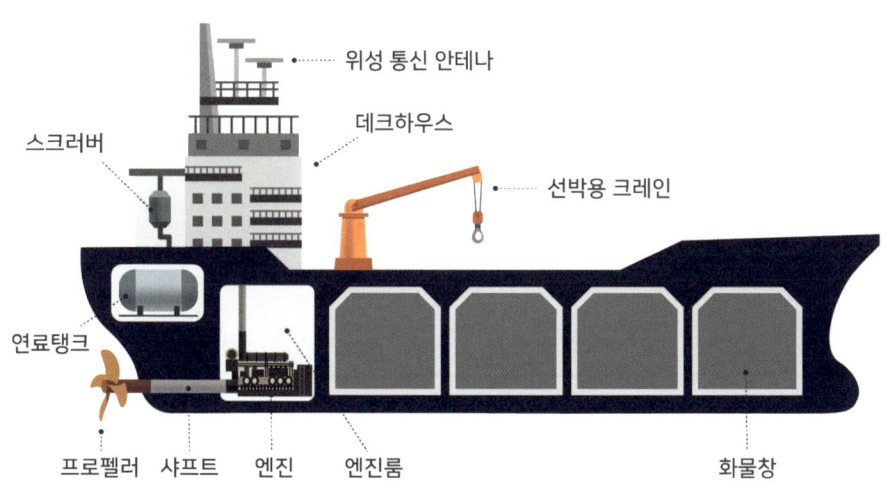

| 그림 4-18. 선박의 기자재 |

1. 화물창*

화물창은 화물을 적재하고 보관하는 공간입니다. 특히 LNG 운반선의 화물창은 고도의 기술력이 요구됩니다. 그 이유는 다음과 같습니다.

LNG는 -162℃의 극저온에서 액화시켜 운반합니다. 이때 외부 열이 화물창 내부로 유입되면 LNG가 다시 기화되므로 우수한 단열 성능이 필수입니다. 하지만 단열 성능이 뛰어나더라도 실제 운항시에는 약간의 열이 내부에 유입되어 소량의 가스가 발생합니다. 이를 증발가스(Boil-Off Gas, BOG)라고 부르는데, 이 가스가 외부로 누출되지 않도록 하는 밀폐 성능 역시 매우 중요합니다.** 또한, 운항 중에는 파도와 진동에 의한 충격 등의 힘이 지속적으로 가해지므로, 이를 견딜 수 있는 강도와 내구성을 갖추어야 합니다.

LNG 화물창은 과거 두 가지 형태가 있었습니다. 하나는 동그란 공 모양의 MOSS 타입, 다른 하나는 육각형 박스 모양의 멤브레인 타입입니다. 현재는 공간 활용도가 높은 멤브레인 타입이 표준으로 자리매김했습니다.

2. 연료탱크

연료탱크는 선박이 사용하는 연료를 저장하는 공간으로, 뛰어난 밀폐성

---

* 화물창은 화물을 싣는 공간을, 화물탱크는 이 공간이 탱크 구조일 때 사용하는 더 구체적인 명칭입니다. 즉, 화물창이 화물탱크를 포괄하는 상위 개념입니다. 벌크선이나 컨테이너선처럼 화물창이 탱크 구조가 아닌 경우에는 화물창이라고만 표현하고, LNG 운반선처럼 탱크 구조인 경우에는 화물창이 곧 화물탱크를 의미합니다.
** 운항 거리나 적재량이 늘어날수록 더 많은 증발가스가 발생합니다. 따라서 이를 다시 액화시키는 재액화 설비를 설치하기도 하며, 증발가스를 추진 연료로 활용하는 방식도 널리 사용되고 있습니다.

과 높은 안전성이 요구됩니다. 최근에는 친환경 연료(LNG, 메탄올, 암모니아)를 사용하는 선박이 늘어나면서 연료탱크에도 높은 수준의 기술력이 적용되고 있습니다.

3. 환경 기자재

스크러버(Scrubber)는 선박에서 배출되는 배기가스 속 황산화물을 제거하거나 농도를 낮추는 장비입니다. 2020년부터 시행된 국제해사기구(IMO)의 황 함유량 규제에 따라 고유황 벙커유를 계속 사용할 선박들은 스크러버를 반드시 설치해야 합니다.

선박 평형수 처리 장치(Ballast Water Treatment System, BWTS)는 평형수(Ballast Water)* 속의 유해 수중생물과 병원균을 제거하는 장비입니다. IMO의 규제에 따라 모든 선박에 설치가 의무화되었으며, 다양한 처리 방식(UV 조사, 전기 분해, 화학적 처리, 오존 처리 등)을 통해 외래종 유입을 차단하여 해양 생태계 교란을 방지합니다.

선박용 분뇨처리기(Sewage Treatment Plant, STP)는 선내 화장실, 샤워실, 주방 등에서 발생하는 오수와 분뇨를 정화하는 장비입니다. IMO의 해양오염방지협약(MARPOL Annex IV) 규정에 따라, 총톤수 400톤 이상 혹은 승선 인원 15명 이상의 국제 항해 선박은 STP 또는 이에 준하는 대체 시스템을 의무적으로 설치해야 합니다.

---

* 선박의 부력이나 균형을 조절하기 위해 선박의 하부탱크에 채우거나 배출하는 바닷물을 말합니다.

이 외에도 엔진룸 등에서 발생하는 기름 섞인 폐수를 처리하는 **유수분리기**(Oil-Water Separator, OWS), 고형 폐기물을 안전하게 태우고 처리하는 **소각기**(Incinerator) 등이 있습니다.

4. 데크하우스

데크하우스(Deck House)는 선박의 갑판(Deck) 위에 설치된 건축물 형태의 구조물입니다. 흔히 선실이라고 부릅니다. 선박 규모에 따라 보통 4~9층으로 구성되며, 상층에는 주 조정실, 중간층에는 승무원들의 숙소와 식당, 휴게실, 체육시설 등의 편의시설, 하층에는 통신·장비실이 배치됩니다.

5. 단조품

단조는 철강 등 금속 재료를 고온으로 가열한 뒤 강한 힘을 가해 원하는 모양으로 성형하는 제조 방법입니다. 이렇게 만들어진 부품을 단조품이라고 하는데, 강도가 높고 내구성이 뛰어나 선박의 부품으로 널리 쓰입니다.

단조는 방식에 따라 자유단조와 형단조로 나뉩니다. **자유단조**는 일정한 틀 없이 망치나 프레스로 금속을 두드려 성형하는 방식으로, 대형 부품 및 맞춤형 부품 생산에 적합합니다. 반면, **형단조**는 금형(틀)에 금속을 넣고 압력을 가해 성형하는 방식으로, 소형 부품 및 대량 생산에 적합합니다. 크랭크샤프트와 프로펠러 샤프트 같은 대형 부품은 주로 자유단조로, 밸브처럼 표준화된 소형·중형 부품은 형단조로 제작합니다.

6. 배관, 피팅, 밸브

배관은 선박 내에서 유체(액체, 가스)를 이동시키는 관 형태의 설비입니다. 배관 시스템이 정교할수록 더욱 안전하고 효율적인 운항이 가능합니다.

피팅(Fitting)은 배관과 배관을 서로 연결하거나 배관의 방향을 바꿀 때 사용하는 부품으로, 흔히 관이음쇠라고도 합니다. 관의 방향을 전환할 때 사용하는 엘보(Elbow), 배관을 나누거나 합칠 때 사용하는 티(Tee) 등 여러 종류가 있습니다. 배관과 피팅은 고온, 고압, 부식 등을 견딜 수 있도록 강하고 내구성이 높은 소재로 만듭니다.

밸브는 배관 안에 흐르는 유체나 가스의 흐름을 열고 닫거나, 방향과 양을 조절하는 장치입니다. 쉽게 설명하면 수도꼭지와 유사한 기능을 합니다. 조선 산업에서 쓰이는 밸브는 일상보다 거친 환경을 견뎌야 하므로 일반 밸브보다 더 높은 수준의 기술력이 요구됩니다.

| 그림 4-19. 배관, 피팅, 밸브 |

7. 계측기

계측기는 압력, 온도, 유량, 레벨(수위) 등 다양한 물리량을 측정하는 장치로, 엔진과 주요 장비들이 안전하고 효율적으로 작동하는지를 모니터링하는 데 사용합니다. 극한 환경에서도 안정적으로 작동해야 하며, 정확한 데이터를 실시간으로 제공해야 하므로 고도의 기술력이 요구됩니다. 최근 선박 시스템이 디지털화되면서 그 중요성이 더욱 커지고 있습니다.

한편, 계측기와 배관을 연결하는 피팅을 계측 장비용 피팅(Instrumentation Fitting), 줄여서 계장용 피팅이라고 합니다. 계장용 피팅은 일반 피팅보다 크기가 훨씬 작고, 미세한 오차나 누설도 허용되지 않기 때문에 매우 정밀한 설

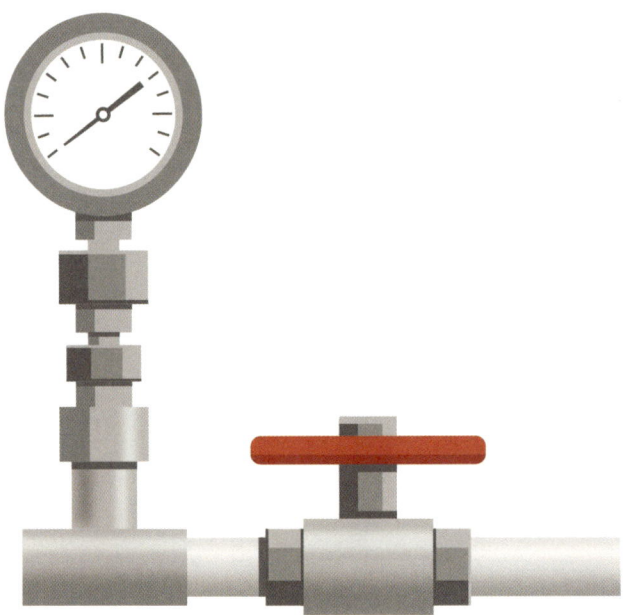

| 그림 4-20. 계측기와 계장용 피팅·밸브 |

계가 요구됩니다.

계측기와 연결된 배관에는 유체나 가스의 흐름을 정밀하게 제어할 수 있는 밸브가 사용되는데, 이를 계측 장비용 밸브, 줄여서 계장용 밸브라고 합니다.

8. 선박용 크레인

선박용 크레인은 선박의 갑판 위에 설치되어 있는 하역 장비입니다. 무거운 화물 또는 선원들이 사용할 생활용품, 식량 등을 싣거나 옮길 때 사용합니다. 해상에서는 즉각적인 정비나 수리가 어렵기 때문에 뛰어난 내구성과 효과적인 방수·방진 기능을 갖춘 설계가 필수로 요구됩니다.

9. 위성 통신 안테나

선박용 위성 통신 안테나는 지구 저궤도에 위치한 위성과의 연결을 통해 선박에서도 전화, 인터넷, 데이터 통신, 방송 등을 사용할 수 있도록 지원하는 장비입니다. 끊임없이 흔들리는 선박 위에서 위성 방향을 자동으로 추적하여 안정적으로 통신 신호를 유지합니다. 높은 대역폭과 신뢰성을 제공하는 VSAT(Very Small Aperture Terminal) 안테나가 가장 널리 사용되고 있습니다.

10. 선박용 조명

선박용 조명은 선박 내 다양한 공간에 설치되는 특수 조명 장비입니다. 해상의 극한 환경에서도 안정적으로 작동해야 하며, 안전과 직결되어 있어

IMO와 각국 선급협회의 엄격한 인증을 반드시 획득해야 합니다. 따라서 일반 조명에 비해 제작 과정이 훨씬 까다롭습니다. 선주의 개별 요구사항에 따라 맞춤형으로 제작되는 경우가 많아서 다품종 소량 생산의 특징을 갖습니다.

핵심만 쏙쏙!

1. 조선 산업의 특징

조선 산업의 특징은 다음과 같습니다.

첫째, 자본집약적입니다.

둘째, 노동집약적입니다.

셋째, 경제적 파급 효과가 큽니다.

넷째, 국가 안보와 직결됩니다.

2. 선박의 발주와 선박 금융

선박의 발주

선박 발주가 확정되면 선주는 선박에 요구되는 제원을 결정한 후, 조선사들과 발주 협상을 진행합니다.

협상에서는 선가, 납기, 선속, 적재량, 환경 규제 관련 수치 등 구체적인 제원을 논의합니다. 이때 선가와 납기는 조선사의 도크 상황에 큰 영향을 받습니다. 슬롯이 부족하면 더 높은 선가를 받을 수 있어 조선사에 유리하고, 반대의 경우에는 선주에게 유리합니다.

큰 틀에서 합의가 이루어지면 선주와 조선사는 건조의향서를 체결합니다. 이후 마무리 협상을 거쳐 최종 계약을 맺습니다.

선박 금융

선박 금융이 발달하면 해운사는 안정적으로 선박을 확보하고, 조선사는 지속적으로 일감을 공급받습니다. 즉, 선박 금융은 해운 산업과 조선 산업의 성장 및 안정에 지대한 영향을 미칩니다.

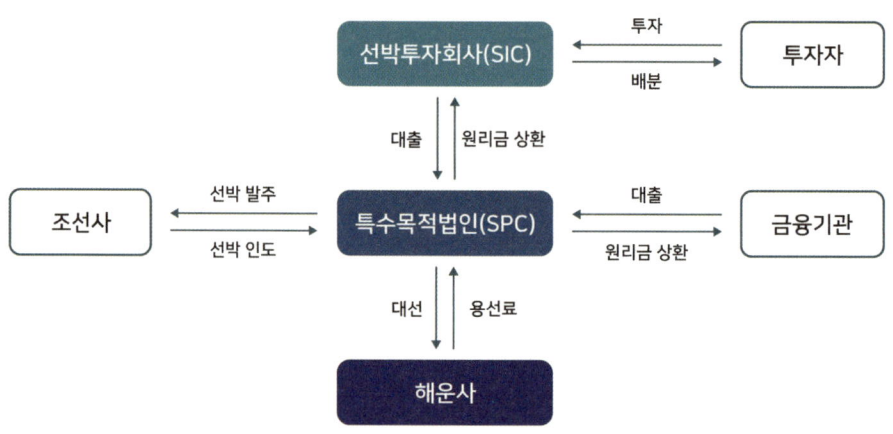

| 그림 4-21. 선박 금융의 구조 |

3. 선박의 건조 과정

선박의 설계가 완료되면, 건조 작업이 시작됩니다. 조선소의 모습을 단순화*하여 나타낸 그림 4-22를 보면서 선박의 건조 과정을 살펴보겠습니다.

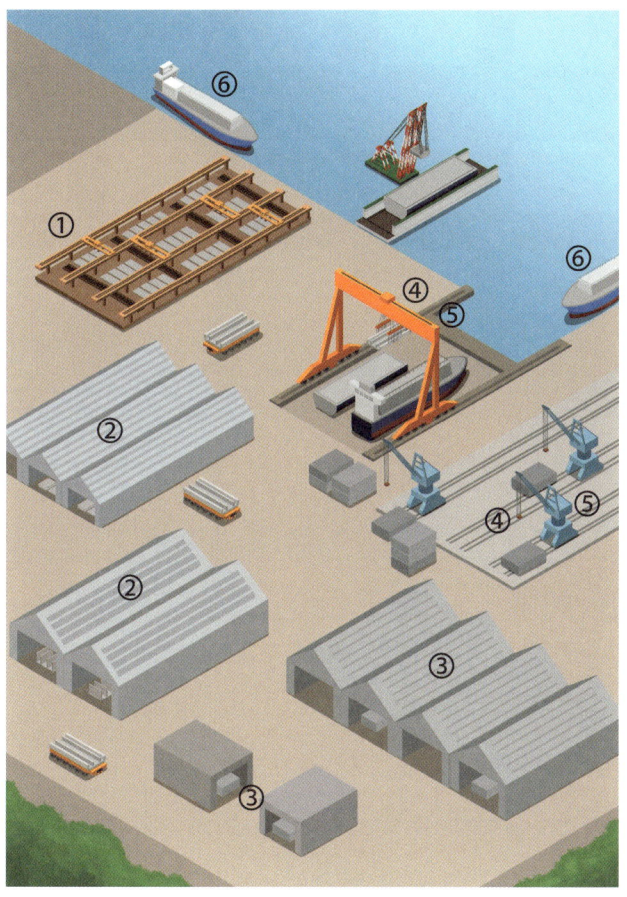

| 그림 4-22. 조선소 전경 |

* 조선소마다 세부 공정의 순서와 방법이 다 다릅니다. 이해를 돕기 위해 전체적인 흐름 위주로 단순화하였습니다.

① 가공(철판의 전처리, 절단, 성형)

철판이 입고되면 부식 방지를 위해 전처리 작업을 합니다. 이후 철판을 필요한 모양으로 절단하고, 곡선 형태로 만드는 성형 작업이 이어집니다.

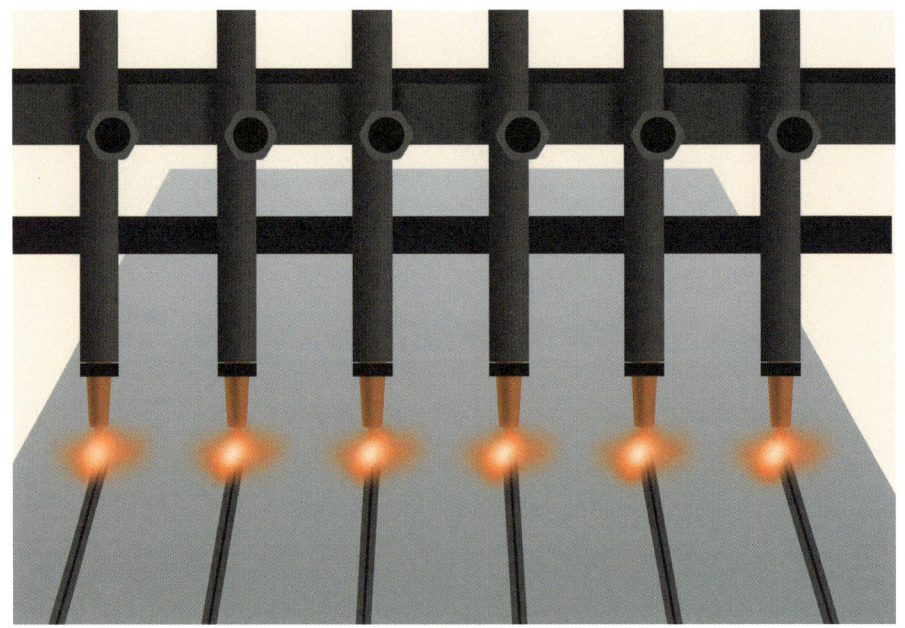

| 그림 4-23. 철판을 절단하는 모습 |

② 조립(블록의 제작)

선박의 제작은 레고 블록을 조립하는 것과 유사합니다. 각 블록을 별도의 작업장에서 제작하고, 이를 다시 도크로 옮겨 순차적으로 조립하는 방식이죠. 이를 블록 공법이라고 합니다.

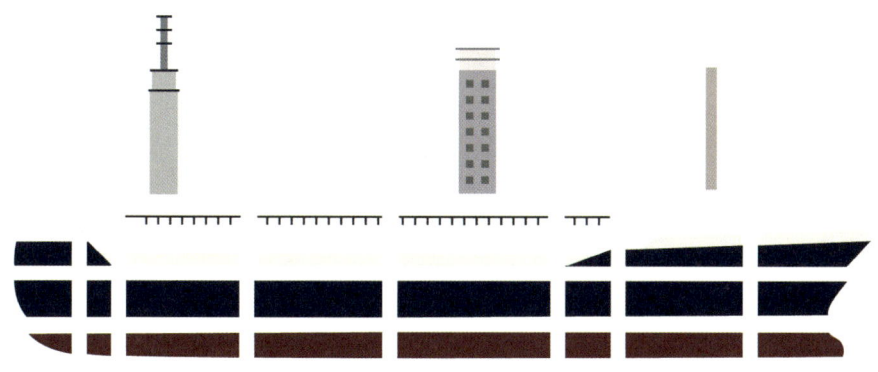

| 그림 4-24. 여러 개의 블록을 조립하여 만드는 선박(블록 공법) |

소조립과 중조립을 통해 조립품을 만들고, 대조립에서 이 조립품을 연결하여 하나의 블록으로 완성합니다. 블록은 형상에 따라 표면이 휘어진 곡블록과 평평한 평블록으로 나눕니다.

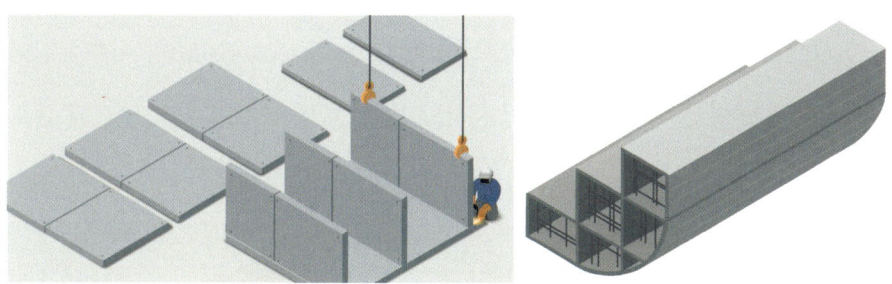

| 그림 4-25. 소조립 및 중조립 과정(좌)과 대조립에서 완성된 블록(우) |

③ 선행 의장 및 선행 도장

블록들을 합치기 전에 미리 의장품을 설치하면 작업 효율이 크게 향상되므로 대부분의 조선소에서는 블록 조립 단계에서 의장 작업을 함께 수행합니다. 이를 선행 의장이라고 합니다. 한편, 작업의 편의성을 위해 선행 의장을 마

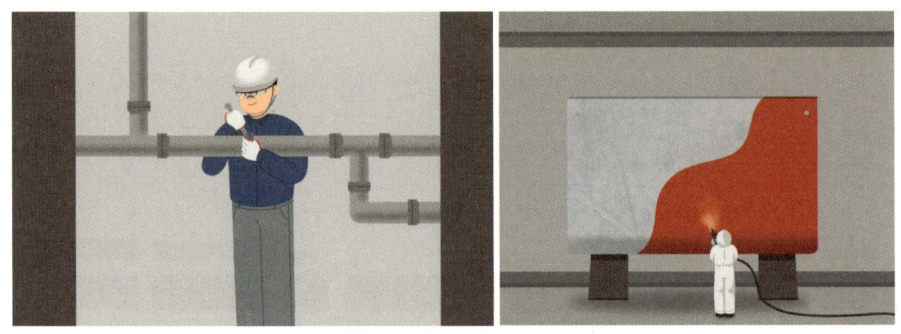

| 그림 4-26. 선행 의장을 수행하는 모습(좌)과 선행 도장을 수행하는 모습(우) |

친 후, 블록 상태에서 미리 대부분의 도장 작업을 진행하는데, 이를 선행 도장이라고 합니다.

④ 블록의 탑재 및 건조

선행 의장과 선행 도장 전후로 선행 탑재(Pre-erection, PE)가 이루어집니다. PE는 블록과 블록을 결합해 더 큰 블록을 만드는 작업입니다. 완성된 블록

| 그림 4-27. 트랜스포터로 블록을 옮기는 모습(좌)과 골리앗 크레인으로 도크에 블록을 탑재하는 모습(우) |

은 트랜스포터와 골리앗 크레인 등 특수 장비를 통해 도크로 옮겨집니다. 이렇게 블록들을 도크의 적절한 위치에 쌓는 것을 블록 탑재라고 합니다. 블록들의 탑재가 완료되면 본격적으로 건조 작업에 돌입합니다. 건조 단계에서는 설계에 맞춰 블록을 조립해 선박의 형상을 만듭니다.

⑤ 후행 의장 및 후행 도장

도크 탑재와 동시에 선행 의장 단계에서 설치된 의장품을 연결하고 추가 의장품을 설치하는데, 이를 후행 의장이라고 합니다. 후행 의장은 설치 대상에 따라 배관, 전계장, 기계 의장으로 나뉩니다.

선박의 형상이 완성된 후에는 외부 및 내부 전체에 도장을 합니다. 이를 후행 도장이라고 합니다.

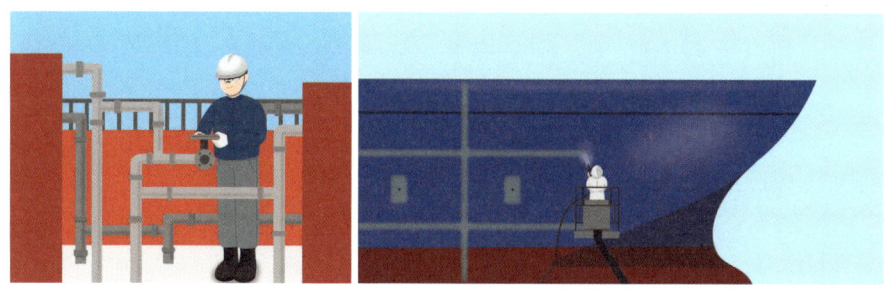

| 그림 4-28. 후행 의장을 수행하는 모습(좌)과 후행 도장을 수행하는 모습(우) |

⑥ 진수 및 안벽 의장

후행 도장까지 마친 선박은 도크에 물을 채워 바다로 내보내고 안벽에 접안시켜 물 위에 띄운 상태에서 마무리 작업을 진행합니다. 이렇게 건조 중인

| 그림 4-29. 진수 및 안벽 의장을 수행하는 모습 |

선박을 바다에 띄우는 것을 진수(進水, Launching)라고 하며, 이후 진행되는 마무리 의장 작업들을 안벽 의장이라고 합니다. 의장 작업을 완료한 후에는 다양한 테스트를 진행합니다.

⑦ **해상 시운전 및 인도**

안벽에서의 점검이 완료된 선박은 해상 시운전을 위해 바다로 나갑니다. 해상 시운전까지 성공적으로 완료되면 선주와 조선사는 인도 서명식을 갖습니다. 이로써 선박의 소유권이 공식적으로 선주에게 넘어가고, 선박은 최종적으로 선주에게 인도되어 조선소를 떠나게 됩니다.

4. 선박의 기자재

엔진

엔진은 선박에 추진력을 제공하는 핵심 동력 장치로, 선가의 약 10%를 차지하는 중요한 부품입니다.

엔진 피스톤은 흡입, 압축, 폭발, 배기의 네 과정을 거치는데, 이 과정을 1회 왕복으로 완료하면 2행정(2-Stroke), 2회 왕복으로 완료하면 4행정(4-Stroke)입니다. 2행정은 주로 중대형 선박의 추진 엔진으로 사용되며, 4행정은 소형 선박의 추진 엔진 및 중대형 선박의 발전 엔진으로 사용됩니다.

엔진은 회전 속도에 따라 저속 엔진, 중속 엔진, 고속 엔진으로도 구분합

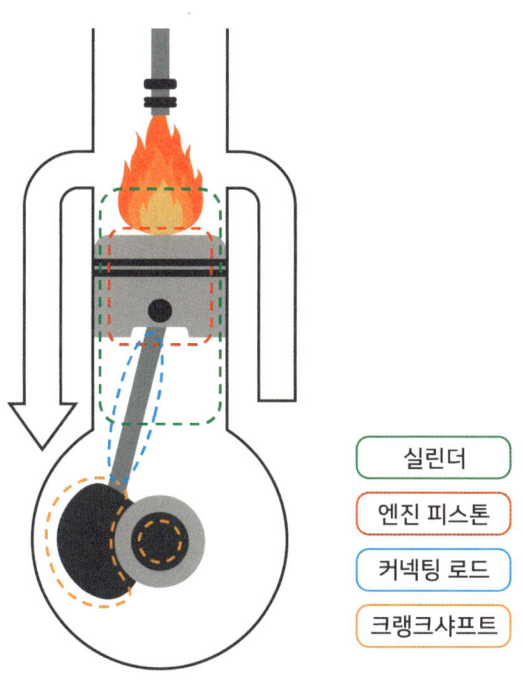

| 그림 4-30. 엔진의 구조 |

니다. 저속(2행정) 엔진은 중대형 선박의 추진 엔진으로, 중속(4행정) 엔진은 중대형 선박의 발전 엔진 및 소형 선박의 추진·발전 엔진으로, 고속(4행정) 엔진은 선박의 비상 엔진 및 모터보트와 같은 초소형 선박에 사용됩니다.

한편, 엔진이 작동하기 위해서는 연료가 필요합니다. 전통적으로는 벙커유를 사용하는 디젤 방식의 엔진이 주류를 이루었으나, 최근에는 벙커유와 친환경 연료(LNG, 메탄올, 암모니아 등)를 모두 사용할 수 있는 이중 연료(Dual-fuel) 엔진 기술이 빠르게 발전하고 있습니다.

엔진 내부의 주요 부품으로는 크랭크샤프트, 실린더 라이너, 배기밸브 및 배기밸브 스핀들 등이 있습니다.

주요 기자재

화물창은 화물을 적재하고 보관하는 공간입니다. 특히 LNG 운반선의 화물창은 고도의 기술력이 요구됩니다.

연료탱크는 선박이 사용하는 연료를 저장하는 공간입니다. 최근 친환경 연료를 사용하는 선박이 늘면서 연료탱크에도 높은 수준의 기술력이 적용되고 있습니다.

환경 기자재에는 스크러버, 선박 평형수 처리 장치, 선박용 분뇨처리기 등이 있습니다.

데크하우스는 선박의 갑판 위에 설치된 건축물 형태의 구조물입니다. 흔히 선실이라고 부릅니다. 참고로 데크하우스 위에는 선박용 위성 통신 안테나가 달려 있습니다.

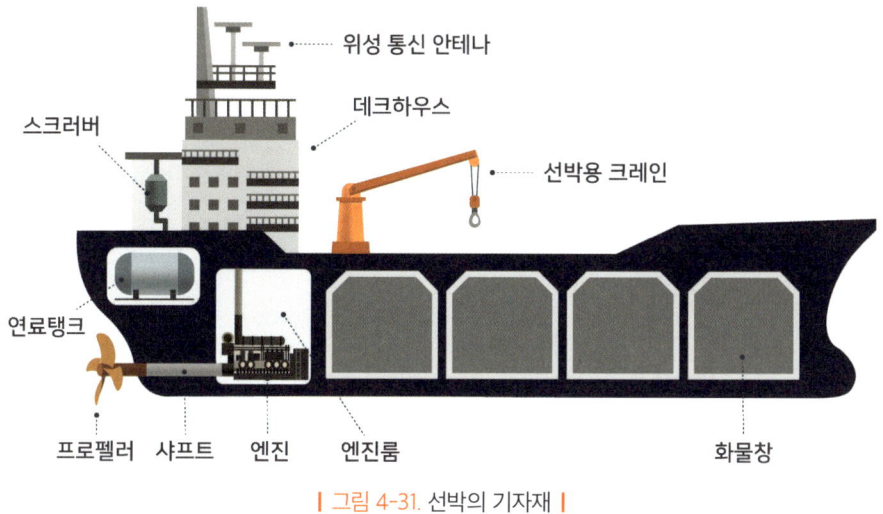

| 그림 4-31. 선박의 기자재 |

배관은 선박 내에서 유체나 가스를 이동시키는 관 형태의 설비입니다. 피팅은 배관과 배관을 서로 연결하거나 배관의 방향을 바꿀 때 사용하는 부품으로, 흔히 관이음쇠라고도 부릅니다. 밸브는 배관 안에 흐르는 유체나 가스의 흐름을 열고 닫거나 방향과 양을 조절하는 장치입니다.

| 그림 4-32. 배관, 피팅, 밸브 |

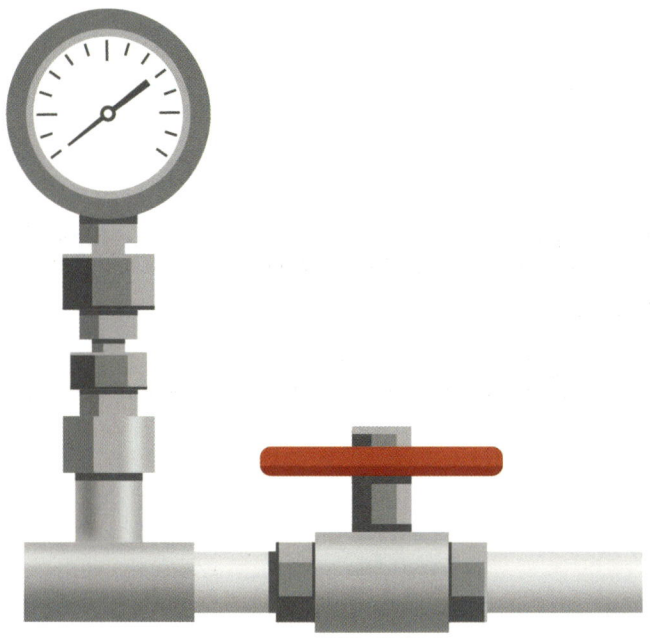

| 그림 4-33. 계측기와 계장용 피팅·밸브 |

계측기는 압력, 온도, 유량, 레벨(수위) 등 다양한 물리량을 측정하는 장치입니다. 계측기와 배관을 연결하는 피팅을 계측 장비용 피팅, 줄여서 계장용 피팅이라고 하며, 계측기와 연결된 배관에 있는 밸브는 계측 장비용 밸브, 줄여서 계장용 밸브라고 합니다.

선박용 크레인은 갑판 위에 설치되어 있는 하역 장비로, 무거운 화물을 싣거나 옮길 때 사용합니다.

이 외에도 선박용 조명, 각종 단조품 등이 있습니다.

한 걸음 더!

1. 선박의 구조와 주요 요소

선박의 구조와 주요 요소들을 알아보겠습니다.

먼저, 선박의 앞부분은 선수(Bow), 뒷부분은 선미(Stern)라고 합니다. 선수는 항해 시에 바람과 파도를 처음으로 맞이하는 부분이기 때문에 저항을 최소화하기 위해 보통 유선형으로 설계됩니다. 선수의 아랫부분에는 돌고래의

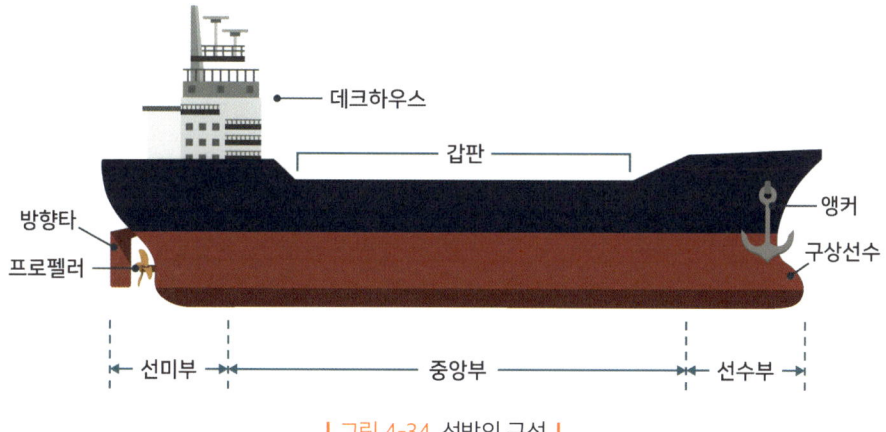

| 그림 4-34. 선박의 구성 |

입처럼 돌출된 부분이 있는데, 이는 구상선수(Bulbous Bow)라고 합니다. 선박이 물살을 가를 때 발생하는 파도의 크기를 줄여주는 역할을 합니다. 선수에서 주목해야 할 중요한 장치가 하나 더 있습니다. 바로, 앵커(Anchor), 즉 닻입니다. 보통 선수 상부의 좌우 양쪽에 하나씩 설치되어 있으며, 닻을 바닷속으로 내려 선박을 정박시킵니다.

선미에는 프로펠러와 방향타가 있습니다. 프로펠러(Propeller)는 선박의 추진력을 만들어내는 핵심 장치로, 엔진의 회전력을 물속에서 추진력으로 바꿔 선박이 앞으로 나아가게 합니다. 방향타(Rudder)는 선박을 원하는 방향으로 움직이게 하는 조종 장치로, 프로펠러 바로 뒤에 위치해 있습니다.

이번에는 선박 위로 올라가보겠습니다. 선박 위의 평평한 바닥은 갑판(Deck, 데크)이라고 부릅니다. 갑판 위에는 데크하우스를 비롯해 각종 배관 라인, 크레인, 구명보트 등 선종에 따라 필요한 설비들이 설치됩니다.

2. 철판을 이어 붙이는 방법, 용접

철판은 어떻게 붙일까요? 종이처럼 가벼운 재료라면 접착제로도 충분하지만, 매우 강력한 결합이 요구되는 철판은 접착제만으로는 역부족입니다. 그래서 1950년대 이전에는 철판에 못을 박아 연결하는 리벳(Rivet) 공법이 주로 사용되었습니다. 하지만 이후 철판을 더 견고하게 연결할 수 있는 용접(Welding) 기술이 개발되면서 현재는 대부분의 조선소가 용접 방식을 사용하고 있습니다.

용접이란 두 철판의 접합 부위를 고온으로 녹여 붙인 다음, 이를 다시 식혀 마치 처음부터 하나의 철판이었던 것처럼 결합하는 작업입니다. 용접의 품질이 낮거나 불량이 발생하면 선박의 사고로 이어질 수 있어 그만큼 중요도가 높습니다. 조선소에 가면 밝은 불꽃과 함께 불똥이 튀는 용접 작업을 자주 볼 수 있는데요, 용접 또한 자동화 기계가 점차 늘어나고 있지만, 아직까지는 대부분 사람의 손에 의해 이루어집니다.

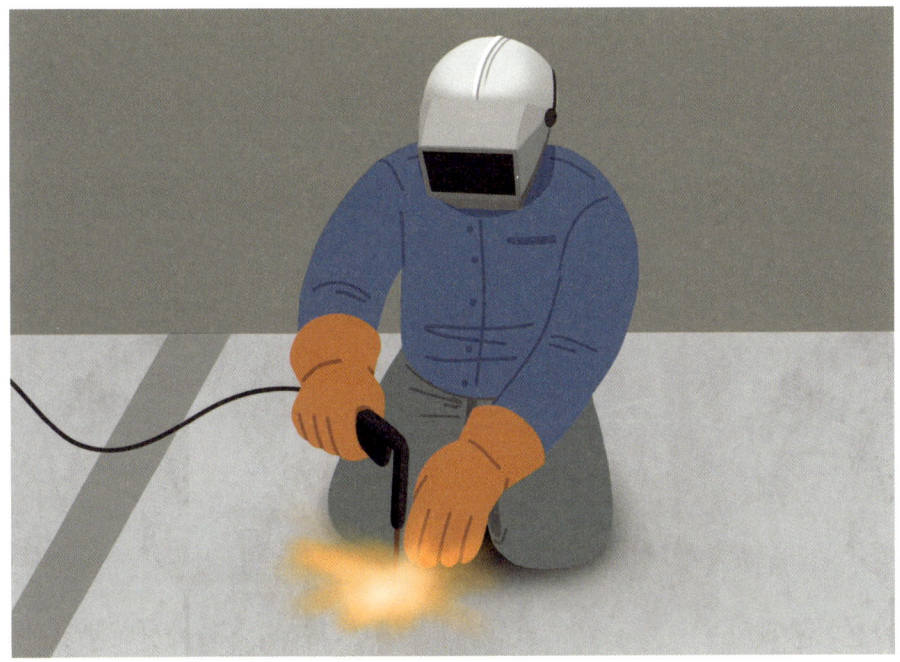

| 그림 4-35. 철판을 용접하는 작업자의 모습 |

3. 바지선이란?

조선소 내부에서 블록을 옮기거나 외부에서 생산된 부품을 조선소로 운반할 때는 바지선을 활용합니다. 바지(Barge)선은 화물이나 자재 운반에 사용하는 선박으로, 선체 바닥이 평평하고, 보통 자체 동력이 없어 예인선의 도움을 받아 이동하는 것이 특징입니다.

4. 다양한 종류의 크레인

크레인(Crane)은 무거운 물건을 들어올리는 설비로, 조선소를 대표하는 장비입니다. 작동 방식에 따라 타워 크레인, 천장 크레인, 크롤러 크레인, 집 크레인, 갠트리 크레인, 해상 크레인 등으로 구분됩니다.

타워 크레인

고정된 수직 기둥과 수평 방향으로 뻗은 암(Arm)으로 구성된 대형 크레인입니다. 작업 반경이 넓고 높이가 높아 현장 전체를 아우를 수 있으며, 무게가 비교적 가벼운 중소형 블록 및 기자재 운반에 주로 사용됩니다. 조선소뿐 아니라 건설 현장에서도 널리 쓰입니다.

천장 크레인

천장에 설치된 레일을 따라 이동하는 크레인으로, 수 톤에서 수백 톤의 중량을 들어올릴 수 있습니다. 주로 공장 내부에서 물품을 운반할 때 사용됩니다.

크롤러 크레인

크롤러(Crawler, 무한궤도)를 장착한 크레인으로, 불규칙하고 연약한 지반

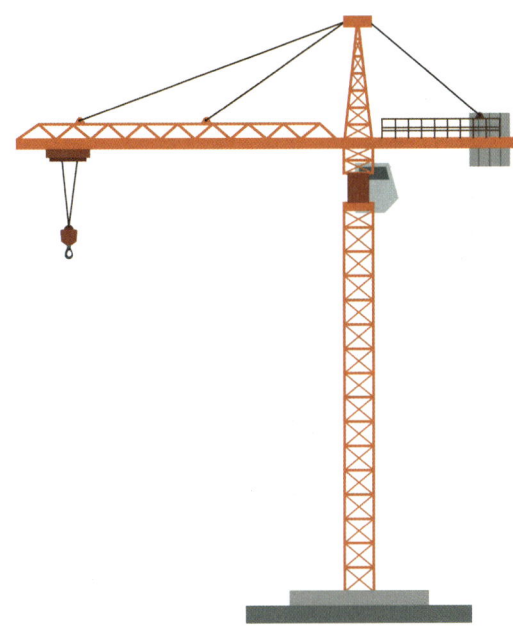

▮ 그림 4-36. 타워 크레인 ▮

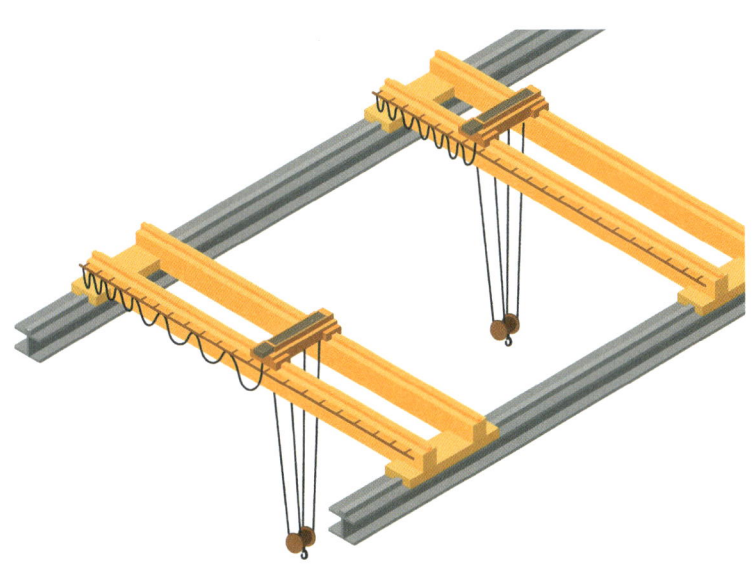

▮ 그림 4-37. 천장 크레인 ▮

| 그림 4-38. 크롤러 크레인 |

에서도 안정적으로 이동할 수 있습니다. 수십 톤에서 수백 톤의 중량을 들어 올릴 수 있고, 초대형의 경우 1천 톤 이상도 가능합니다.

집 크레인

상부 구조물이 회전하며 상하로 움직이는 크레인으로, 소형 의장품부터 수백 톤에 달하는 블록까지 다양한 중량물을 들어올릴 수 있습니다. 좁고 한정된 공간에서 정밀한 운반과 설치 작업을 할 때 유용하게 쓰입니다.

| 그림 4-39. 집 크레인 |

갠트리 크레인

두 개의 기둥과 이를 연결하는 가로 빔(Beam)으로 구성된 고정식 프레임

| 그림 4-40. 갠트리 크레인 |

위에서 작동하는 크레인입니다. 레일을 따라 이동하며 수 톤부터 수천 톤에 달하는 중량물을 들어올립니다. 특히 조선소에서 도크에 블록을 탑재하는 용도로 쓰이는 대형 갠트리 크레인은 그 규모와 역할 때문에 골리앗 크레인이라는 별칭으로도 알려져 있습니다.

해상 크레인

바지선과 같은 부유체 위에 설치된 크레인으로, 해상에서 중량물을 들어올리는 작업에 사용됩니다. 자력으로 이동이 어려워 예인선의 도움이 필요하며, 조선소뿐만 아니라 교량 건설, 해양 플랫폼 설치, 난파선 인양, 해양 복구 작업 등 다양한 해상 건설 현장에서 쓰이고 있습니다.

| 그림 4-41. 해상 크레인 |

5. 조선사의 수익에 영향을 주는 요인

조선사의 수익에 영향을 미치는 여러 요인을 알아보겠습니다.

먼저, 신조선가입니다. 신조선가란 새로 건조되는 선박의 가격을 말합니다. 조선사의 매출과 수익에 가장 큰 영향을 미치는 핵심 지표로, 보통 신조선가가 상승하면 조선사의 수익성이 개선됩니다.

다음은 후판 가격입니다. 후판은 선박 건조 원가에서 큰 비중을 차지합니다. 대형 조선소의 경우, 연간 수백만 톤의 후판을 소비하기 때문에 철강 가격 변동에 매우 민감합니다. 과거에는 주로 국내 제철소에서 생산된 후판을 사용했지만, 최근에는 비용 절감을 위해 중국산 후판의 사용 비중이 증가하고 있는 추세입니다.

환율도 수익성에 상당한 영향을 미칩니다. 선박 계약은 대부분 달러로 체결하기 때문에 환율이 상승하면(원화 가치 하락) 원화 기준 매출액이 증가하고,

그림 4-42. 조선사의 수익에 큰 영향을 미치는 신조선가

반대로 환율이 하락하면(원화 가치 상승) 매출액이 줄어듭니다. 또한, 선박 원가에서 큰 비중을 차지하는 기자재를 구입할 때도 통상 달러로 결제하므로 기자재 원가 역시 환율에 연동됩니다. 이때, 기자재 구입 대금 지출은 대부분 특정 시점에 이루어지지만, 수금은 2~3년에 걸쳐 발생하기 때문에 선박 건조 기간 동안의 환율 변동과 특정 시기의 환율 모두 매출에 영향을 미칩니다.

가동률도 중요한 지표입니다. 조선소에는 수많은 설비와 인력이 상시 배치되어 있기 때문에 일감의 유무와 관계없이 고정적으로 비용이 발생합니다. 가동률이 낮아지면 설비와 인력이 쉬게 되므로 조선사는 수익성이 낮더라도 일감을 확보하기 위해 저가 수주를 감행합니다. 반면, 가동률이 높으면 급하게 수주를 할 필요가 없으므로 고마진 선박을 선별적으로 수주할 수 있습니다. 또한, 가동률은 생산 원가 관리 측면에서도 수익성에 영향을 미칩니다. 조선소의 비용은 재료비처럼 특정 선박에 투입되는 직접비와 부지 임차료, 설비 감가상각비처럼 모든 선박에 공통으로 부과되는 간접비로 구분됩니다. 가동률이 높아지면(더 많은 선박을 건조하면), 간접비가 다수의 선박에 분산되어 결과적으로 배 한 척당 부과되는 간접비가 줄어드는 효과가 있습니다.

마지막으로, 임률(賃率, Wage Rate)* 또한 수익성에 직접적인 영향을 미칩니다. 조선소에는 수많은 인력이 투입됩니다. 따라서 임률이 오르면 인건비가 증가하여 전반적인 수익성이 악화됩니다.

---

* 시간당 또는 작업 단위당 지급되는 임금의 비율을 의미합니다.

6. 조선사는 매출을 어떻게 인식할까?

조선사의 매출은 통상 공사 진행률(이하 공정률)에 따라 매월 부분적으로 인식됩니다. 이때 공정률은 총 예정 원가 대비 현재까지 투입된 누적 원가의 비율로 산정하며, 전체 수주금액에 이 공정률을 곱하여 해당 기간의 매출을 계산합니다. 예를 들어, 2025년 1월에 수주하여 2027년 12월에 인도할 선박의 경우, 첫해인 2025년에는 주로 설계 작업과 주요 기자재 발주가 이루어집니다. 그러나 기자재 비용은 발주 단계가 아닌, 실제 납품되어 공사에 투입될 때 회계상 원가로 반영되기 때문에 이 시기에는 설계 인건비 등 일부 원가만 회계에 기록됩니다. 이 금액은 전체 예정 원가에서 차지하는 비중이 매우 작기 때문에 해당 연도에 인식되는 매출은 수십억 원 수준에 불과할 수 있습니다.

2년 차부터는 본격적인 생산에 돌입하며, 강재 절단(Steel Cutting)을 시작으로 노무비와 기자재 비용이 투입됩니다. 이에 따라 간접비도 함께 배부되면서, 투입되는 총원가와 인식되는 매출 모두 크게 증가합니다. 특히 도크 작업이 활발해지는 2년 차 후반에는 시간당 투입 원가가 가장 높아지고, 이에 비례하여 매출 인식액도 정점에 이릅니다. 이러한 흐름은 3년 차 초반까지 지속되다가, 중반 이후부터는 후행 의장 작업과 시운전 관련 비용만이 주로 반영되면서 투입 원가와 매출 인식이 점차 감소합니다.

요약하자면, 통상 1년 차에 전체 매출의 10% 미만, 2년 차에 절반 이상, 그리고 3년 차에 약 30%가 인식되는 구조를 보입니다.

7. 선박의 4대 절점

선박의 건조 과정에서 살펴본 착공, 기공, 진수, 인도를 4대 절점이라고 부릅니다.

①착공(Steel Cutting)은 첫 철판을 절단하는 단계로, 본격적으로 제작에 돌입한다는 의미를 담고 있습니다. ②기공(Keel Laying)은 선박의 기초가 되는 첫 블록을 도크에 탑재하는 단계입니다. ③진수(Launching)는 도크에서 건조된 선체를 바다에 띄우는 단계입니다. ④인도(Delivery)는 시험 운항과 최종 검사를 마친 선박을 선주에게 공식적으로 넘겨주는 단계입니다.

이 4대 절점은 단순한 공정 구분을 넘어, 계약의 이행과 대금 지급 시 중요한 기준점이 됩니다. 일반적으로 대금은 계약 체결 시점과 위 네 단계를 포함하여 총 다섯 차례에 걸쳐 분할 지급됩니다. 이때 조선사의 협상력이 우위에 있으면, 대금은 각 단계마다 20%씩 균등하게 지급됩니다. 반면 선주의 협상력이 더 우세할 경우에는, 인도 시점에 대금의 60% 이상이 집중되는 헤비테일(Heavy Tail) 방식이 적용되기도 합니다.

8. 인도 거부와 계약 취소가 종종 발생하는 이유

선주가 일방적으로 선박의 인도를 지연시키거나 계약을 취소하여 조선사가 어려움을 겪는 상황이 종종 발생합니다. 계약이 파기될 경우, 원인을 제공한 쪽이 위약금을 부담하는 것이 일반적이지만, 실제로는 조선사가 피해를 보는 경우가 많습니다. 이유가 무엇일까요?

예를 들어, 신축 아파트는 분양 계약이 취소되더라도 다른 고객에게 재판매가 가능합니다. 그러나 선박은 특정 선주의 요구에 따라 설계된 맞춤형 제품이기 때문에 재판매가 매우 어렵습니다. 설령 새로운 선주가 나타나더라도 그들의 요구에 맞게 선박을 변경해야 하므로 추가 설계 및 생산 비용이 발생하죠. 계약 당시 받은 10~20%의 선수금과 건조 과정에서 지급된 중도금을 감안하더라도 조선사는 손실을 입게 됩니다. 이뿐 아니라 계약이 취소된 미완성 선박이 도크나 안벽을 계속 차지하고 있으면 새로운 선박 건조가 방해받아 전체 생산 일정에도 차질이 생깁니다.

　이러한 이유로 해운 시황이 좋지 않거나 선주의 재무 상태가 악화되면 인도 지연이나 계약 취소가 발생하고, 이로 인한 법적 분쟁이 종종 일어납니다.

---
1. 해양 플랜트
2. 선박 수리
3. 군함 시장

PART 05

해양 플랜트, 선박 수리, 군함 시장

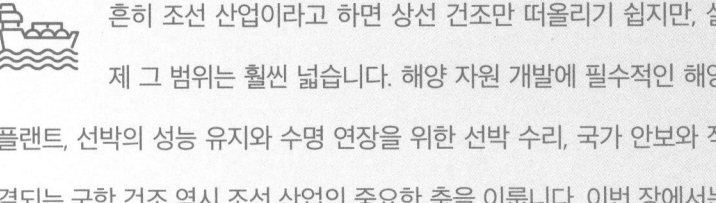 흔히 조선 산업이라고 하면 상선 건조만 떠올리기 쉽지만, 실제 그 범위는 훨씬 넓습니다. 해양 자원 개발에 필수적인 해양 플랜트, 선박의 성능 유지와 수명 연장을 위한 선박 수리, 국가 안보와 직결되는 군함 건조 역시 조선 산업의 중요한 축을 이룹니다. 이번 장에서는 이 세 분야를 자세히 알아보겠습니다.

해양 플랜트

    플랜트(Plant)는 제품 생산을 위해 세워진 대형 산업 설비를 말합니다. 육상에 설치되면 육상 플랜트, 해상에 설치되면 해양 플랜트라고 부릅니다. 산업별로 다양한 목적의 플랜트가 있는데, 조선 산업에서 지칭하는 해양 플랜트는 바다 속에 매장된 원유와 가스 등의 천연자원을 찾아내고(탐사), 추출하며(시추), 이를 가공·처리* 한 후, 자체 탱크에 저장하는 초대형 구조물을 말합니다.

---

*   원유와 천연가스에는 물, 모래, 불순물, 유해가스 등이 섞여 있습니다. 이를 기초 단계에서 분리하고 정화하는 과정입니다.

보통 길이가 200~500m에 달하며, 대형 컨테이너선과 규모가 비슷하거나 더 큽니다.

선박과 해양 플랜트는 모두 바다 위에 떠 있는 대형 구조물이라는 공통점이 있으며, 제작하는 과정도 유사합니다. 이런 이유로 국내 대표 조선사인 HD현대중공업, 삼성중공업, 한화오션은 해양 플랜트 제작 사업을 함께 영위하고 있습니다.

해양 플랜트는 고도의 기술력이 요구되는 고부가가치 산업입니다. 대형 구조물이 바다 위에서 안정적으로 떠 있어야 하며, 조류 및 수압을 견디고 깊은

| 그림 5-1. 대형 컨테이너선(좌)과 해양 플랜트(우)의 모습 |

수심까지 다양한 장비를 내릴 수 있어야 하죠. 또한, 해저면에 도달한 후에는 더 깊은 땅속으로 파고들어 자원을 채취하고, 이를 가공·처리한 후, 저장하는 설비를 갖춰야 합니다. 따라서 높은 수준의 설계 기술력과 이를 구현할 수 있는 제작 능력, 대형 구조물을 현장에 설치하는 시공 능력이 모두 요구되는 고난도의 산업입니다. 또한, 대규모 자본이 투입되는 만큼 큰 리스크*를 동반합니다.

시추 설비와 생산 설비

해양 플랜트는 용도에 따라 크게 시추 설비와 생산 설비로 구분됩니다.

시추 설비는 해저 지층에 구멍을 뚫고 파이프를 삽입해 원유나 천연가스를 추출하는 설비입니다. 주로 유전이나 가스전 개발 초기 단계에서 활용되며, 작업 완료 후 다른 지역으로 이동하여 재사용합니다.

대표적인 시추 설비로는 수심 150m 이하의 얕은 해역에서 사용하는 **자가승강식 시추선**(Jack-up Rig)과 수심 500~3,000m 정도의 심해 시추에 사용하는 **반잠수식 시추선**(Semi-submersible Rig) 그리고 수심 1,000~4,000m 이상의 초심해 시추에 특화된 **드릴십**(Drillship)이 있습니다.

생산 설비는 원유와 천연가스를 뽑아내고, 이를 처리·저장하는 복합 설비

---

* 착공 초기부터 수천억 원에 달하는 자본이 선투입되므로, 중도금과 잔금을 받기 전까지 조선사의 재무 부담이 클 수밖에 없습니다. 만약 프로젝트가 지연되거나 무산될 경우, 조선사는 막대한 손실을 입게 됩니다.

입니다. 시추 설비로 원유나 천연가스가 나오는 길을 확보한 후에, 생산 설비를 투입해 10~30년 동안 한 곳에서 원유나 천연가스를 생산·처리·저장합니다.

대표적인 생산 설비로는 원유를 해상에서 처리·저장하고 셔틀 탱커를 이용해 육상으로 운송하는 **FPSO**(Floating Production, Storage and Offloading), 동일한 방식으로 원유가 아닌 천연가스를 처리·액화·저장하는 **FLNG**(Floating Liquefied Natural Gas), 연안 해저 지반에 고정되어 원유·가스를 생산한 후 파이프라인을 통해 육상으로 운송하는 **고정식 플랫폼**(Fixed Platform) 등이 있습니다.

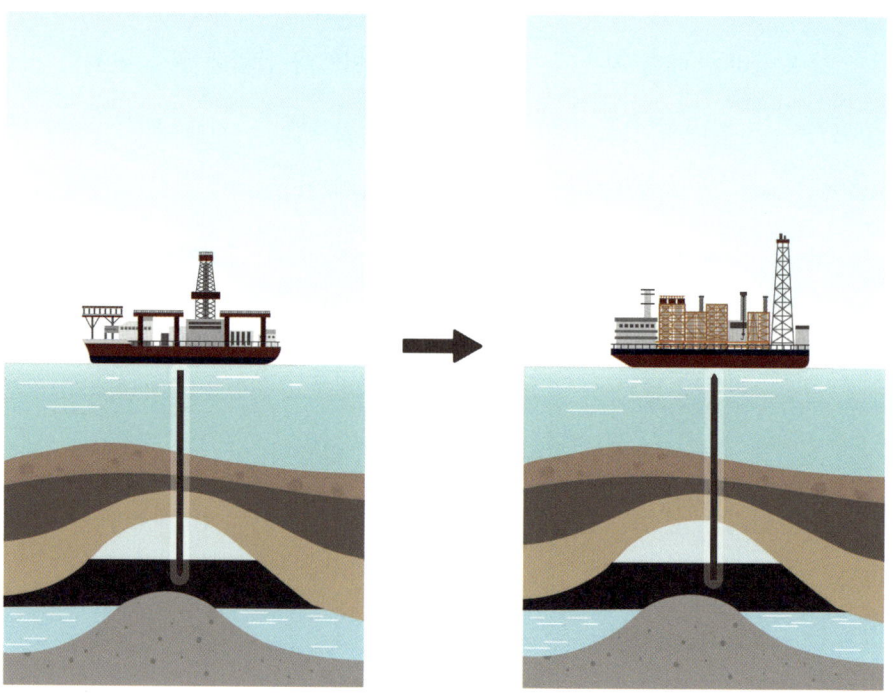

| 그림 5-2. 시추 설비인 드릴십(좌)으로 시추한 후, 생산 설비인 FPSO(우)로 생산하는 모습 |

고정식과 부유식

해양 플랜트는 설치 방식에 따라 고정식과 부유식으로도 나뉩니다.

고정식 해양 플랜트는 해저면에 고정된 상태로 원유나 가스를 생산·처리하는 설비입니다. 육상과 파이프라인으로 연결되어 있어 지속적으로 생산물을 보낼 수 있습니다. 주로 수심 500m 이내의 비교적 얕고 지반이 안정적인 해역에 설치됩니다.

대표적인 고정식 해양 플랜트로는 **재킷 플랫폼**(Jacket Platform)과 **중력식 구조물**(Gravity-Based Structure, GBS)이 있으며, 완전히 고정하지 않고 외부의 큰 힘(파도나 바람 등)에 따라 어느 정도 유연한 움직임을 허용하도록 설계된 **유연식 타워**(Compliant Tower)도 있습니다.

부유식 해양 플랜트는 해저면에 고정되지 않고 바다 위에 떠 있는 상태에서 원유 및 가스를 생산·처리·저장하는 설비입니다. 앵커(Anchor)와 계류장치(Mooring System)가 해저에 고정되어 있어 위치를 유지할 수 있습니다. 주로 수심 500m 이상의 심해 및 초심

| 그림 5-3. 해저면에 고정하는 고정식 플랫폼 |

해에 설치됩니다.

대표적인 부유식 해양 플랜트로는 **FPSO**, **반잠수식 시추선**, **TLP**(Tension Leg Platform), **스파 플랫폼**(Spar Platform) 등이 있습니다.*

지금까지 여러가지 해양 플랜트를 살펴보았는데요, 국내 조선사가 주력으로 제작하는 해양 플랜트는 드릴십과 FPSO, FLNG입니다.

드릴십은 선체에 탑재된 거대한 드릴(시추 장비)로 심해 해저에 구멍을 뚫어, 석유나 가스

| 그림 5-4. 바다 위에 떠 있는 부유식 플랫폼 |

를 탐사하는 부유식 시추 설비입니다. 다른 시추 설비와 다르게 선박의 형태를 갖추고 있어 자체 추진이 가능합니다. 멕시코만, 북해, 브라질 해역, 서아프리카 등 수심이 깊은 해역의 유전·가스전에서 널리 활용됩니다.

2000년대 중반부터 2010년대 초반까지는 유가 상승에 힘입어 드릴십 발주가 급증하였으나 2014년 이후 유가가 하락하면서 신규 발주가 급감하였

---

* 부유식 해양 플랜트 중에서 생산 설비를 통칭해 FPU(Floating Production Unit)라고 부릅니다.

| 그림 5-5. 드릴십 |

습니다. 현재는 점진적으로 회복하고 있지만, 여전히 호황기 대비 발주량과 가동률 모두 낮은 수준입니다.

    FPSO는 해저에서 추출한 원유를 처리·저장하는 해양 생산 설비입니다. 하나의 설비로 생산·처리·저장·하역을 모두 수행할 수 있어 '바다 위의 정유 공장'으로 불립니다. 파이프라인 기반 시설이 부족한 해역에 적합하며, 해상에 부유하는 방식이므로 수심에 관계없이 설치할 수 있다는 장점이 있습니다. 특히 북해, 브라질 심해 유전, 서아프리카 연안과 같은 원격지 해양 개발에서 유용하게 활용됩니다. 전 세계 해상 원유 생산량의 40% 이상을 FPSO가 담당하고 있으며, 다른 해양 플랜트 대비 상대적으로 안정적인 성장을 이어가고 있습니다.

    FLNG는 해저에서 추출한 천연가스를 해상에서 생산·처리·액화·저장·하

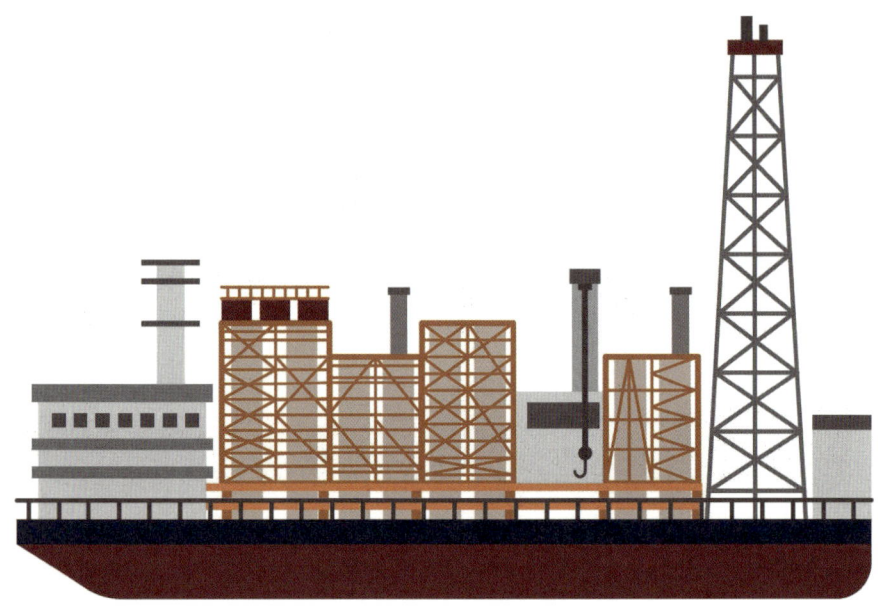

| 그림 5-6. FPSO |

역하는 설비로, 원거리 및 심해 가스전 개발에서 효과적으로 활용됩니다.

선박 수리

선박의 수리와 그 유형

　선박 수리란 전문 인력이 수행하는 선박의 점검, 유지·보수, 부품 교체 등의 작업을 말합니다. 선박은 바닷물과 지속적으로 접촉하기 때문에 구조물의 마모나 손상 위험이 높습니다. 또한, 국제해사기구(IMO)에서도 선박과 장비의 꾸준한 유지·관리를 요구하고 있어, 선박 수리는 조선 산업에서 필수적인 요소로 자리 잡았습니다.

　선박 수리는 크게 정기 검사, 긴급 수리, 개조 및 업그레이드로 구분됩니다. **정기 검사**는 계획된 일정에 따라 주기적으로 실시하는 종합적인 점검입니다. 대부분의 상선은 IMO의 규정에 따라 5년 주기로 특별검사를 받아야 합니다. 일반적으로 2~3년 경과 시 중간 검사를 실시하고, 5년이 되는 시점에는 도크에 입거하여 선체와 주요 설비를 대대적으로 점검합니다.

긴급 수리는 기계 고장, 충돌 사고, 악천후에 의한 손상 등으로 선박의 안전과 운항에 즉각적인 위험이 발생했을 때 신속하게 수행하는 수리 작업입니다. 보통 가까운 수리 시설이나 항구에서 이루어집니다.

개조 및 업그레이드는 기존의 구조나 장비를 변경하거나 최신 설비로 교체하는 작업입니다. 대표적으로 환경 규제 대응을 위한 배기가스 저감 장치 설치, 운항 효율을 높이기 위한 추진 장치 개량, 선박 용도 변경에 따른 선체 구조 개조 등이 있습니다.

시장의 특징

선박 수리는 서비스업과 제조업의 특성을 모두 갖춘 산업입니다. 운항 중인 선박이 일정 기간 입거하거나 운항 도중 긴급히 서비스를 받는다는 점에서 서비스업의 성격을 띠며, 기자재를 신규 제작하여 교체·설치한다는 점에서는 제조업의 성격을 지닙니다. 또한, 선박의 구조와 기능에 대한 전문적 이해가 필요하고 동시에 상당한 노동력을 요구하기 때문에 기술집약적이면서도 노동집약적인 산업입니다.

선박 건조와 비교할 때, 선박 수리는 자재비 비중이 낮고 인건비 비중이 높습니다. 선박 건조는 자재비가 약 60%, 인건비가 약 20%를 차지하는 반면, 선박 수리는 자재비가 약 20%, 인건비가 약 50%를 차지하죠. 자재비 비중이 낮기에 원자재 가격 변동에 덜 민감합니다. 또한, 경기 변동에 따라 수요가 크게 달라지는 선박 건조와 달리, 법적으로 의무화된 정기 검사 요건이 있어 수요가 안정적입니다. 더불어 수리 기간이 짧고, 단기 결제 방식을 채택하고 있어 미수금 발생 가능성과 환율 변동 리스크가 적습니다. 다만, 선박 건조 시장에 비해 거래 규모가 작고, 요구되는 기술 수준도 높지 않아, 진입 장벽이 낮은 편입니다. 이러한 특성 때문에 고부가가치 산업으로 분류되기는 어렵습니다.

성장 요인

글로벌 선박 수리 시장은 2023년 364억 달러 규모에서 2034년 560억 달러 규모로 성장할 것으로 예상됩니다. 이러한 성장의 배경에는 노후 선박의 증가와 환경 규제가 있습니다.

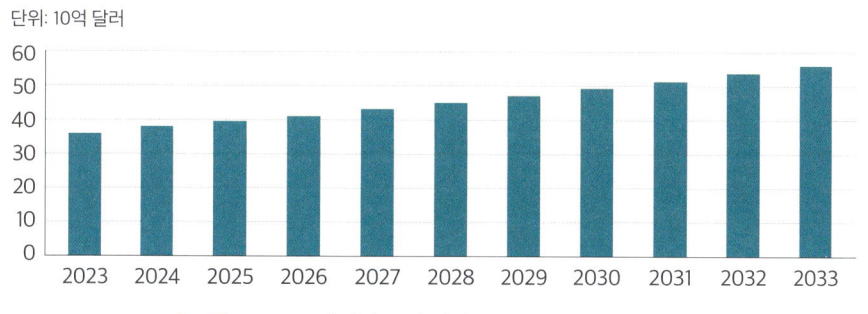

| 그림 5-7. 글로벌 선박 수리 시장 규모, 출처: 마켓유에스 |

1. 노후 선박의 증가

전 세계 주요 상선들의 평균 선령이 점점 높아지고 있습니다. 노후 선박은 주요 설비 교체 및 선체 보강이 필수적이므로 선박 수리 시장의 구조적 성장을 견인하는 요소가 됩니다.

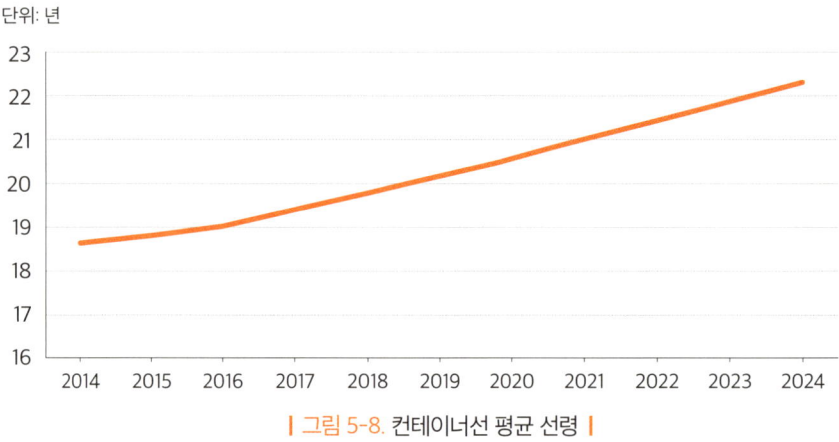

| 그림 5-8. 컨테이너선 평균 선령 |

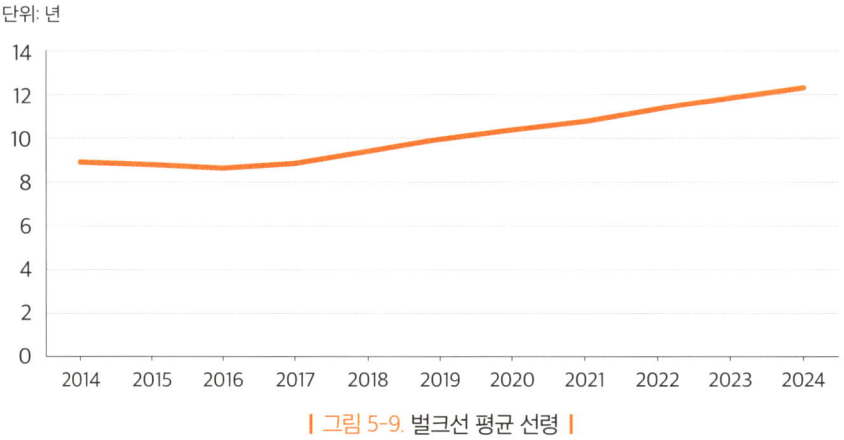

| 그림 5-9. 벌크선 평균 선령 |

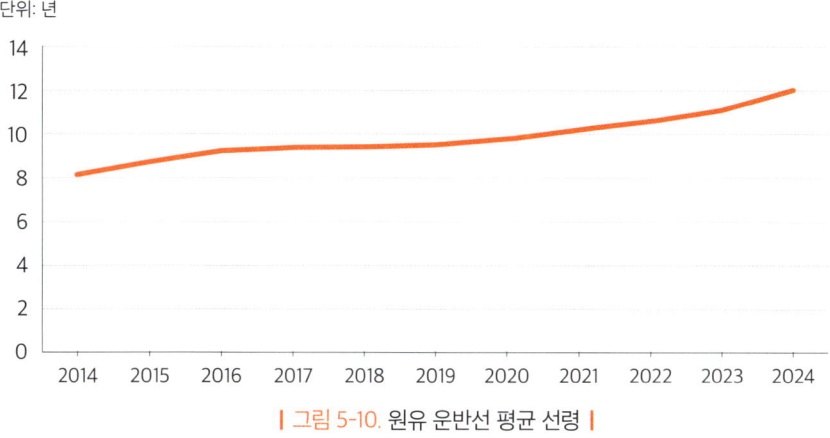

| 그림 5-10. 원유 운반선 평균 선령 |

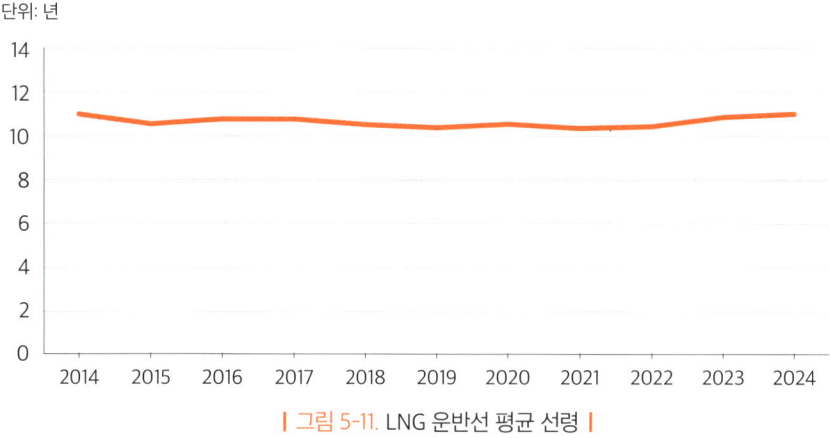

| 그림 5-11. LNG 운반선 평균 선령 |

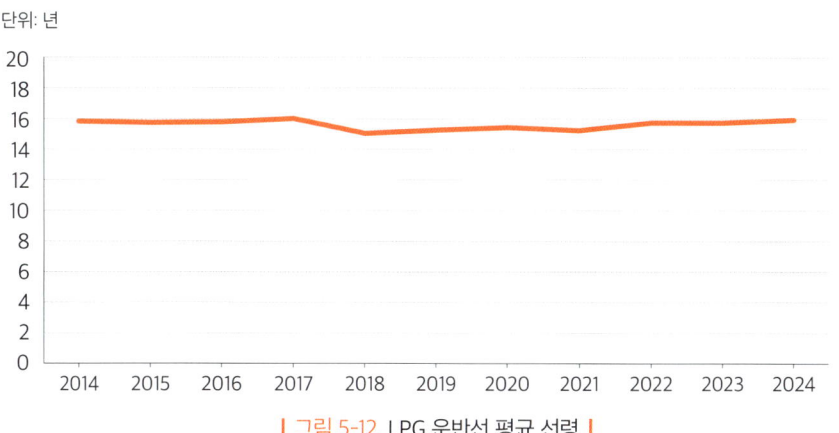

| 그림 5-12. LPG 운반선 평균 선령 |

2. 환경 규제

환경 규제가 강화되면서, 이로 인한 설비 업그레이드와 개조 수요가 늘고 있습니다. 황산화물 규제 시행으로 스크러버 설치 붐이 일어난 사례와 평형수 관리 협약에 따라 모든 선박이 선박 평형수 처리 장치를 설치한 사례가 대표적입니다. 2023년 IMO가 넷제로(Net-Zero) 목표를 발표함에 따라, 에너지 저감 장치 설치, 선체 도장 변경, 엔진 개조, 프로펠러 교체 등 친환경 추진 시스템과 에너지 효율 개선 설비의 도입이 필수적으로 요구되고 있습니다. 이러한 강력한 환경 규제는 향후 선박 수리 시장의 주요 성장 동력으로 작용할 전망입니다.

주요 국가

선박의 수리는 주요 항만과 항로 근처의 수리 조선소에서 이루어집니다. 따라서 물동량이 많은 항구를 보유한 국가와 지역이 유리하며, 수리 비용의 상당 부분이 인건비에 해당하기 때문에 임금이 저렴할수록 경쟁력이 생깁니다. 이러한 조건에 가장 부합하는 국가는 바로 중국입니다. 현재 중국은 50% 이상의 시장 점유율을 차지하며, 선박 수리 시장을 주도하고 있습니다.

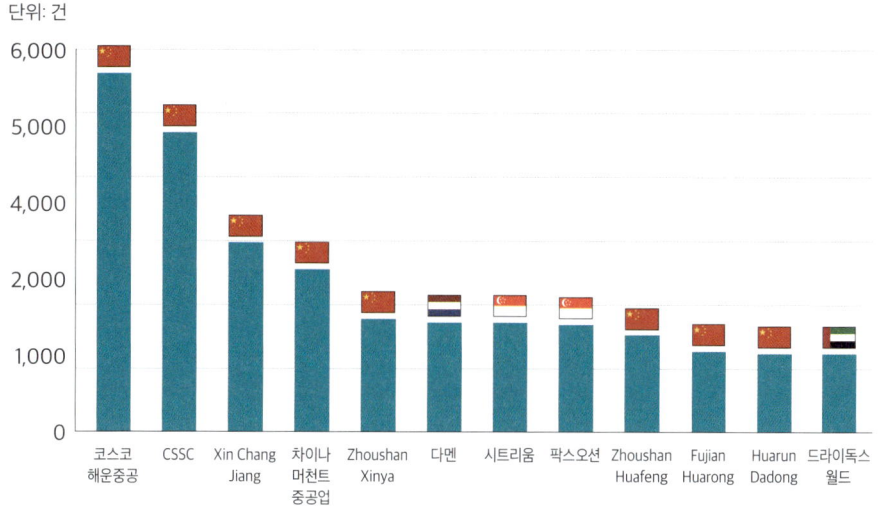

그림 5-13. 주요 선박 수리 기업들의 수리 건수(2020년~2024년)

PART 05 해양 플랜트, 선박 수리, 군함 시장

군함 시장

군함의 종류

군함(Warship)은 전투 임무 또는 군사 지원 임무를 수행하도록 설계·건조된 선박을 말합니다. 크게 물 위에서 임무를 수행하는 **수상함**과 수중에서 작전을 수행하는 **잠수함**(수중함)으로 나뉩니다.

수상함은 다시 **전투함**과 **지원함**으로 나뉩니다. 그중 핵심은 전투함입니다. 대표적인 전투함으로는 항공모함, 순양함, 구축함, 호위함, 초계함이 있습니다.

항공모함(Aircraft Carrier)은 전투기, 헬리콥터 등 수십 대의 항공기를 탑재·

| 그림 5-14. 군함의 종류 |

운용할 수 있는 최대 규모의 군함으로, '움직이는 해상기지'라고 불립니다. 선박에 탑재한 항공기를 통해 수백 킬로미터 이상 떨어진 적을 공격할 수 있어 해상 및 공중 작전에서 압도적인 힘을 발휘합니다. 항공모함 한 척의 건조 비용은 약 5조~17조 원에 달하며, 승조원과 항공단을 포함해 약 5천 명의 인원이 탑승합니다. 현재 항공모함을 가장 많이 보유한 국가는 미국(11척)이며, 그 외에 중국(3척), 영국(2척), 인도(2척), 프랑스(1척), 러시아(1척) 등이 항공모함을 운용합니다. 일본은 헬기 탑재가 가능한 경항공모함을 보유하고 있으며, 현재 전투기 운용을 위한 개조 작업을 진행 중입니다. 우리나라 또한 경항공모함 도입을 추진하고 있습니다.

순양함(Cruiser)은 다양한 미사일과 고성능 함포, 첨단 레이더 및 지휘·통제 시스템을 갖춘 대형 수상 전투함입니다. 주로 항공모함을 중심으로 편성된 함대를 보호하고 지휘·통제하는 역할을 수행합니다. 현재는 미국이 사실상 유일하게 순양함 전력을 운용하고 있고, 다른 국가들은 구축함의 크기를 확대하거나 성능을 강화하여 순양함의 역할을 대체하고 있습니다.

구축함(Destroyer)은 미사일, 어뢰, 함포를 갖추고 있는 중형급 수상 전투함으로, 적의 항공기나 미사일을 요격하고 군함이나 잠수함을 탐지하여 공격하는 등 다양한 임무를 종합적으로 수행합니다. 현대 해군에서 가장 다목적으로 활용되는 군함으로, 많은 국가들이 해군력 강화를 위해 첨단 구축함을 적극적으로 운용하고 있습니다.

호위함(Frigate)은 구축함보다 작은 규모의 수상 전투함으로, 주로 연안 해역의 방어나 주요 전력의 호위 임무를 수행합니다. 최신 호위함에는 첨단 센서, 미사일 시스템, 어뢰, 헬리콥터 등이 탑재되어 있으며, 구축함에 비해 운용 비용이 낮다는 장점이 있습니다.

초계함(Corvette)은 호위함보다 더 작고 기동성이 뛰어난 소형 수상 전투함입니다. 주로 자국 영해 및 배타적경제수역(EEZ)을 감시·경계하는 임무를 수행합니다. 미사일, 어뢰 및 기관포 등을 갖추고 있어 해상 경계 임무에 적합합니다.

한편, 지원함은 전투 지원을 위한 함정으로, 군수지원함, 급유함, 병원함, 수송함, 상륙함 등이 있습니다.

미국 군함 MRO 사업

미국은 세계 최고의 해군력을 자랑합니다. 2024년 기준으로 11척의 항공모함을 포함해 약 290여 척의 군함을 운용하고 있죠. 그러나 해군력 유지를 위한 필수 기반인 조선 산업은 인력 부족, 설비 노후화, 생산 효율성 저하, 높은 인건비 등의 이유로 지속적으로 경쟁력이 떨어지고 있습니다. 군함 한 척을 건조하는 데 너무 오랜 기간이 소요되고, 유지·보수(Maintenance, Repair, and Overhaul, MRO)가 제때 이루어지지 않으면서 운용 중인 군함들이 제 역할을 수행하지 못하는 사례가 빈번하게 발생하고 있습니다.

반면, 미국과 해상 패권을 두고 경쟁하는 중국은 조선 산업의 경쟁력을 바탕으로 미국 해군 함정 수를 넘어서는 약 350여 척의 함정을 운용하고 있습니다. 게다가 매년 많은 수의 군함이 추가 건조되고 있어 양적인 측면에서는 곧 미국을 압도할 것으로 전망됩니다.

미국이 지금과 같은 해군력을 유지하기 위해서는 군함을 보다 신속하게 건조하고, 기존 군함의 유지·보수를 빠르고 효율적으로 진행해야 하지만, 앞서 언급한 것처럼 현재 미국의 조선 산업 역량으로는 거의 불가능에 가깝습니다. 다행히 미국의 주요 동맹국인 한국과 일본은 세계 최고 수준의 역량을

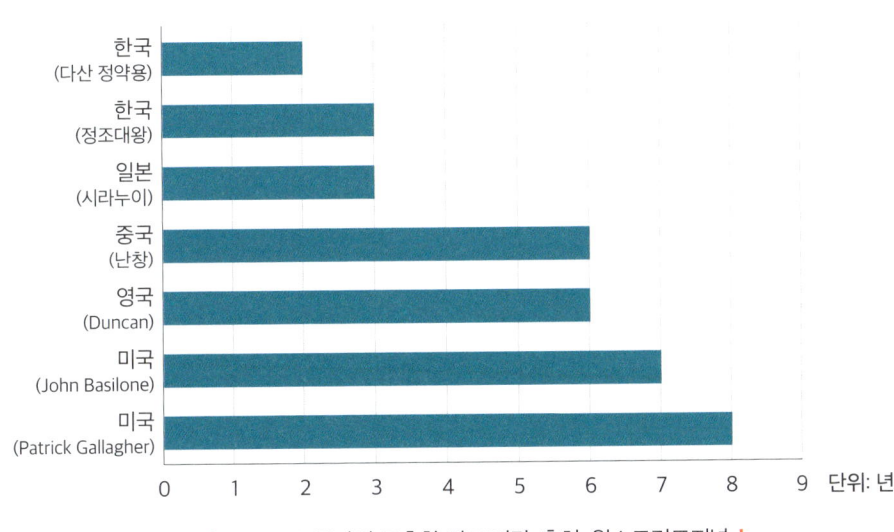

| 그림 5-15. 주요 국가의 구축함 건조 기간, 출처: 월스트리트저널 |

갖춘 조선 강국입니다. 그렇다면 동맹국과 협력하는 것이 좋은 대안이 될 수 있겠죠.

다만, 여기에도 문제가 있습니다. 군함 건조와 수리는 국가 안보와 직결된 사안이기 때문에 보통 타국에 위탁하지 않습니다. 심지어 미국은 이러한 행위를 금지하는 자국 내 법규*가 존재합니다. 그래서 미국이 우선적으로 추진하는 것이, 바로 기존 함정의 유지·보수(MRO) 위탁**입니다. 일본은 이미 요코스카 등 주요 해군기지를 중심으로 미국 해군 함정의 MRO를 수행하고 있으며, 한국도 2024년 한화오션이 미국 군수지원함의 유지·보수를 완료하며 미국 해군 MRO 시장에 성공적으로 진입했습니다.***

MRO 시장이 떠오르면서 언론에서는 온갖 장밋빛 전망을 쏟아내고 있습니다. 하지만 현실은 그렇게 녹록지 않습니다. 일단, 미국이 모든 군함의 MRO를 위탁하려는 것이 아닙니다. 극히 일부 물량만 시범적으로 진행하고 있으며, 아직까지는 중요도가 떨어지는 비전투함 1~2척 수준에 불과합니다. 앞으로도 핵심 전력보다는 비핵심 전력 위주로 천천히 MRO가 진행될 가능성이 높습니다. 또한, MRO 자체는 수익성이 좋지만, 국내 조선사에게는 오히려 수익성을 떨어뜨리는 요인이 될 수 있습니다. 마진이 높은 대형 컨테이너선이나 LNG 운반선을 건조하면 천억 원 단위의 매출이 발생하지만, MRO에서 발생

---

* 번스-톨레프슨 수정법(Burns-Tollefson Amendment)으로, 미국 군함은 반드시 미국에서 건조되어야 하며, 주요 부품과 장비 또한 미국산을 사용하도록 의무화하고 있습니다.
** 물론 유지·보수도 건조 못지않게 제약이 많습니다.
*** 참고로 2022년에는 HD현대중공업이 국내 최초로 필리핀 해군의 MRO 사업을 수주한 바 있습니다.

하는 매출은 수십억 원에서 수백억 원에 불과합니다. 도크가 한정된 상황에서는 MRO 물량을 받는 것보다 대형 상선을 건조하는 게 더 이익입니다.

그럼에도 불구하고 MRO에 주목하는 이유는 미국이 처한 상황 때문입니다. 미국은 한국, 일본과 협력하지 않으면 더 이상 해상 패권을 유지하기가 어렵습니다. 그래서 미국의 군수지원함 등 비전투함의 신규 건조 시장이 열릴 수도 있는데, 지금부터 MRO를 하면서 준비하면 향후 큰 기회를 잡을 수 있다고 판단하는 것이죠. 다만, 비전투함일지라도 타국에 군함 건조를 위탁하는 문제는 정치와 경제가 복잡하게 얽혀 있어 아직은 갈 길이 멀고 모든 면에서 불확실성이 높은 것이 사실입니다.

핵심만 쏙쏙!

1. 해양 플랜트

해양 플랜트는 바다 속에 매장된 원유와 가스 등의 천연자원을 찾아내고,

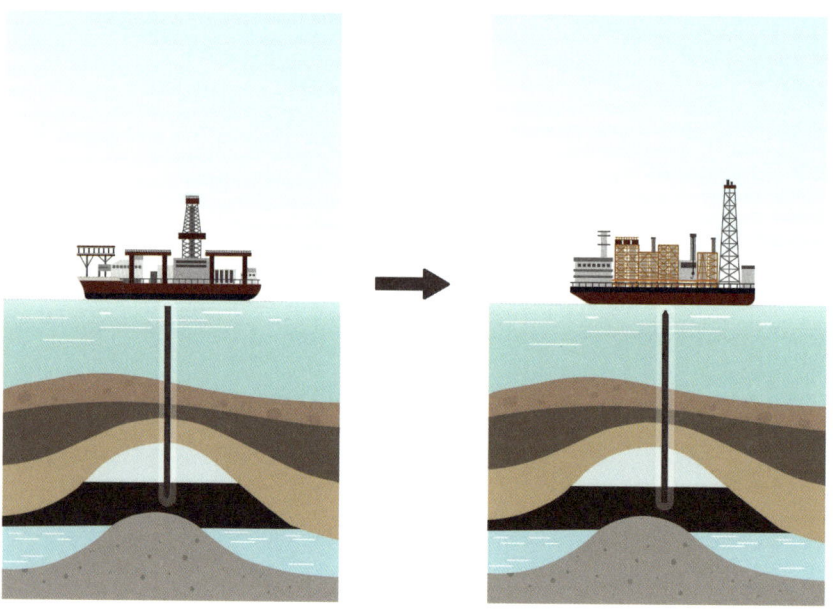

| 그림 5-16. 시추 설비인 드릴십(좌)으로 시추한 후, 생산 설비인 FPSO(우)로 생산하는 모습 |

추출하며, 이를 가공·처리한 후, 자체 탱크에 저장하는 초대형 구조물을 말합니다. 용도에 따라 시추 설비와 생산 설비로 나뉩니다.

시추 설비는 해저 지층에 구멍을 뚫고 파이프를 삽입해 원유나 천연가스를 추출하는 설비입니다. 생산 설비는 원유와 천연가스를 뽑아내고, 이를 처리·저장하는 복합 설비입니다. 시추 설비로 원유나 천연가스가 나오는 길을 확보한 후에, 생산 설비를 투입해 10~30년 동안 한 곳에서 원유나 천연가스를 생산·처리·저장합니다. 한편, 해양 플랜트는 설치 방식에 따라 고정식과 부유식으로 나눌 수도 있습니다.

국내 조선사가 주력으로 제작하는 해양 플랜트는 드릴십, FPSO, FLNG 입니다.

2. 선박 수리

선박 수리란 전문 인력이 수행하는 선박의 점검, 유지·보수, 부품 교체 등의 작업으로, 크게 정기 검사, 긴급 수리, 개조 및 업그레이드로 구분됩니다. 노후 선박의 증가와 환경 규제로 인해 지속적인 성장이 예상되며, 현재는 중국이 시장을 주도하고 있습니다.

3. 군함 시장

군함의 종류

군함의 종류는 다음과 같습니다.

전투함에는 항공모함, 순양함, 구축함, 호위함, 초계함 등이 있으며, 지원함

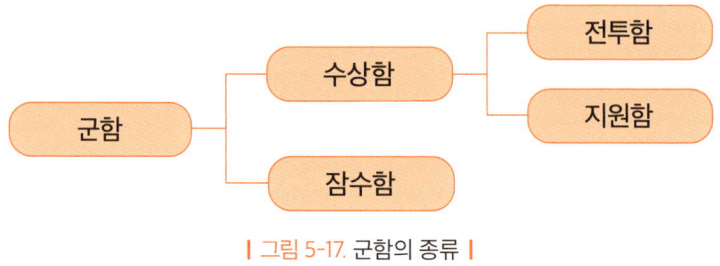

| 그림 5-17. 군함의 종류 |

에는 군수지원함, 급유함, 병원함, 수송함, 상륙함 등이 있습니다.

미국 군함 MRO 사업

미국은 세계 최고의 해군력을 자랑하지만, 조선 산업의 경쟁력 약화로 해상 패권을 유지하기 어려운 상황에 직면해 있습니다. 이에 주요 동맹국인 한국과 일본에 기존 함정의 유지·보수(Maintenance, Repair and Overhaul, MRO)를 위탁하기 시작했습니다.

조선사 입장에서는 선박의 유지·보수를 하는 것보다, 마진이 높은 상선을 건조하는 게 더 이득입니다. 그러나 향후 미국 군수지원함 등 비전투함의 신규 건조 시장이 열릴 가능성에 대비하여 MRO 사업에도 지속적인 관심을 기울이며 새로운 기회를 모색하고 있습니다.

한 걸음 더!

1. 셔틀 탱커란?

셔틀 탱커(Shuttle Tanker)란 FPSO와 같은 해양 플랜트에서 생산한 원유를 육상 시설로 수송하는 선박을 말합니다. 유전에서 육지까지 파이프라인 설치가 어려운 먼 바다나 해상 환경이 거친 지역에서 주로 활용됩니다. 셔틀 탱커는 동일한 크기의 유조선보다 선가가 약 1.5배 이상 높습니다. 강한 파도와 바람이 있는 해상에서 원유 생산 설비까지 안정적으로 접안하기 위해 DPS(Dynamic Positioning System, 자동위치 유지장치)나 BLS(Bow Loading System, 선수 선적장치) 같은 첨단 시스템을 탑재하고 있기 때문이죠. 2024년 기준, 셔틀 탱커 분야에서는 삼성중공업이 글로벌 1위를 차지하고 있습니다.

2. 함급과 함정

함정을 이야기할 때 함급(艦級, Class)이라는 표현을 자주 씁니다. 함급이란 같은 설계를 바탕으로 건조된 여러 척의 함정을 묶어서 부르는 이름입니다. 그리고 우리나라는 각 함급과 함정에 역사적으로 의미가 있는 위인의 이름을 붙이고 있습니다.

예를 들어, 현재 대한민국 해군이 보유한 세종대왕급의 구축함은 세종대왕함, 율곡이이함, 서애류성룡함 이렇게 세 척으로 구성되어 있습니다. 또, 충무공이순신급의 구축함은 충무공이순신함, 문무대왕함, 대조영함, 왕건함, 강감찬함, 최영함으로 이루어져 있죠. 도산안창호급 잠수함은 도산안창호함, 안무함, 신채호함을 포함해 현재 세 척이 운용중입니다.

함급	함명	함번
세종대왕급	세종대왕함	DDG-991
	율곡이이함	DDG-992
	서애류성룡함	DDG-993
충무공이순신급	충무공이순신함	DDH-975
	문무대왕함	DDH-976
	대조영함	DDH-977
	왕건함	DDH-978
	강감찬함	DDH-979
	최영함	DDH-981
도산안창호급	도산안창호함	SS-083
	안무함	SS-085
	신채호함	SS-086

| 표 5-1. 함급과 함정 |

이렇듯 각 함급과 함정의 명칭은 대한민국 해군의 역사적 자부심을 드러내는 동시에, 해상 방위력을 상징하는 의미도 함께 지니고 있습니다.

1. 선박 건조 대표 기업
2. 기자재 대표 기업
3. 조선 산업이 나아가는 방향

PART 06
글로벌 대표 기업 & 나아가는 방향

이번 장에서는 글로벌 주요 조선사와 국내 기자재 기업들을 살펴보고, 한국·중국·일본 간의 패권 경쟁에 대해서도 알아봅니다. 그리고 이를 바탕으로 조선 산업이 나아가는 방향을 전망해보겠습니다.

선박 건조 대표 기업

종합 순위

조선 산업에서 판매량이나 시장 점유율은 CGT(표준 화물선 환산톤수)*를 기준으로 나타냅니다. CGT를 기준으로 평가한 조선사들의 종합 순위는 그림 6-1과 같습니다. 한국, 중국, 일본의 기업들이 상위권에 위치해 있는 것을 볼 수 있습니다. 이를 바탕으로 국가별 주요 기업들을 알아보겠습니다.

* 건조 난이도와 작업량을 감안한 단위입니다.

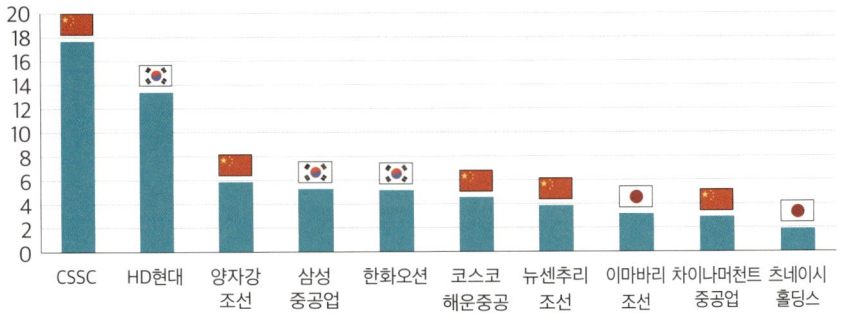

그림 6-1. 종합 순위와 시장 점유율(2020년~2024년 수주 CGT 기준)*

1. 한국

한국의 대표 조선사는 HD현대, 삼성중공업, 한화오션입니다. 그림 6-2에서 볼 수 있듯이, HD현대그룹에는 여러 조선사들이 포함되어 있습니다.

HD현대

HD한국조선해양

#중간 지주회사

HD현대그룹 내 조선 부문 중간 지주회사로, HD현대중공업(75%), HD현대미포(42%), HD현대삼호(97%), HD현대마린엔진(35%)을 주요 계열사로 두고 있습니다.

---

* 조선사의 수주는 연도별로 부침이 심해서 특정 연도만 확인할 경우 왜곡이 발생할 수 있습니다. 이러한 이유로 최근 5년을 합산한 수치를 기준으로 했습니다.

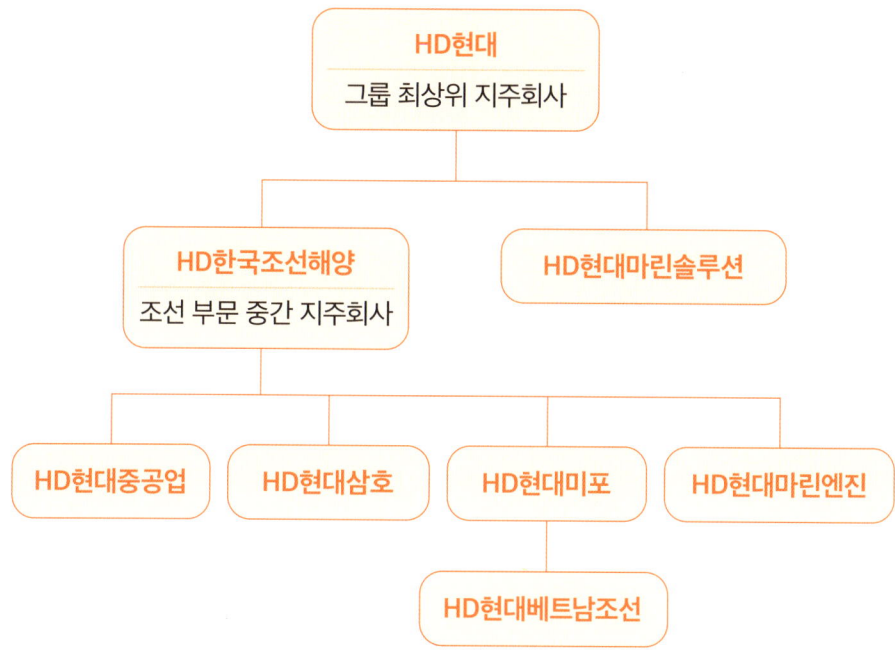

| 그림 6-2. HD현대그룹 산하 조선 계열사 구조 |

HD현대중공업

#국내 조선 3사 #엔진 제작 #방위 산업 #해양 플랜트

한국의 대표 조선사로, 단일 조선사로서는 수주, 설비, 사업 범위 등 모든 면에서 세계 최대 실적을 자랑합니다. 2012년 세계 최초로 선박 건조량 1억 GT(총톤수)*를 달성하였고, 2015년 누적 2,000척 건조의 대기록을 세우는 등 업계를 선도하고 있습니다. 또한, 세계 최대의 선박용 엔진 제작 기업으로, 2행정 대형 엔진과 4행정 중형 엔진 제작 분야에서 글로벌 1위일 뿐만 아니

* 선박 내 모든 밀폐된 공간의 용적을 합한 것으로, 선박 전체의 부피를 나타냅니다.

라, 세계 최초로 메탄올 추진 엔진을 공급하는 등 친환경 엔진에서도 확고한 입지를 구축하고 있습니다. 한편, 군함 분야에서도 기술력을 인정받고 있고, 선박 건조 외에 해양 플랜트 사업도 영위합니다.

HD현대삼호

#호남권 대표 조선사

한라그룹의 계열사였던 한라중공업을 모태로 합니다. 1997년 IMF 외환위기로 한라그룹이 파산하면서 HD현대그룹(당시 현대중공업)이 위탁 경영을 맡았고, 2002년 HD현대그룹에 정식 편입되었습니다. 대부분의 조선소가 영남권(울산, 거제)에 몰려 있는 것과 달리, 전라남도 영암에 위치하고 있어 호남 지역 경제에도 크게 기여하고 있습니다.

HD현대미포

#MR탱커 #베트남 조선소

1975년 선박 수리 및 개조 전문 기업으로 출발하여 현재는 중형 선박 건조를 전문으로 합니다. 주력 선종은 석유제품 운반선(PC선, MR탱커)이며, 베트남 현지에서 약 30만 평 규모로 HD현대베트남조선(HD Hyundai Vietnam Shipbulding, HVS[*])을 운영하고 있습니다.

---

[*] 베트남 국영조선공사와의 합작 법인으로, 현대-비나신조선(Hyundai-Vinashin Shipyard)으로 불리다 2023년에 사명을 현재와 같이 변경했습니다.

이 밖에 HD현대마린솔루션은 AS 전문 기업으로, 선박용 부품 공급, 선박 기능 향상을 위한 기술 서비스 제공, 친환경 개조 등을 수행합니다. HD현대마린엔진은 기자재 기업으로, 2행정 대형 엔진을 생산합니다.

삼성중공업

#국내 조선 3사 #해양 플랜트

한국의 대표 조선사로, 삼성그룹의 계열사입니다. HD현대중공업, 한화오션과 함께 국내 3대 조선사로 불립니다. 해양 플랜트 분야에서 높은 경쟁력을 갖추었으며, 국내 최초로 드릴십을 건조한 이력을 보유하고 있습니다. 또한 전 세계에서 발주된 FLNG 9척 중 5척을 수주하며 글로벌 시장을 선도하는 성과를 거두었습니다. 이 외에 셔틀 탱커 분야에서도 세계 1위를 차지하고 있습니다.

한화오션

#국내 조선 3사 #방위 산업 #모기업과의 시너지 #해양 플랜트

한국의 대표 조선사로, 한화그룹의 계열사입니다. 대한조선공사 옥포조선소를 모태로 하며, '대우조선공업'과 '대우조선해양'이라는 이름으로 운영되다가 2023년 한화그룹에 인수된 뒤 현재의 사명으로 새롭게 출범했습니다. 2024년에는 2행정 대형 엔진 제작 기업인 HSD엔진(현 한화엔진) 인수를 통해 경쟁력을 한층 강화했습니다.

군함 분야에서도 경쟁 우위를 갖추었으며, 2024년 12월 미국 필라델

피아의 필리조선소(Philly Shipyard)를 인수*하면서 미국 군함의 유지·보수(MRO) 사업에도 뛰어들었습니다.** 방산과 에너지 분야에 특화된 모기업 한화와의 시너지를 통해 경쟁력을 키워가고 있습니다.

이 외에 종합 순위에는 없지만, HJ중공업(구 한진중공업), K조선(구 STX조선해양) 등이 선박 건조 사업을 영위하고 있습니다.

2. 중국

CSSC(China State Shipbuiliding Corporation, 중국선박공업집단)

#세계 1위 #엔진 제작 #방위 산업

중국 최대 규모의 국영 조선사로, 수주량 기준으로 HD현대와 더불어 세계 최대 규모를 자랑합니다. 글로벌 2위의 엔진 설계 기업인 WinGD***와 다수의 엔진 제작사를 보유하였으며 상선, 군함(항공모함 포함), 해양 플랜트에 이르기까지 다양한 분야에서 글로벌 경쟁력을 갖추고 있습니다. 최근에는 크루즈선을 성공적으로 건조·인도하는 성과를 거두었고, 고부가가치 선박, 친환경 선박을 위한 기술 개발에도 적극적으로 투자하고 있습니다.

---

*　한화시스템이 60%, 한화오션이 40%의 지분을 보유하고 있습니다.
**　미국 군함 MRO 사업을 진행하려면 미국 해군보급체계사령부와 함정정비협약(Master Ship Repair Agreement, MSRA)을 맺어야 합니다. 국내 조선사 중에서는 HD현대중공업과 한화오션이 MSRA를 맺고 있습니다.
***　스위스 기업이었으나 2015년 CSSC에 인수되었습니다.

양자강조선(Yangzijiang Shipbuilding)

#민영 조선사

중국 최대 규모의 민영 조선사로, 대형 컨테이너선과 벌크선을 중심으로 다양한 상선을 건조합니다. 일본 미쓰이 E&S와의 합작을 통해 고부가가치 선박 시장에 진출했으며, 2022년에는 대형 LNG 운반선 2척을 수주하는 성과를 거뒀습니다. 또한, 친환경 선박 수요 증가에 발맞춰 신규 수주 선박의 약 54%를 이중 연료 추진선으로 채우는 등 시장 변화에도 적극적으로 대응하고 있습니다.

코스코해운중공(COSCO Shipping Heavy Industry)

#모기업과의 시너지 #종합 서비스

중국 최대 해운사인 코스코가 그룹 산하의 조선·해양 계열사들을 통합하여 설립한 조선사입니다. 중소형 선박부터 초대형 선박까지 다양한 선종을 건조하며, 선박의 수리·개조 및 해양 플랜트 사업도 활발히 전개하고 있습니다. 이처럼 선박의 건조부터 수리·개조까지 아우르는 종합 서비스를 통해 경쟁력을 강화해 나가고 있습니다.

뉴센추리조선(New Century Shipbuilding Group, 신세기조선)

#민영 조선사 #다크호스

중국의 민영 조선사로, 최근 급격한 성장을 이루며 중국 조선 산업의 다크호스로 주목받고 있습니다.

차이나머천트중공업(China Merchants Heavy Industry)

#수리·개조 #모기업과의 시너지

차이나머천트그룹 산하의 조선사로, 선박의 건조뿐 아니라 선박과 해양 플랜트의 수리·개조 사업도 함께 영위하고 있습니다. 해운·항만에 강점이 있는 모기업과의 시너지를 통해 지속적으로 경쟁력을 강화해 나가고 있습니다.

3. 일본

이마바리조선(Imabari Shipbuilding)

#일본 최대 조선사 #벌크선 #전략적인 인수와 제휴

1942년 설립된 일본 최대의 조선사로, 일본 조선업 수출 물량의 40% 이상을 담당하고 있습니다. 최근 몇 년 사이에 미나미닛폰조선의 지분을 인수하고, JMU(구 IHI+JFE조선)의 지분 35%를 취득하는 등 전략적인 인수와 제휴를 통해 일본 조선 산업을 선도하고 있습니다.

츠네이시홀딩스(Tsuneishi Holdings)

#일본 대표 조선사 #벌크선 #해외 조선소

후쿠야마시에 본사를 둔 지주회사로, 자회사인 츠네이시조선을 통해 선박을 건조합니다. 특히, 중형 벌크선 분야에서 세계적인 경쟁력을 갖추고 있습니다. 필리핀과 중국에 조선소를 설립하여 인력과 기술을 성공적으로 이전하였고, 저렴한 인건비와 넓은 부지를 바탕으로 세계 조선사 TOP 10에 꾸준히 이름을 올리고 있습니다.

선종별 순위*

이번에는 선종별로 기업들의 순위를 알아보겠습니다.

1. 컨테이너선

중국 기업과 한국 기업이 경쟁하는 가운데, 중국 기업들이 앞서고 있습니다.

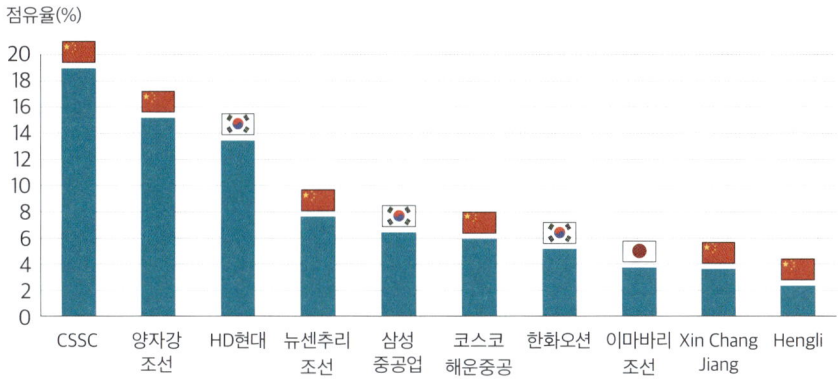

| 그림 6-3. 컨테이너선 순위와 시장 점유율 |

* 2020년~2024년 수주 선박의 CGT 기준입니다.

2. 벌크선

중국 기업과 일본 기업이 경쟁을 펼치고 있습니다.

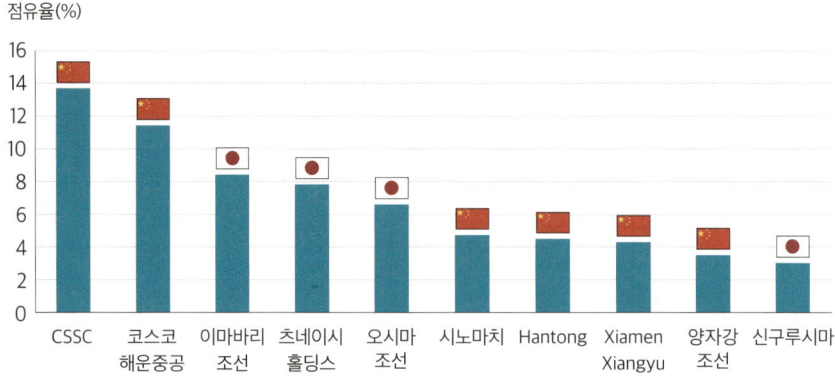

| 그림 6-4. 벌크선 순위와 시장 점유율 |

3. 원유 운반선

중국 기업과 한국 기업이 경쟁하고 있습니다.

| 그림 6-5. 원유 운반선 순위와 시장 점유율 |

4. LNG 운반선

대표적인 고부가가치 선박인 LNG 운반선은 한국 기업이 시장을 선도하고 있습니다.

| 그림 6-6. LNG 운반선 순위와 시장 점유율 |

5. LPG 운반선

HD현대와 CSSC가 사실상 시장을 양분하고 있습니다.

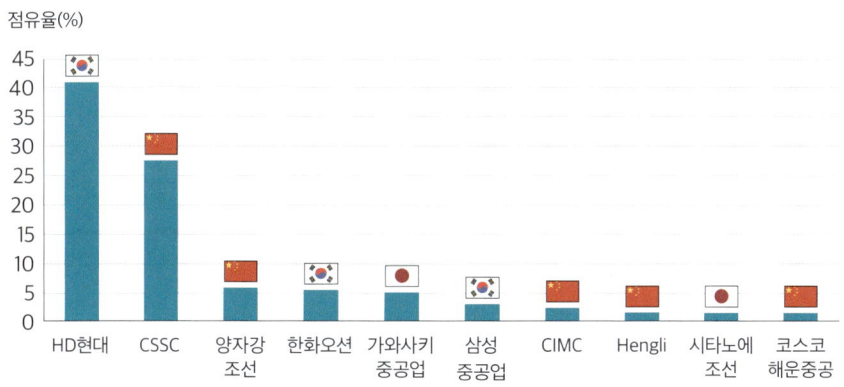

| 그림 6-7. LPG 운반선 순위와 시장 점유율 |

기자재
대표 기업

엔진

엔진은 설계 분야와 제작 분야로 나뉩니다. 상선에 주로 사용되는 2행정 대형 엔진(저속 엔진)의 설계는 독일의 MAN-ES(MAN Energy Solutions)가 독보적인 1위이며, 그 뒤를 WinGD가 잇고 있습니다. 이들 기업은 엔진을 직접 생산하지 않고, 제작사에 설계 라이선스를 제공한 뒤, 로열티를 받는 방식으로 사업을 영위합니다. 2행정 대형 엔진의 제작은 HD현대중공업, HD현대마린엔진, 한화엔진(구 HSD엔진), CSSC, 미쓰이 등이 주로 합니다.

한편, 중대형 선박의 전기 발전이나 소형선의 추진을 위해 사용되는 4행정 중형 엔진(중속 엔진)은 설계 라이선스를 보유한 다수의 기업들이 직접 생산에 참여하고 있습니다. 해당 분야에서는 HD현대중공업의 힘센(HiMSEN) 엔진*이 약 35%의 시장 점유율로 세계 1위를 차지하고 있습니다.

표 6-1에서 확인할 수 있듯이, 엔진 제작 분야에서는 국내 기업들이 시장을 주도하고 있습니다. 특히, HD현대중공업은 2행정 대형 엔진과 4행정 중형 엔진 모두에서 세계 1위에 랭크되어 있으며, 한화엔진과 HD현대마린엔진은 2행정 대형 엔진에서 상위권을 차지하고 있습니다.

순위	회사	국적	점유율
1	HD현대(HD현대중공업, HD현대마린엔진)	한국	31.3%
2	CSSC	중국	17.8%
3	한화엔진	한국	10.4%
4	미쓰이	일본	6.7%
5	히타치조선	일본	1.7%
6	캐터필러	미국	2.2%
7	마키타	일본	1.4%
8	유차이마린파워	중국	0.6%
9	IHI파워시스템즈	일본	0.5%
10	MTU	독일	0.5%

| 표 6-1. 추진 엔진 제작 분야 시장 점유율(2020년~2024년 인도 선박, 엔진 출력 기준) |

* HD현대중공업이 자체 개발한 엔진 브랜드입니다.

엔진의 내부 부품은 국내 상장 기업을 중심으로 살펴보겠습니다. 각 부품의 역할은 216~219페이지를 참조해주세요.

케이에스피는 배기밸브 스핀들을 주력으로 생산하며, 이 외에도 다양한 산업에서 활용되는 형단조 제품을 만듭니다. 최대주주는 금강공업(지분율 58%)입니다.

케이프는 실린더 라이너를 생산합니다. 실린더 라이너는 5~7년 주기로 교체가 필요한 고가의 소모품으로, 정기적인 교체 수요가 발생하기 때문에 조선 시황의 변동에도 상대적으로 안정적인 매출을 유지할 수 있습니다. 2024년 3분기 기준, 실린더 라이너 매출의 약 65%는 신규 주문에서, 약 35%는 교체용 주문에서 발생했습니다. 참고로 케이프는 국내 조선사인 K조선 및 대한조선과 계열 관계이기도 합니다.

주요 기자재

주요 기자재도 국내 상장 기업을 중심으로 살펴보겠습니다. 각 부품의 역할은 219~226페이지를 참조해주세요.

1. LNG 화물창 및 연료탱크

GTT(Gaztransport & Technigaz)는 프랑스의 화물창 설계 및 엔지니어링 기업입니다. 전 세계 주요 조선사에 LNG 화물창 설계 기술을 제공하고, 로열티*를 받습니다. 특화된 기술력과 높은 진입 장벽을 바탕으로 해당 분야에서 독점적 지위를 유지하고 있습니다.

동성화인텍과 한국카본은 극저온 단열재(초저온 보냉재)를 생산합니다. 극저온 단열재는 화물창 및 연료탱크에서 외부 열의 침투와 내부 냉기의 유출을 막아주는 중요한 기능을 수행합니다. 국내 시장은 이 두 기업이 양분하고 있습니다.

동성화인텍은 단열재 외에 LNG 연료탱크도 제작하며, 설계부터 제작, 시공까지 일괄 수행할 수 있는 경쟁력을 갖추고 있습니다.

세진중공업은 화물창에 탑재되는 가스탱크**, 특히 LPG 탱크 제작에서 세계 1위를 차지하고 있습니다.

2. 환경 기자재

파나시아는 황산화물 저감 장치, 질소산화물 저감 장치, 탄소 포집 및 저장 장치 등을 생산합니다.

선박 평형수 처리 장치(BWTS)는 기술 장벽이 낮아지면서 현재 다양한 기업들이 생산하고 있습니다.

일승은 선박용 분뇨처리기(STP)를 생산합니다. 국내 시장 점유율 91%, 글로벌 시장 점유율 26%를 차지하고 있습니다. 이 외에도 스크러버, LNG 재

---

* 로열티는 통상 선가의 약 5% 정도입니다.
** 가스탱크는 기체 상태인 물질을 액화시켜 저장·운송하는 특수 용기입니다. 가스 운반선의 경우, 가스탱크가 화물창(화물탱크)의 역할을 합니다.

기화 설비 등을 생산합니다. 세진중공업 → 일승 → 동방선기로 이어지는 지배 구조를 갖추고 있습니다.

3. 데크하우스

세진중공업은 조선 기자재를 전문으로 생산합니다. 주력 제품인 데크하우스 분야에서 국내 1위를 기록하고 있으며, 앞서 언급한 LPG 가스탱크 제작에서도 세계 1위에 랭크되어 있습니다.

4. 단조품

태웅은 글로벌 단조품 생산 기업으로, 조선 및 해양 플랜트, 풍력, 원자력 등 다양한 산업에서 활용되는 초대형 고강도 단조 제품을 만듭니다. 엔진의 동력을 프로펠러로 전달하는 프로펠러 샤프트를 주력으로, 엔진과 프로펠러 샤프트를 연결하는 중간 축(Intermediate Shaft), 선박의 방향타를 연결하는 타축(Rudder Stock) 등을 생산합니다.

5. 배관, 피팅

동방선기는 선박용 배관 제조 기업으로, 탄소강관, 스테인리스강관, 초저온(LNG용) 배관 등 다양한 제품을 만듭니다. 이 외에 배관 및 철 의장품 표면에 도료를 도포하는 도장 사업도 영위하고 있습니다.

태광은 세계 1위의 산업용 피팅 제조 기업입니다. 석유화학, 조선 및 해양 플랜트 등 다양한 산업에 제품을 공급하며, 전체 매출 중 수출 비중이 무려

82%에 달합니다.

성광벤드 역시 산업용 피팅을 생산합니다. 석유화학, 조선 및 해양 플랜트 등 다양한 산업에 제품을 공급하며, 특히 용접용 피팅 분야에서 세계 1위에 랭크되어 있습니다.

6. 계측기, 계측장비용 피팅 및 밸브

한라IMS는 계측기 전문 기업으로, 화물창 및 연료탱크에 저장되는 액체화물의 수위를 측정하는 레벨 계측기 분야에서 국내 1위를 차지하고 있습니다. 이외에 탱크의 밸브를 원격으로 개폐할 수 있는 밸브 원격 제어 시스템(VRCS), 선박 평형수 처리 장치(BWTS)도 함께 생산합니다.

하이록코리아와 비엠티는 계측장비용 피팅과 밸브 분야에서 국내 1, 2위를 다투고 있습니다. 고압 유압밸브와 초정밀 피팅을 생산하여 석유화학, 조선 및 해양 플랜트, 반도체 등 다양한 산업에 공급합니다. 그중에서도 -190℃ 이하의 극저온 환경에서 작동하는 초저온 밸브는 LNG 관련 산업에서 핵심 부품으로 활용됩니다. 두 기업 외에도 디케이락, 아스플로, 한선엔지니어링 등이 계측장비용 피팅과 밸브를 생산합니다.

7. 선박용 크레인

오리엔탈정공은 선박용 크레인을 생산합니다. 해당 분야에서 국내 1위이며, 자회사를 통해 엔진룸의 환기를 돕는 엔진 룸 케이싱(Engine Room Casing), 배기가스를 배출하는 굴뚝(Funnel), 데크하우스 등 선박 상부 구조물도 제작합니다.

8. 위성 통신 안테나

인텔리안테크는 선박용 위성 통신 안테나 제조 기업으로, 해당 분야에서 세계 1위를 차지하고 있습니다.

9. 선박용 조명

대양전기공업은 선박용 조명 제조 기업으로, 국내에서는 사실상 경쟁사가 없을 만큼 독보적인 입지를 갖추고 있습니다.

조선 산업이 나아가는 방향

환경 규제와 친환경 선박

1. 환경 규제

환경 규제는 조선 산업에 지대한 영향을 미칩니다. 대표적인 예로는 1993년부터 시행된 유조선 이중 선체(Double-hull) 의무화 규정이 있습니다. 과거 단일 선체 유조선에 의한 대형 기름 유출 사고가 빈번하게 발생하자, 국제해사기구(IMO)는 5천 톤급 이상의 모든 유조선을 대상으로 이중 선체 설계를 강제하는 규정을 도입했습니다. 그 결과, 2010년에 이르러 단일 선체 구조

| 그림 6-8. 단일 선체 구조의 선박(좌)과 이중 선체 구조의 선박(우) |

의 유조선이 모두 퇴출되면서 신규 유조선의 발주가 급증했습니다.

최근 들어 이중 선체 의무화 규정만큼 조선 산업에 큰 영향을 미치는 환경 규제들이 속속 도입되고 있습니다. 대표적인 두 가지는 다음과 같습니다.

황산화물 규제

선박의 연료로 쓰이는 벙커유는 대기오염의 주요 원인 중 하나인 황의 함유량이 매우 높습니다. 이에 IMO는 2020년부터 선박 연료에 포함된 황 함유량의 상한선을 기존 3.5%에서 0.5%로 대폭 낮추는 규제를 시행하고 있습니다. 이 규제는 신규 선박뿐 아니라 기존에 운항 중인 선박에도 동일하게 적용됩니다.

선주들이 황산화물 규제에 대응할 수 있는 방법은 크게 두 가지입니다. 첫째, 기존 선박에 스크러버를 장착해 황산화물의 배출을 줄이는 것입니다. 이

조치로 스크러버 설치를 위한 개조 공사가 증가하면서 중국을 중심으로 하는 수리 조선소가 큰 수혜를 입었습니다. 둘째, 친환경 연료 선박을 새로 발주하는 것입니다. 황산화물 규제 시행 초기에는 높은 선가와 향후 어떤 친환경 연료가 표준이 될지 불확실하다는 이유로 친환경 선박의 도입이 저조했습니다. 그러나 이후 탄소 배출 규제가 강화됨에 따라 친환경 선박의 도입은 선택이 아닌 필수가 되었습니다.

탄소 배출 규제

2023년 IMO는 2050년까지 2008년 대비 온실가스 배출량을 100% 감축하는 것을 목표로 하는 넷제로(Net-Zero)를 발표했습니다. 이와 더불어 EEDI, EEXI, CII와 같은 탄소 배출 규제를 도입하여 점진적인 감축을 유도하고 있죠. 유럽연합(EU) 역시 탄소 배출권 거래 제도(ETS)를 해운 산업에 도입하면서 탄소 감축을 유도하고 있습니다.

선주들이 탄소 배출 규제에 대응할 수 있는 방법은 크게 두 가지입니다. 첫째, 선박의 엔진 출력을 제한해 감속 운항하는 것입니다. 속력이 줄어드는 만큼 탄소 배출을 줄일 수 있습니다. 그러나 낮은 속력으로 인해 동일한 물동량을 소화하려면 더 많은 선박을 투입해야 하므로 근본적인 해결책이 되기는 어렵습니다. 둘째, 친환경 선박을 도입하는 것입니다. 황산화물 규제와 탄소 배출 규제에 모두 대응하려면 친환경 선박 외에는 대안이 없습니다. 그림 6-9에서 볼 수 있듯이, 이러한 흐름에 발맞춰 2021년부터 친환경 선박의 발주량이 급증하고 있으며, 이 같은 추세는 향후에도 지속될 것으로 예상됩니다.

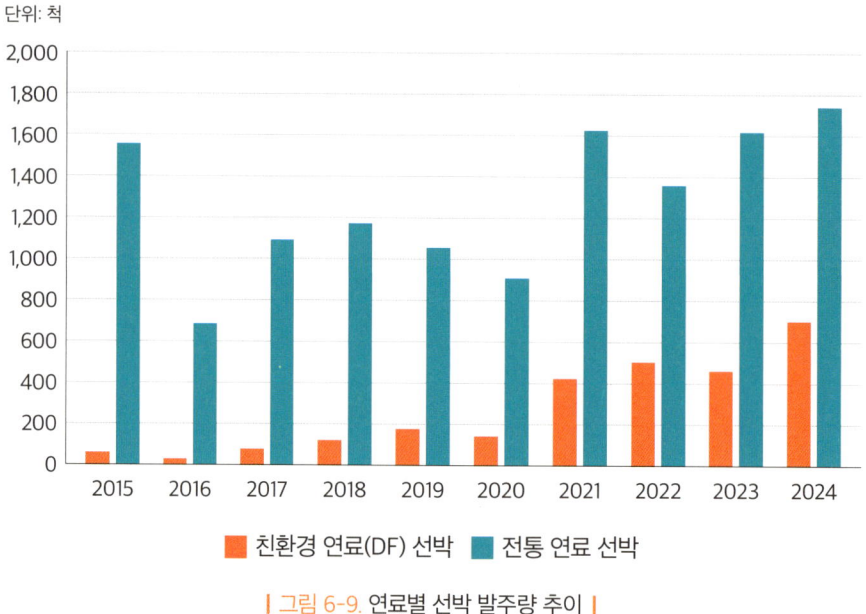

| 그림 6-9. 연료별 선박 발주량 추이 |

친환경 선박은 일반 선박에 비해 마진이 더 높습니다. 연료탱크의 제작·설치 및 연료공급시스템(FGSS)의 설계·설치에는 고도의 기술력이 요구되며, 이는 자연스럽게 높은 건조 비용으로 이어집니다. 따라서 이 분야에서 경쟁력을 확보한 조선사들은 꾸준한 실적 성장을 이룰 것으로 전망됩니다.

슈퍼 사이클

선박 한 척을 건조하는 데는 통상 2~3년이 소요됩니다. 선박 수요가 증가하더라도 선박 공급을 즉각적으로 늘리기 어려운 이유입니다. 그림 6-10에

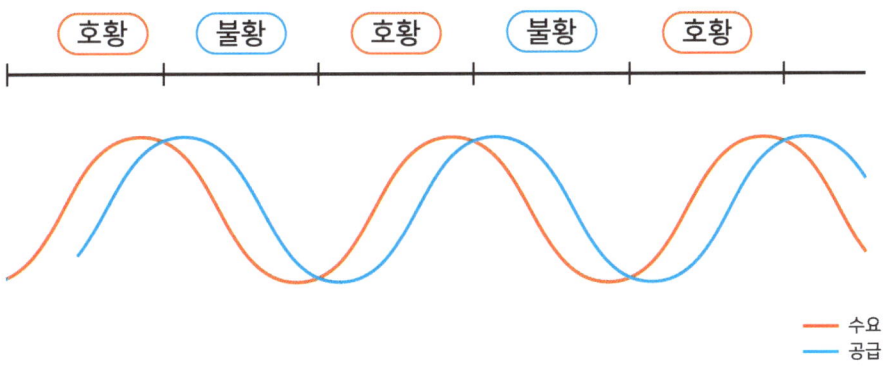

| 그림 6-10. 호황과 불황이 주기적으로 반복되는 조선 산업 |

서 볼 수 있는 것처럼, 조선 산업은 선박의 수요와 공급 사이에 존재하는 시차로 인해, 호황과 불황이 주기적으로 반복되는 경향을 보입니다. 특히, 수요와 공급의 격차가 단기간에 커질 때는 이른바 슈퍼 사이클이 형성되기도 합니다. 1960년대부터 현재까지 총 세 번의 슈퍼 사이클이 있었는데요, 각 사이클을 자세히 알아보겠습니다.

1. 1차 슈퍼 사이클(1967년~1974년)

첫 번째 슈퍼 사이클은 1960년대 후반에서 1970년대 초반에 걸쳐 발생했습니다. 전 세계적으로 교역량이 폭발적으로 증가하면서 대형 선박과 초대형 유조선의 수요가 급격하게 늘어난 시기였죠. 그러나 당시에는 대형 조선소가 충분히 갖춰지지 않아서 공급이 수요를 따라가지 못했습니다. 이러한 불균형은 곧 선가 상승으로 이어졌고, 선주들이 앞다투어 발주에 나서면서 조선 산업은 전례없는 호황을 누렸습니다.

1차 슈퍼 사이클의 최대 수혜국은 일본입니다. 당시 일본은 시장 점유율 50% 이상을 차지하는 조선 강국이었으며, 대형 선박 건조를 위한 기술과 생산 설비를 충분히 확보하고 있었습니다. 이러한 경쟁력 덕분에 전 세계에서 쏟아지는 발주 물량을 대거 수주할 수 있었고, 그 결과 니케이 조선업 지수[*]가 1972년 한 해에만 180% 오를 만큼 큰 호황을 맞이합니다.

그러나 조선업의 호황은 1975년을 기점으로 꺾이기 시작합니다. 제1차 오일 쇼크로 유가가 폭등하자 세계 경제는 침체에 빠졌고, 이는 해운 시장의 불황으로 이어졌습니다. 그 결과, 불황을 이기지 못한 선주들이 신규 선박의 발주를 미루고, 기존 발주를 취소하면서 조선사들은 심각한 경영난에 직면합니다. 그리고 이러한 불황은 1985년까지 약 10년간 지속됩니다.

2. 2차 슈퍼 사이클(2002년~2008년)

일반적으로 선박의 수명은 25~40년이며, 수명이 다하면 폐선 처리됩니다. 선박 건조에는 통상 2~3년이 소요되므로, 선주들은 운항에 차질이 없도록 실제 교체 시기보다 몇 년 앞서 선박을 발주합니다. 이러한 교체 주기를 고려하면, 1차 슈퍼 사이클 당시 건조된 선박들이 대거 폐선 시점에 이르는 2000년대 초반에는 신규 선박 발주가 크게 늘어날 것이라는 예상이 가능합니다.

물론, 폐선율이 높다는 이유만으로 슈퍼 사이클이 오지는 않습니다. 공급

---

[*] 도쿄 증권거래소에 상장된 주요 조선사들의 주가 동향을 나타내는 지표입니다.

을 뛰어넘는 강한 수요가 뒷받침되어야 하죠. 2차 슈퍼 사이클의 강한 수요는 중국이 만들어냅니다. 2001년 세계무역기구(WTO)에 가입한 중국은 2008년 금융위기 이전까지 매년 10%에 육박하는 경제 성장률을 기록합니다. 이 과정에서 원자재 수요가 폭증하였고, 세계 경제 또한 호황기에 진입하며 해상 물동량이 크게 증가했습니다. 그 결과 해운임이 가파르게 상승하였고 선주들이 경쟁적으로 신규 선박을 발주하면서 조선 산업은 다시 한번 유례없는 호황을 맞이합니다.

2차 슈퍼 사이클의 최대 수혜국은 한국입니다. 한국은 1990년대 후반부터 일본을 제치고 세계 1위의 조선 강국으로 도약했습니다. 현대중공업(현 HD

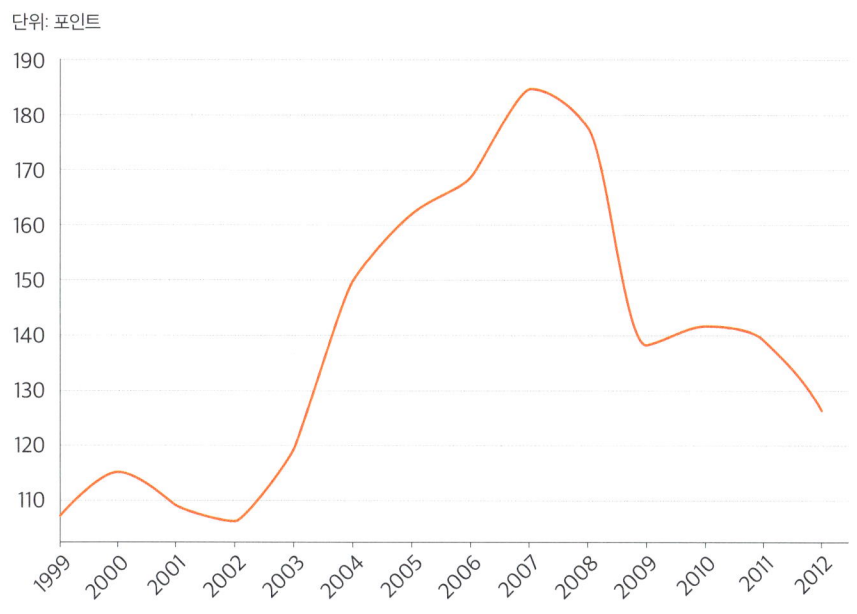

| 그림 6-11. 신조선가지수(1999년~2012년) |

현대중공업), 삼성중공업, 대우조선해양(현 한화오션)이 세계 최고 수준의 기술력과 생산 능력을 바탕으로 전 세계 수주량의 약 40%를 차지하며 한국 조선산업의 전성기를 이끌었죠. 또한 이 시기에는 LNG 운반선, 초대형 컨테이너선처럼 높은 기술력이 요구되는 고마진 선박의 수요도 많았는데, 한국 기업들이 수주 시장을 휩쓸며 시장을 선도했습니다.

그러나 2차 슈퍼 사이클은 2008년 글로벌 금융위기가 발발하면서 막을 내립니다. 경기 침체로 교역량이 급감한 데다 유럽 재정위기까지 더해지면서, 신규 선박 발주량이 큰 폭으로 감소한 것이었죠. 이후 상황은 1차 슈퍼 사이클이 끝난 직후와 비슷하게 흘러갑니다. 불황을 이기지 못한 선주들이 신규 선박의 발주를 미루고, 기존 발주를 취소하면서 조선사들은 큰 어려움을 겪게 되죠. 안타깝게도 이러한 불황은 코로나19 팬데믹 전까지 10년 이상 이어집니다.

3. 3차 슈퍼 사이클(2023년~현재 진행중)

전문가들은 2030년을 전후로 3차 슈퍼 사이클이 도래할 것으로 예상했습니다. 2차 슈퍼 사이클 시기에 건조된 선박들이 2030년대 초반에 대거 폐선 시점에 이르기 때문입니다. 하지만 예상과 달리 기대 이상의 강한 수요가 연이어 발생하면서 3차 슈퍼 사이클은 이보다 일찍 시작되었습니다.

앞서 해운 파트에서 살펴본 것처럼, 코로나19 팬데믹으로 2021년 컨테이너선 해운임이 급등한 데 이어, 파나마 운하와 수에즈 운하의 이용 제한은 해운임을 다시 한번 큰 폭으로 끌어올렸습니다. 그리고 이 시기에 국제해사기구(IMO)의 강력한 환경 규제가 시행되면서 전통 선박과 더불어 친환경 선박의 발주가 함께 급증합니다.

반면, 공급은 제한적이었습니다. 2008년부터 10년 이상 이어진 장기 불황의 여파로 많은 조선사들이 구조조정과 통·폐합 과정을 거치면서 생산 능력이 과거에 비해 크게 위축되었기 때문이죠. 결국 강한 수요와 제한된 공급이 맞물리면서 2023년부터 3차 슈퍼 사이클이 시작됩니다.

3차 슈퍼 사이클의 최대 수혜국은 중국과 한국입니다. 중국은 2010년대 초반부터 한국을 제치고 조선 산업 1위 국가로 부상했습니다. 기존 공식대로라면 3차 슈퍼 사이클의 수혜는 중국이 온전히 누려야 하지만, 핵심 기술력에서 우위를 점하고 있는 한국 역시 그 수혜를 누리고 있습니다. 현재는 기술 수

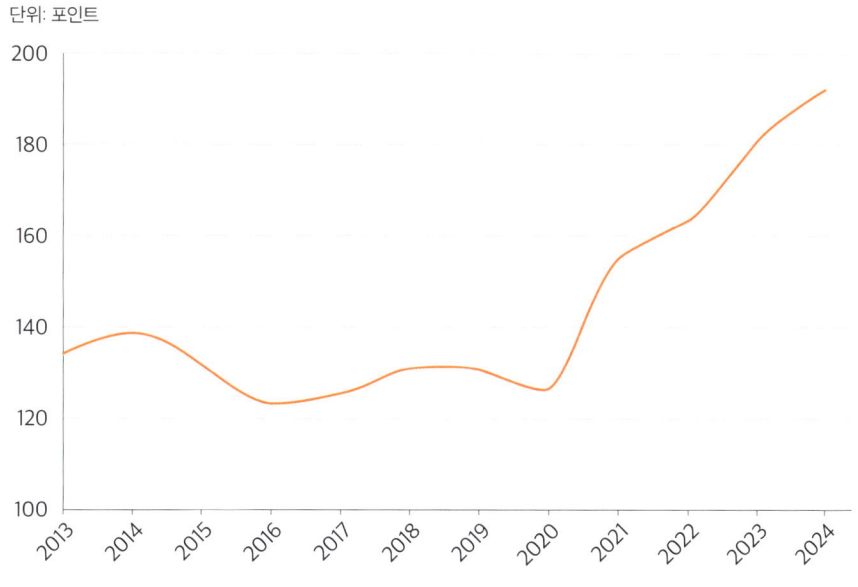

그림 6-12. 신조선가지수(2013년~2024년)

준이 비교적 낮은 선박은 중국이, 기술력이 요구되는 선박은 한국이 주로 수주하면서 양국이 시장을 양분하는 구도가 형성되고 있습니다.

그렇다면 3차 슈퍼 사이클은 언제까지 이어질까요? 정확한 시점을 예측하기는 어렵지만 1, 2차 슈퍼 사이클보다는 길게 진행될 것이라는 전망이 우세합니다. 이유는 다음과 같습니다.

첫째, 환경 규제입니다. 환경 규제는 더욱 강화된 형태로 장기간 계속될 것입니다. 꼭 노후 선박이 아니더라도 지속적인 교체 수요가 발생할 수밖에 없습니다.

둘째, 노후 선박의 교체입니다. 2차 슈퍼 사이클 당시 건조된 선박들의 폐선 시점이 점차 가까워지고 있습니다. 다만, 최근의 강한 수요로 이미 많은 선박이 발주된 만큼, 노후 선박의 교체 수요는 여러 해에 걸쳐 꾸준히 진행될 것으로 예상됩니다.

셋째, 제한된 공급량입니다. 1, 2차 슈퍼 사이클 시기에는 조선사들이 수익을 극대화하기 위해 무리하게 도크를 증설해 공급량을 늘렸습니다. 하지만 2025년 현재, 중국 기업들은 도크를 증설한 반면 대부분의 한국 기업들은 설비 증설을 제한하고 있습니다. 따라서 수요가 감소하더라도 과거처럼 심각한 공급 과잉에 직면할 가능성은 줄어들었다고 볼 수 있습니다.

결론적으로, 이번 슈퍼 사이클은 단순한 경기 변동보다는 환경 규제와 같은 구조적인 변화에서 비롯된 측면이 크고, 공급도 제한적으로 증가하고 있어 앞선 두 차례의 슈퍼 사이클보다는 좀 더 길게 이어질 것으로 예상됩니다.

한·중·일 패권 전쟁

1. 유럽의 시대

19세기 중반까지 선박의 주요 재료는 목재였으며, 바람을 이용해 움직이는 범선이 일반적이었습니다. 당시 양질의 목재를 저렴하게 조달 가능했던 미국은 빠른 속도의 목재 범선을 건조하며 조선 산업의 주요 국가로 부상했습니다. 하지만 19세기 중반부터 선박의 재료가 나무에서 강철로 바뀌고, 증기 추진 선박이 도입되면서 조선 산업의 주도권은 영국으로 넘어갑니다. 영국은 산업 혁명을 통해 증기 기관과 철강 기술을 발전시켰으며, 영국에는 증기 추진 선박의 연료인 석탄도 풍부했기 때문이었죠.

19세기 후반이 되자 영국은 전 세계 조선 산업의 절반 이상을 장악하였고, 제1차 세계 대전을 거치며 축적한 군함 건조 기술을 상선에도 적용하여 20세기 초반까지 세계 조선 산업의 중심 국가로 자리매김합니다. 한편, 독일, 네덜란드, 스웨덴 등 다른 유럽 국가들 역시 19세기 후반부터 조선 산업에 적극적으로 뛰어들었고 그 결과, 20세기 중반에 이르러서는 유럽의 여러 나라들이 각각 성장하며 조선 산업의 패권을 나눠 갖습니다.

그러나 1960년대에 들어서면서 유럽은 조선 산업의 패권을 일본에 내어줍니다. 일본이 새로운 기술을 도입하고 대규모 설비 투자를 진행하는 동안, 유럽은 전통적인 건조 방식을 고수하면서 소극적인 투자에 머무르다 경쟁력을 상실한 것이었죠. 결국, 1차 슈퍼 사이클이 끝난 1975년을 기점으로 유럽의 조선 산업은 본격적인 쇠퇴기에 접어듭니다.

참고로 상선 분야의 주도권은 아시아 국가들에게 넘겨주었지만, 유럽은 오랜 기간 축적한 기술력을 바탕으로 크루즈선, 특수선 등 고부가가치 선종에서 여전히 강한 경쟁력을 유지하고 있습니다. 또한, 핵심 기자재 분야의 원천 기술을 다수 보유하고 있어, 업계에 미치는 영향력이 상당합니다.

2. 일본의 시대

일본은 1950년대부터 조선 산업에서 두각을 나타내기 시작해, 1960년대에는 패권을 완전히 장악합니다. 특히, 이 시기에 초대형 유조선(VLCC)의 수요가 폭증했는데*, 대형 도크를 갖춘 일본이 관련 수주를 석권하면서 명실상부한 세계 1위 조선 강국으로 자리매김합니다.

당시 일본이 경쟁 우위를 확보할 수 있었던 주요 배경은 다음과 같습니다.

첫째, 정부의 전폭적인 지원입니다. 일본은 제2차 세계 대전 패전 후 경제 재건을 위해 조선 산업을 집중적으로 육성했습니다. 국가 차원에서 기술 발전을 촉진하고, 세제 혜택을 비롯해 재정적 지원을 아끼지 않았죠. 또한, 1차 슈퍼 사이클 이후 찾아온 불황기에는 정부 주도로 구조조정을 실시하는 등 조선 산업 전반에 걸쳐 중요한 역할을 수행했습니다.

둘째, 기술 혁신입니다. 유럽이 조선 산업을 주도하던 시기에는 리벳 공

---

* 1967년 제3차 중동전쟁으로 수에즈 운하가 8년간 폐쇄되면서, 선박들은 아프리카 남단의 희망봉을 우회해야 했습니다. 당시 수에즈 운하를 이용하던 선박의 대부분은 중동과 유럽을 오가는 유조선이었는데, 크기에 상관없이 모든 유조선이 우회 운항을 하게 되자 규모의 경제를 실현할 수 있는 초대형 유조선에 대한 수요가 급증했습니다.

법(Riveting)이 주로 사용되었습니다. 리벳 공법은 철판 두 장을 겹쳐 구멍을 낸 뒤, 뜨겁게 달군 굵은 쇠못을 끼워 고정하는 방식입니다. 이 방식은 작업 시간이 오래 걸리고 선박 무게도 증가할 뿐 아니라, 많은 인력과 비용이 투입된다는 단점이 있었지만, 당시에는 철을 다루는 기술이 제한적이어서 널리 쓰였습니다. 그러나 일본은 리벳 공법 대신 미국의 용접(Welding) 공법을 도입하여 경쟁 우위를 확보했습니다. 용접 공법은 두 철판을 맞댄 후 직접 이어 붙이는 방식으로, 작업 속도가 빠르고 철판 사용량을 크게 줄일 수 있었습니다. 덕분에 선체의 무게가 가벼워져 더 많은 화물을 싣고, 더 빠른 속도로 운항할 수 있었죠. 또한 일본은 선박을 여러 개의 작은 블록으로 나누어 조립하는 블록 공법을 적극적으로 활용해 건조 기간을 단축하고 생산성을 향상시켰습니다.

셋째, 원가 경쟁력입니다. 일본은 자국 내 제철소를 통해 후판을 안정적으로 조달할 수 있었고, 유럽보다 인건비가 저렴했습니다. 또한, 1960년대~1970년대에는 엔화 가치가 낮아서 수출 경쟁력이 높았으며, 대량 생산을 통한 규모의 경제 실현으로 생산 단가를 낮출 수 있었습니다.

이와 같은 경쟁력을 바탕으로 일본은 1980년대까지 세계 조선 산업을 주도했습니다. 그러나 1985년 주요 선진국 간 플라자 합의*가 이루어지면서

---

* 1985년 미국, 일본, 서독, 영국, 프랑스 5개국 재무장관(G5)이 당시 강세였던 달러화 가치를 인위적으로 낮추기 위해 외환 시장에 공동 개입하기로 합의한 사건입니다. 이 합의는 결과적으로 엔화 가치가 급격히 절상되는 결정적인 계기가 되었습니다. 회담이 열린 장소가 뉴욕 맨해튼의 플라자 호텔이었기 때문에 '플라자 합의'라고 불립니다.

엔화 가치가 크게 올라갔고, 이후 임금도 지속적으로 상승하여 점차 경쟁력이 약화되었습니다. 결국 1990년대 말에 이르러, 조산 산업의 패권을 한국에 내어줍니다.

3. 한국의 시대

한국은 1972년 현대중공업 울산조선소 건설을 시작으로 조선 산업에 첫발을 내딛습니다. 이후 1980년대에 본격적으로 성장하여 1990년대 후반부터 2000년대까지 조선 산업의 패권을 차지하죠. 특히, IMF 외환위기를 겪으며 원화 가치가 크게 하락했는데, 이는 역설적으로 수출 가격 경쟁력을 강화하는 효과를 낳았습니다. 덕분에 1999년 이후 대규모 수주에 성공하며 일본을 제치고 세계 정상의 자리에 오를 수 있었습니다.

한국이 경쟁 우위를 확보할 수 있었던 배경은 다음과 같습니다.

첫째, 정부의 전략적인 산업 육성 정책입니다. 1970년대 정부는 중화학 공업 육성 정책의 일환으로 조선 산업을 전폭적으로 지원합니다. 차관 도입과 세제 혜택을 통해 초기 투자금 마련을 돕고, 인력 양성을 위한 전문 교육 기관을 설립하는 등 다양한 지원을 아끼지 않았습니다.

둘째, 세계 최대 규모의 조선소 건설입니다. 조선 산업에 뛰어든 현대중공업, 삼성중공업, 대우조선해양은 당시 한국을 대표하는 대기업이었습니다. 이들은 1970년대 조선소를 설립할 때부터 초대형 도크와 현대식 설비를 투입해 세계 최대 규모의 조선소를 만들었습니다. 대형 도크에서 여러 척의 선박을 동시에 건조하고, 대형 블록을 조립하는 방식으로 생산 효율성을 극대화하였으며, 1980년대~1990년대에도 꾸준히 설비 투자를 확대하며 경쟁력을 유지했습니다. 반면, 일본은 1차 슈퍼 사이클 이후 이어진 10년간의 장기 불황 속에서 설비 투자를 점점 줄였고, 결국 규모 면에서 한국에 밀리게 됩니다.

셋째, 기술 혁신입니다. 한국은 사업 초기부터 일본 기술을 적극 도입하였으며, 이를 더욱 발전시켜 독자적인 설계 및 건조 역량을 구축했습니다. 덕분에 선주의 다양한 요구를 반영한 맞춤형 선박을 빠르게 생산할 수 있었죠. 특히, LNG 운반선 분야에서 멤브레인 타입 화물창 기술을 도입하며 시장을 빠르게 장악했습니다. 반면, 당시 선두였던 일본은 기존의 MOSS 타입 화물창을 고수하다 점차 시장에서 뒤처졌습니다.

넷째, 원가 경쟁력입니다. 한국은 자국 내 제철소를 통해 후판을 안정적으로 조달할 수 있었고, 무엇보다 인건비가 저렴했습니다. 1990년대 중반까지만 해도 한국은 일본보다 인건비가 낮았지만, 노동자들의 근로 시간은 훨씬 길었습니다. 저임금·장시간 노동을 통해 원가 경쟁력과 생산성 향상을 이뤄낼 수 있었죠. 다만, 이러한 형태의 노동 구조는 지속 가능하지 않았기에, 2000년대 들어오면서 노사 갈등이 심화되었고, 임금 상승이 이어져 일본과의 원가 격차가 줄어들게 됩니다.

이처럼 정부 지원과 대규모 설비 투자, 기술 혁신, 원가 경쟁력을 앞세운 한국은 1999년을 기점으로 2008년 금융위기 이전까지 세계 조선 산업을 주도합니다. 그러나 2009년 수주량에서 중국에 처음 추월을 당한 데 이어 2010년대 초반부터는 건조량에서도 밀리기 시작하며, 결국 세계 1위 자리를 중국에 넘겨줍니다.

4. 극심한 불황, 흔들리는 한국 조선

2000년대 초반의 호황은 2008년 금융위기를 기점으로 막을 내렸으며, 이후 2020년까지 10년 이상의 장기 불황이 이어집니다. 이 시기 중소형 조선사들은 줄줄이 도산하였고, 대형 조선사들도 고강도 구조조정과 사업부 통·폐합을 단행해야 했습니다. 특히, 한·중·일 모두 호황기에 도크를 대거 증설한 탓에 생존을 위한 저가 수주 경쟁이 치열하게 펼쳐졌습니다. 그 결과, 원가보다 낮은 가격에 수주가 이루어지면서 조선사들의 재무 상황은 급격히 악화됩니다.

설상가상으로 불황을 타개하기 위해 2010년부터 본격적으로 뛰어든 해양 플랜트 사업에서도 큰 손실이 발생합니다. 2014년, 셰일가스의 등장으로 유가가 100달러에서 40달러 이하로 급락하면서 프로젝트가 취소·지연되었고, 이에 따른 손실이 눈덩이처럼 불어났습니다. 일례로, 대우조선해양은 해양 플랜트 분야에서의 원가 산정 실패와 공정 지연으로 인해 2015년 한 해에만 5조 5천억 원의 영업 손실을 기록했으며, 조선 3사의 합산 손실은 8조 3천억 원에 달했습니다.

조선 산업의 불황은 2016년에 정점을 찍습니다. 신규 선박 발주가 35년 만에 최저치로 떨어졌으며, 전 세계에 있는 수백 개의 조선소 중에서 단 83개 조선소만이 일감을 확보했을 정도로 수주 가뭄에 시달리죠. 중국과 일본은 세계 1, 2위를 다투는 해운 강국이기 때문에 자국 해운 기업의 발주로 간신히 버틸 수 있었지만, 한국은 상대적으로 해운 경쟁력이 약했던 데다, 국내 최대 해운 기업이었던 한진해운이 파산하면서 더욱 큰 어려움을 겪습니다. 결국

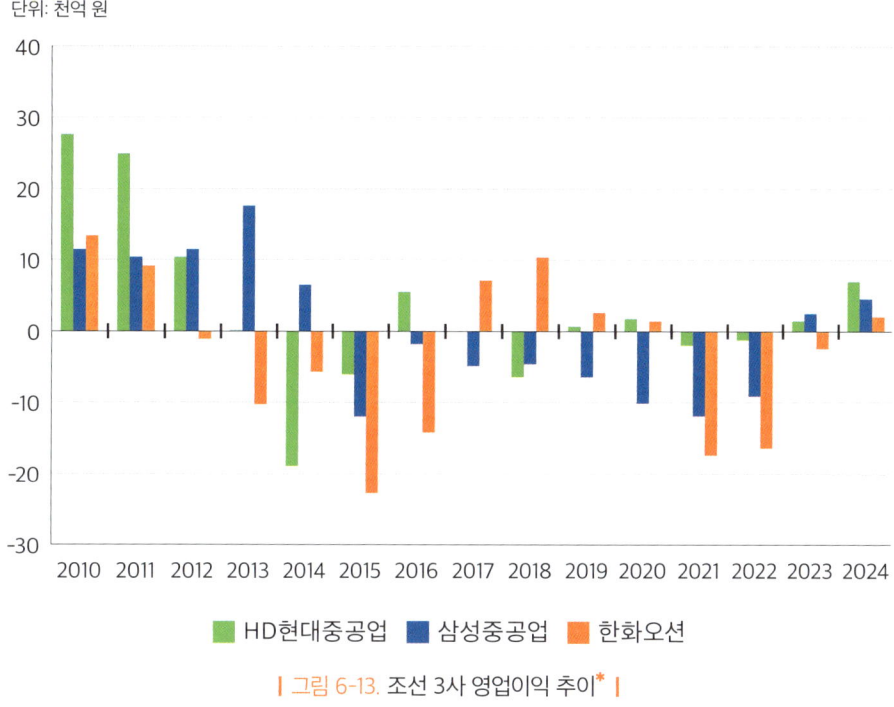

| 그림 6-13. 조선 3사 영업이익 추이* |

2016년, 중국과 일본에 밀려 일시적으로 순위가 3위까지 내려갑니다.

불황을 겪으면서 조선소의 인력에도 문제가 생깁니다. 조선 산업은 수주 산업인 만큼 일감의 변동 폭이 매우 큽니다. 수주 물량이 많을 때는 대규모 인력이 필요하지만, 수주 물량이 줄어들면 인력 수요도 급격히 감소하죠. 이에 대응하기 위해 그동안 조선소들은 핵심 인력을 제외한 대부분의 인력을 협력업체, 즉 하청을 통해 고용해왔습니다. 일감이 많을 때는 협력업체를

* 삼성중공업과 한화오션은 별도 재무제표를 기준으로 작성했습니다. HD현대중공업은 해양 플랜트, 엔진 기계, 건설 장비 등을 제외한 조선 부문만의 수치입니다.

통해 인력을 충원하고, 일감이 줄어들면 핵심 인력만을 유지하는 방식이었죠. 비록 협력업체 인력은 조선소에서 직접 고용한 인력보다 임금이 낮았지만, 풍부한 일감 덕분에 이러한 고용 구조는 2000년대까지 안정적으로 유지되었습니다. 그러나 2010년대에 들어와 조선 산업이 심각한 불황을 겪으면서 하청 노동자들의 불만이 극에 달하게 됩니다. 마침 같은 시기에 반도체 및 석유화학 산업에서 대규모 설비 확장 공사가 진행되었고, 조선업계의 숙련된 기술자들이 대거 이동을 하면서 2020년 이후 인력 부족 문제가 심화되었습니다. 현재 하청 노동자들의 빈자리는 외국인 노동자가 채우고 있지만, 일이 숙련되기까지 시간이 필요하고, 한국에 정착하지 않는 이상 언젠

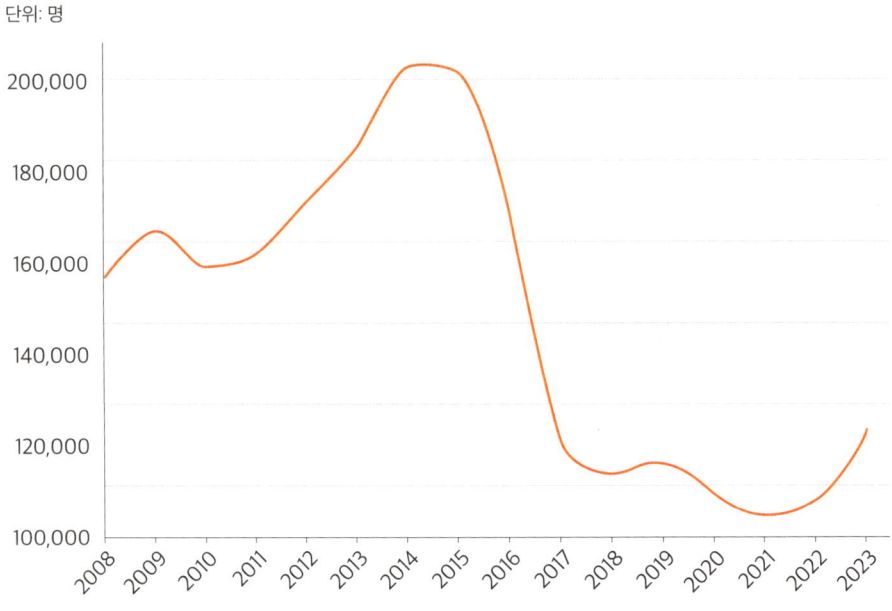

| 그림 6-14. 국내 조선소 노동자 추이 |

가는 다시 떠날 수밖에 없기에 숙련공 부족 문제가 지속적으로 대두되고 있습니다. 반면, 중국은 한국보다 인건비가 저렴할 뿐 아니라, 자국 내 노동력도 풍부하여 숙련공이 지속적으로 쌓이고 있죠. 한국은 이에 대응하여 생산 현장의 작업 효율을 높이고, 로봇 및 인공지능을 활용한 자동화에 힘을 쏟고 있습니다.

5. 중국의 시대

중국은 1990년대 후반까지 조선 산업에서 존재감이 크지 않았습니다. 그러나 2000년대에 들어오면서 국가적 역량을 총동원하여 조선 산업을 집중적으로 육성합니다. 당시 중국은 막대한 양의 원자재를 수입·가공해 전 세계로 수출했습니다. 이렇게 급증하는 물동량을 감당하려면 많은 수의 선박이 필요했는데, 중국은 이를 조선 산업을 키울 절호의 기회로 보고 선박을 자국 조선소에 발주하기 시작했습니다. 그 결과, 2010년에 세계 1위에 올라섰고, 현재는 대부분의 선종에서 한국과 일본을 앞지르며 격차를 더욱 벌리고 있습니다.

후발주자였던 중국이 불과 10년 만에 세계 1위를 차지할 수 있었던 이유는 무엇일까요?

첫째, 국가 주도의 산업 육성 정책입니다. 중국 정부는 조선사에 각종 보조금, 세제 혜택, 저금리 대출을 지원함과 동시에, 국내외 선주들에게도 낮은 금리의 선박 금융을 제공하여 자국 조선소로의 발주를 유도했습니다. 또한, 자국 조선사들을 통·폐합함으로써 몸집을 키워 글로벌 시장에서의 경쟁력을 갖추도록 했죠.

둘째, 원가 경쟁력입니다. 중국은 세계 최대의 철강 생산국으로, 조선사들은 자국 내 제철소를 통해 후판을 안정적으로 조달할 수 있습니다. 또한, 인건비가 꾸준히 상승했음에도 불구하고, 여전히 한국이나 일본에 비해서는 상대적으로 낮아 수출 경쟁에서 우위로 작용하고 있습니다.

셋째, 해운 산업과의 시너지입니다. 중국은 해운 산업에서 압도적인 경쟁력을 가지고 있습니다. 자국 해운 기업들이 자국 조선사에 발주하는 물량만 해도 상당하죠. 이러한 기반은 특히 불황기에 큰 버팀목이 됩니다.

이처럼 중국은 강력한 경쟁 우위를 바탕으로 조선 산업을 주도하고 있습니다. 그렇다면 앞으로는 어떻게 될까요?

6. 현재 상황과 미래 전망

현재 상황*

그림 6-15는 지난 20년간 한국, 중국, 일본의 평균 수주 잔고 변화를 보여줍니다. 2000년대에는 한국이 가장 앞서 있었으나, 2010년을 기점으로 중국이 1위로 올라섰고, 최근에는 그 격차가 더욱 벌어지고 있는 것을 확인할 수 있습니다.

---

* 2000년~2024년 기준입니다.

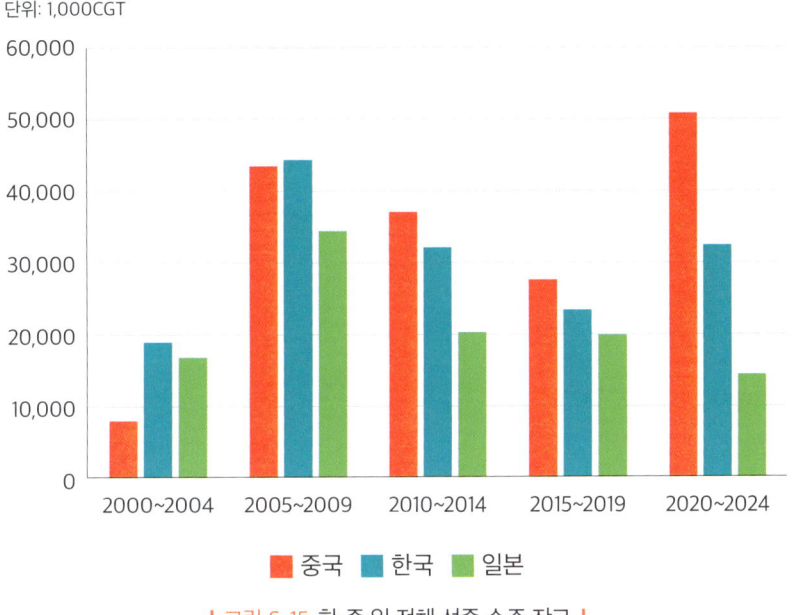

| 그림 6-15. 한·중·일 전체 선종 수주 잔고 |

이번에는 선종별로 확인해보겠습니다.

그림 6-16은 컨테이너선의 수주 잔고 변화를 보여줍니다. 2014년까지는 한국이 압도적 우위를 점하고 있었으나, 2015년 이후 중국에 역전을 허용했고, 2020년에 들어서는 중국이 확연히 앞서나가는 모습입니다. 현재는 기술력이 필요한 초대형 컨테이너선 분야도 중국으로 패권이 넘어간 것으로 보입니다.

그림 6-17은 벌크선의 수주 잔고 변화를 보여줍니다. 벌크선은 상대적으로 기술 수준이 낮은 선종입니다. 2000년대 초반에는 일본이 앞섰으나, 이후 중국이 빠르게 성장하면서 일본과 시장을 양분하였고, 최근에는 중국의 상승세가 좀 더 두드러진 모습입니다.

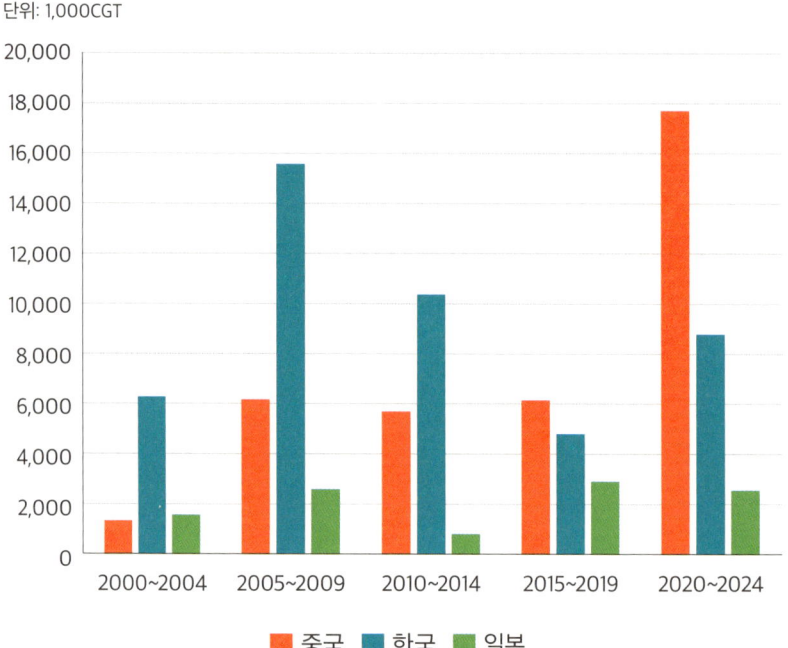

그림 6-16. 한·중·일 컨테이너선 수주 잔고

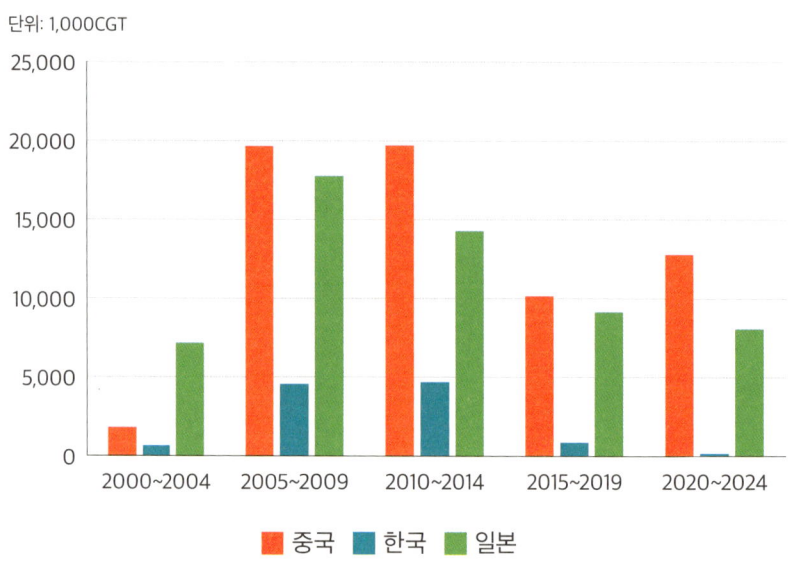

그림 6-17. 한·중·일 벌크선 수주 잔고

그림 6-18은 원유 운반선의 수주 잔고 변화를 보여줍니다. 원유 운반선에서는 한국이 오랜 기간 우위를 지켜왔습니다. 그러나 2023년 중국에 추월을 허용한 데 이어, 현재는 초대형 유조선(VLCC) 분야에서도 밀리며 경쟁력이 약화된 상황입니다.

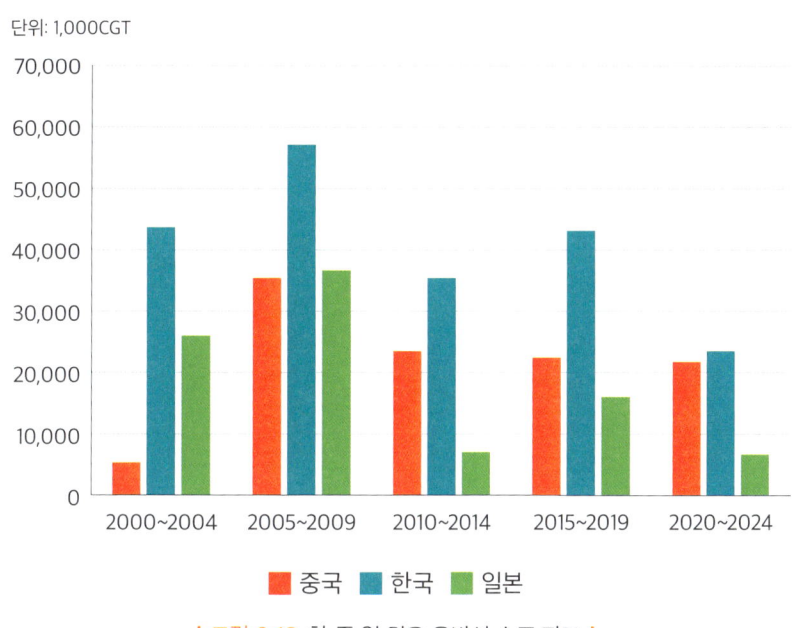

| 그림 6-18. 한·중·일 원유 운반선 수주 잔고 |

그림 6-19는 LNG 운반선의 수주 잔고 변화를 보여줍니다. LNG 운반선은 고도의 기술력을 필요로 하죠. 이 분야에서는 과거부터 한국이 압도적인 경쟁 우위를 유지해왔으며, 현재까지도 그 흐름이 이어지고 있습니다. 다만, 2022년을 기점으로 중국의 수주가 늘어나고 있어, 한국의 독주 체제가 곧 깨질 것으로 전망됩니다.

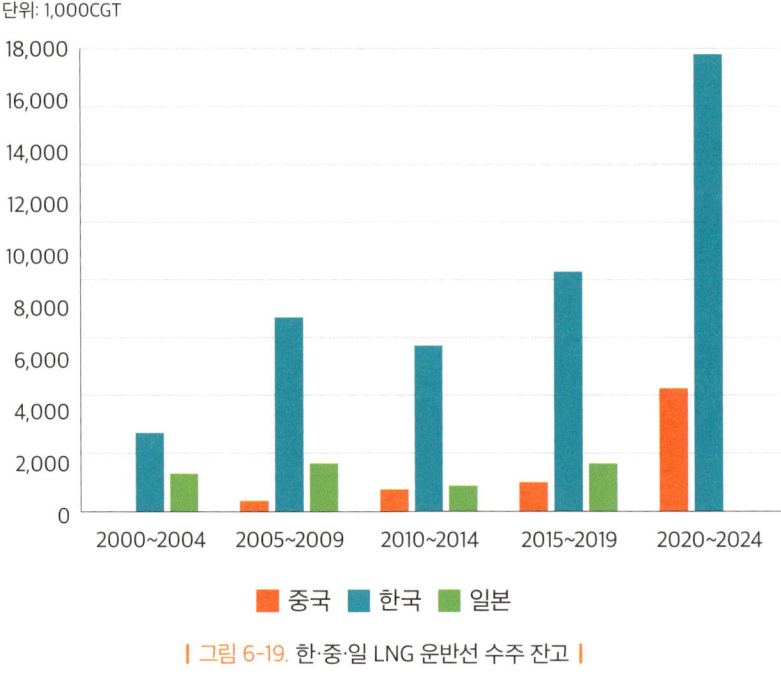

| 그림 6-19. 한·중·일 LNG 운반선 수주 잔고 |

그림 6-20은 LPG 운반선의 수주 잔고 변화를 보여줍니다. LPG 운반선 역시 한국이 오랜 기간 시장을 주도해왔습니다. 하지만 최근 중국이 턱밑까지 추격해오면서 향후 치열한 경쟁이 예상되고 있습니다.

그림 6-21은 자동차 운반선의 수주 잔고 변화를 보여줍니다. 자동차 운반선은 자국의 자동차 산업과 밀접한 관련이 있는 선종입니다. 한국, 중국, 일본 모두 세계적인 자동차 기업들을 보유하고 있죠. 과거에는 일본이 시장을 주도했으나, 현재는 중국이 그 주도권을 가져간 것으로 보입니다. 다만, 자국 내 자동차 산업이 유지되는 한 한국과 일본도 일정한 수요를 지속적으로 확보할 수 있을 것으로 예상됩니다.

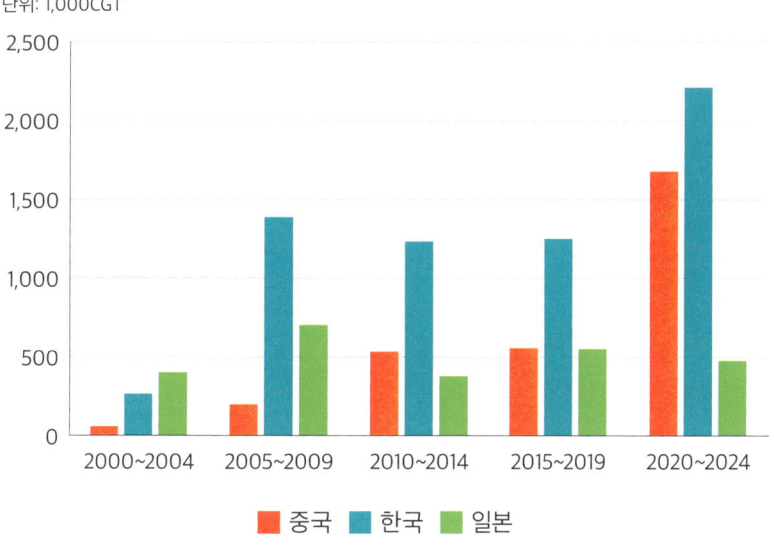

| 그림 6-20. 한·중·일 LPG 운반선 수주 잔고 |

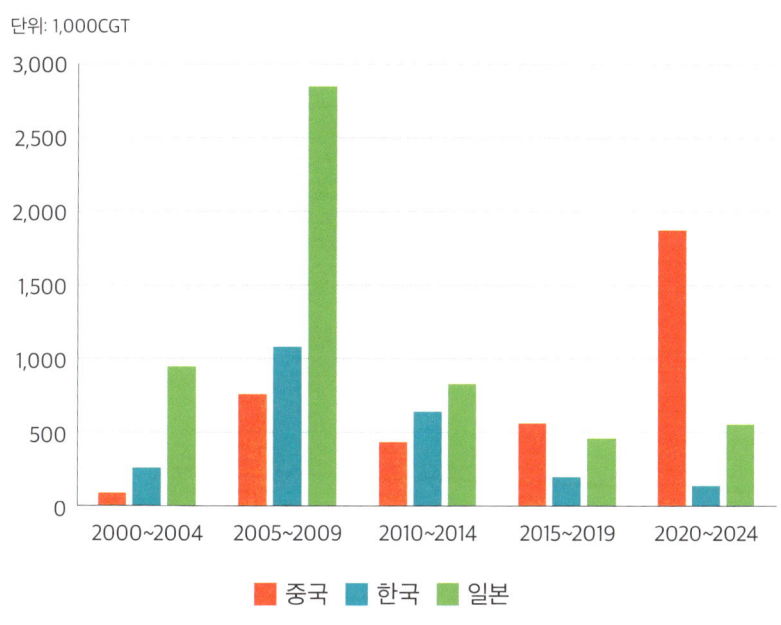

| 그림 6-21. 한·중·일 자동차 운반선 수주 잔고 |

그림 6-22는 미래의 먹거리로 평가받는 친환경 연료 추진선의 수주 잔고 변화를 보여줍니다. 그간 한국이 건조 기술력과 선박용 엔진 제작 분야의 경쟁 우위를 바탕으로 시장을 주도해왔지만, 최근 중국의 추격이 거세지면서 향후 치열한 경쟁이 펼쳐질 것으로 예상됩니다.

정리하면, 대부분의 선종에서 중국이 앞서는 가운데, 일부 고부가가치 선종에서는 한국이 우위를 점하고 있습니다.

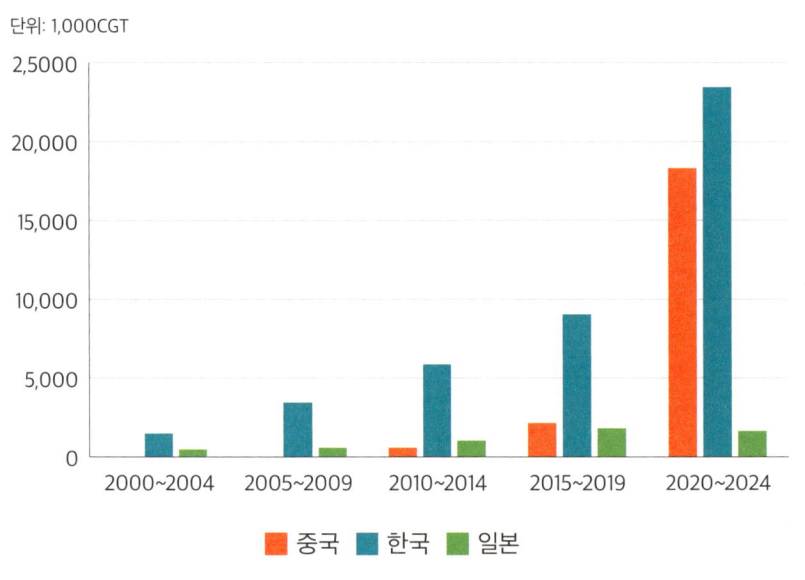

| 그림 6-22. 한·중·일 친환경 연료 추진선 수주 잔고 |

미래 전망

2024년은 조선 산업의 패권에서 큰 변곡점이 발생한 해입니다. 그림 6-23에서 볼 수 있듯이 중국이 모든 선종에서 수주를 싹쓸이하며 대활약을 펼쳤기 때문입니다. 심지어 친환경 추진선 분야에서도 한국을 추월했고, LNG

운반선에서도 격차를 줄였습니다.

사실 중국의 수주 잔고가 급증한 데는 한국의 도크가 이미 포화 상태였던 것이 주요 요인으로 작용했습니다. 선주들이 한국 조선소에서 슬롯을 확보하지 못하자, 차선으로 중국 조선소에 발주를 넣은 측면이 크죠. 한국의 조선 3사는 2000년대 호황 국면에서 도크를 무리하게 늘렸지만, 이후 극심한 불황을 거치며 막대한 누적 적자로 큰 타격을 입었습니다. 이러한 경험 때문에 2020년 이후 다시 호황이 찾아왔을 때 도크 증설을 자제하고, 고마진 선박 위주로 선별 수주하며 수익성 개선에 총력을 기울였습니다. 반면 중국 기업들은 도크를 확장하며 수주 잔고를 빠르게 늘렸죠. 따라서 2024년 한 해의 결과만

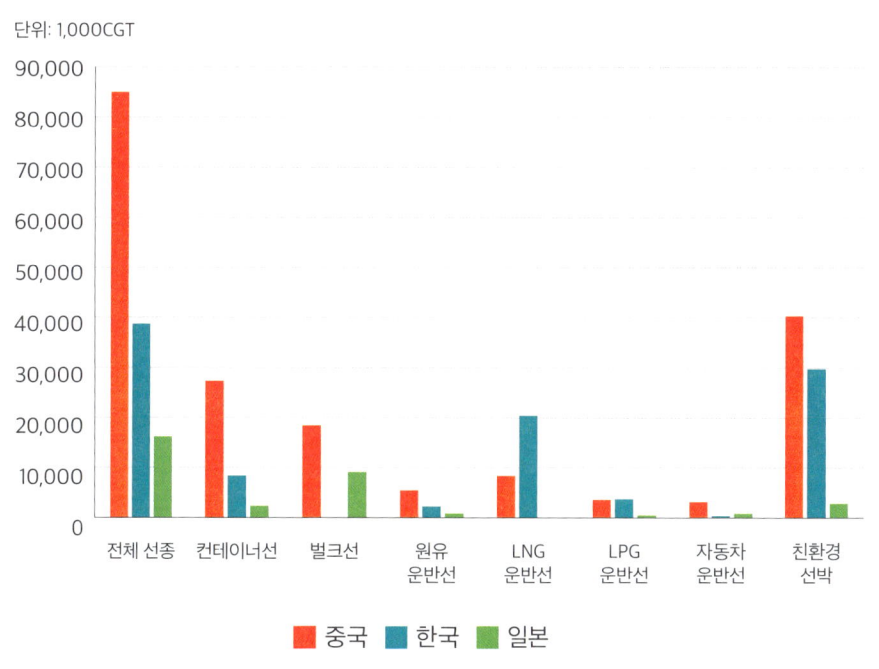

| 그림 6-23. 2024년 한·중·일 선종별 수주 잔고 |

으로 향후에도 이 정도의 수주 잔고 격차가 지속될 것이라고 단정해서는 안 됩니다. 한국의 도크에 여유가 생겨 양국이 다시 동일한 납기를 가지고 경쟁하게 되면, 2024년과 같이 확연한 차이가 발생하기는 힘듭니다. 비록 중국의 거센 성장으로 많은 시장을 잃었지만, 한국의 기술과 품질의 경쟁우위는 현재까지 유지되고 있기 때문입니다.

다만, LNG 운반선과 친환경 선박 분야에서 중국의 수주가 늘어난 것은 한국에 매우 뼈아픈 지점입니다. 조선 산업은 일종의 '트랙 레코드(Track Record)* 싸움입니다. 고부가가치 선박의 경우, 한 척당 가격이 2천억~3천억 원에 달합니다. 선주 입장에서는 선가가 낮더라도 경험이 적은 조선사보다는 이미 수차례 건조에 성공한 조선사에 발주하는 것이 더 안전합니다. 즉, 기존 강자는 계속해서 경험치가 쌓이고, 그 경험이 다시 진입장벽이 되어 경쟁력을 공고히 하므로 후발주자가 진입하기가 매우 어렵습니다. 이것이 지금까지 고부가가치 선박 시장에서 한국과 중국의 격차가 유지되어온 이유입니다.

그런데 2024년, 한국의 도크가 포화 상태에 이르면서 마침내 중국이 본격적으로 고부가가치 선박의 수주를 받기 시작했습니다. 중국이 건조한 고부가가치 선박들은 2~3년 후에 선주에게 인도됩니다. 그리고 선주들이 다시 2~3년 동안 문제 없이 운항한다면 중국도 고부가가치 선박 분야에서 트랙 레코드를 갖추게 됩니다. 이렇게 되면 2030년 이후에는 선주들이 고부가가치

---

* 특정 분야에서 기업이 보여준 실적이나 성과를 의미하며, 시장에서의 신뢰와 경쟁력을 평가하는 지표로 활용됩니다.

선박을 발주할 때, 한국뿐 아니라 중국도 선택지에 함께 오르게 되겠죠. 앞으로 남은 5년 동안 기술 격차를 충분히 벌리지 못한다면 한국 조선 산업의 입지가 위태로워질 가능성도 있습니다. 일각에서는 미국이 중국의 해운 및 조선 산업을 견제함에 따라 반사이익을 기대하기도 합니다. 그러나 본질적인 경쟁력을 키우지 못하면 반사이익도 일시적인 효과에 그칠 뿐 결국에는 뒤처질 수밖에 없습니다.

그렇다면 일본은 어떻게 될까요? 당분간은 현재와 같은 수준을 유지할 가능성이 높습니다. 앞서 언급한 것처럼 일본은 세계 2, 3위를 다투는 해운 강국입니다. 자국 해운사들의 발주만 받아도 일정 수준의 물량을 확보할 수 있습니다. 따라서 일본의 경쟁력이 점점 떨어지고 있는 것은 사실이지만, 그렇다고 해서 현재 일본의 점유율을 한국이나 중국이 가져올 가능성은 크지 않습니다.

한편, 선박에서 빼놓을 수 없는 기자재가 바로 엔진입니다. 현재 선박용 엔진 제작 분야에서는 한국이 시장 점유율 약 40%를 차지하고 있으며, 중국에서 건조되는 선박의 약 30%에도 한국산 엔진이 탑재되고 있습니다. 그러나 엔진 분야도 방심할 수는 없습니다. 일반적으로 선박 엔진은 발주 시 선주가 제품 모델 및 제작사를 지정합니다. 엔진은 선박의 성능과 안정성에 큰 영향을 미치므로, 선주들은 검증된 제작사를 계속 선택하려는 경향이 강하죠. 그런데 중국의 엔진 기술력이 꾸준히 향상되면서, 선주들이 중국산 엔진을 선택할 가능성이 커지고 있습니다. 만약 이를 통해 중국이 엔진 분야에서도 충분한 트랙 레코드를 확보한다면 앞으로 선주들은 한국산 엔진과 중국산 엔진을 두고 고민하게 될 것입니다.

2025년 현재, 조선 산업은 호황 국면에 있습니다. 폐선 대상인 노후 선박이 많이 남아 있고, 환경 규제로 인해 친환경 선박 발주가 이어지고 있어 이러한 흐름은 당분간 지속될 것으로 보입니다. 그러나 호황이 계속해서 이어질 순 없겠죠. 언젠가는 불황 국면에 접어들 텐데요. 그 시점에는 과거만큼은 아니더라도 저가 수주 경쟁이 다시 한번 펼쳐질 가능성이 높습니다. 따라서 호황기일수록 불황기를 잘 대비하는 지혜가 필요합니다.

표면적인 전망만 놓고 보면 한국 조선 산업이 위태로워 보입니다. 하지만 위기 속에서도 새로운 기회가 열리고 있습니다. 친환경 선박, 스마트 선박과 같은 차세대 선박이 등장하고 있기 때문이죠. 이러한 흐름은 뛰어난 기술력을 보유한 한국에게 유리하게 작용할 수 있습니다. 다행히 지금은 신기술을 적용한 선박들이 태동하는 시기이므로, 이 변화의 흐름을 성공적으로 주도한다면 다음 호황기에서도 한국 조선사들이 다시 한번 세계 시장을 선도하는 저력을 보여줄 수 있을 것입니다. 위기를 기회로 바꾸는 한국 조선의 새로운 항해를 응원합니다.

 **핵심만 쏙쏙!**

1. 선박 건조 대표 기업

조선 산업에서 판매량이나 시장 점유율은 CGT를 기준으로 나타냅니다. CGT를 기준으로 평가한 조선사들의 종합 순위는 다음과 같습니다. 한국, 중국, 일본의 기업들이 상위권에 위치해 있는 것을 볼 수 있습니다.

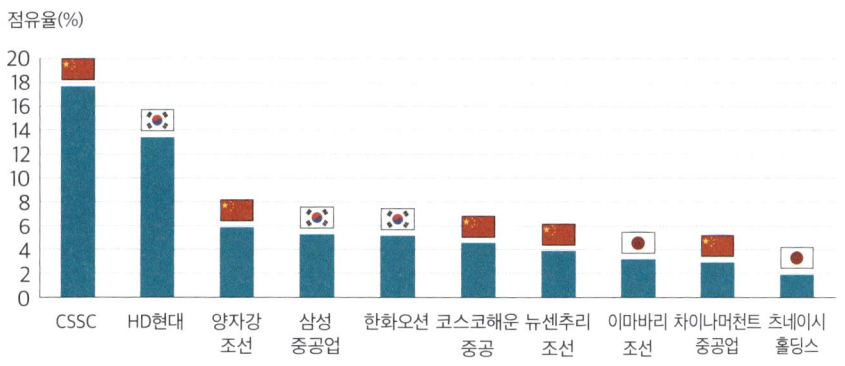

| 그림 6-24. 종합 순위와 시장 점유율(2020년~2024년 수주 CGT 기준) |

2. 기자재 대표 기업

엔진

엔진은 설계 분야와 제작 분야로 나뉩니다.

2행정 대형 엔진의 설계는 MAN-ES가 독보적인 1위이며, 그 뒤를 WinGD가 잇고 있습니다. 이들 기업은 엔진을 직접 제작하는 대신, 엔진 제작사에 설계 라이선스를 제공하고 로열티를 받는 방식으로 사업을 운영합니다.

2행정 대형 엔진의 제작은 HD현대중공업, HD현대마린엔진, 한화엔진(구 HSD엔진), CSSC, 미쓰이 등이 합니다. 한편, 4행정 중형 엔진의 제작은 설계 라이선스를 보유한 다수의 기업들이 참여하고 있습니다.

엔진 제작 분야에서는 국내 기업들이 글로벌 점유율 약 40%를 차지하며, 높은 경쟁력을 확보하고 있습니다.

주요 기자재

프랑스 기업 GTT는 전 세계 주요 조선사에 LNG 화물창 설계 기술을 제공하고, 로열티를 받습니다. 동성화인텍과 한국카본은 LNG 화물창과 연료탱크에 쓰이는 극저온 단열재를 생산하며, 특히 동성화인텍은 LNG 연료탱크도 제작합니다.

세진중공업은 국내 1위의 데크하우스 제작 기업이며, LPG 탱크 제작 분야에서도 세계 1위를 차지하고 만듭니다.

파나시아는 황산화물 저감 장치, 질소산화물 저감 장치, 탄소 포집 및 저장 장치 등을 생산합니다.

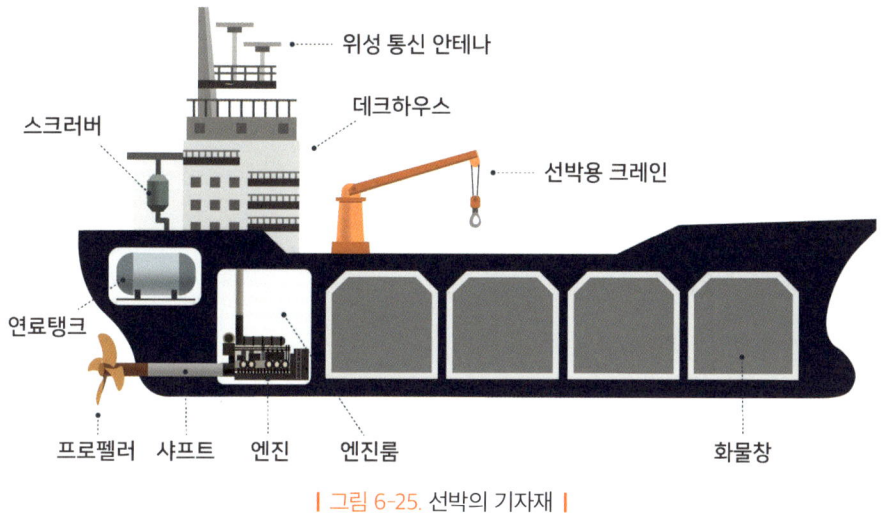

| 그림 6-25. 선박의 기자재 |

일승은 선박용 분뇨처리기를 생산하며, 글로벌 시장 점유율 26%를 차지하고 있습니다.

태웅은 다양한 산업에 쓰이는 초대형 고강도 단조 제품을 만듭니다.

동방선기는 선박용 배관 제조 기업입니다.

태광과 성광벤드는 산업용 피팅을 생산합니다. 태광은 산업용 피팅 분야 세계 1위이며, 성광벤드는 산업용 피팅 중 용접용 피팅 분야에서 세계 1위입니다.

한라IMS는 액체화물의 수위를 측정하는 레벨 계측기 분야 국내 1위 기업입니다. 계측기 외에도 밸브 원격 제어 시스템, 선박 평형수 처리 장치를 함께 생산합니다.

하이록코리아와 비엠티는 계측장비용 피팅과 밸브 분야에서 국내 1, 2위를 다투고 있습니다. 디케이락, 아스플로, 한선엔지니어 등도 계측장비용 피팅과 밸브를 생산합니다.

오리엔탈정공은 선박용 크레인을, 대양전기공업은 선박용 조명을 생산합니다. 인텔리안테크는 선박용 위성 통신 안테나 분야 세계 1위에 랭크되어 있습니다.

3. 조선 산업이 나아가는 방향

환경 규제와 친환경 선박

환경 규제는 조선 산업에 지대한 영향을 미칩니다. 대표적인 예로 황산화물 규제와 탄소 배출 규제를 들 수 있습니다.

황산화물 규제는 선박 연료의 황 함유량 상한선을 기존 3.5%에서 0.5%로 대폭 강화한 조치입니다. 이는 신규 건조 선박뿐 아니라 기존 운항 선박에

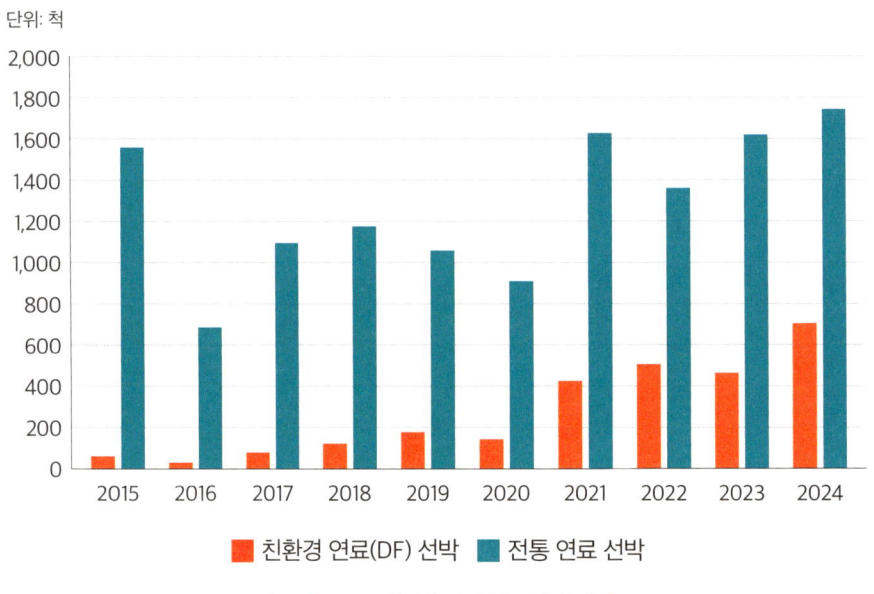

| 그림 6-26. 연료별 선박 발주량 추이 |

도 동일하게 적용됩니다.

탄소 배출 규제는 선박의 탄소 배출량을 줄이는 것을 목표로 합니다. 국제해사기구(IMO)는 이를 달성하기 위해 EEDI, EEXI, CII와 같은 탄소 배출 규제를 도입하여 점진적인 감축을 유도하고 있습니다.

규제가 지속적으로 강화됨에 따라 선주들은 친환경 선박의 발주를 늘리는 추세이며, 이는 조선 산업의 시황 개선에 긍정적인 요인으로 작용하고 있습니다.

슈퍼 사이클

조선 산업은 호황과 불황이 주기적으로 반복되는 경향을 보입니다. 특히, 수요와 공급의 격차가 단기간에 커질 때는 이른바 슈퍼 사이클이 형성되기도 합니다. 지금까지 있었던 세 번의 슈퍼 사이클은 다음과 같습니다.

① 1차 슈퍼 사이클(1967년~1974년)

대형 선박과 초대형 유조선의 수요가 급증했으나 공급이 이를 따라가지 못하면서 조선 산업은 전례 없는 호황을 누립니다. 특히, 이 시기 조선 강국이었던 일본이 큰 수혜를 입었습니다. 1차 슈퍼 사이클은 1975년을 기점으로 막을 내렸으며, 이후 10년간 불황이 이어집니다.

② 2차 슈퍼 사이클(2002년~2008년)

중국의 폭발적인 경제 성장과 1차 슈퍼 사이클 당시에 건조된 선박들의 폐선 시기가 맞물리며 또 한번 큰 호황이 찾아옵니다. 이 시기에는 한국이 최대 수혜국이었습니다. 2차 슈퍼 사이클은 2008년 글로벌 금융위기를 기점으로 막을 내렸으며, 이후 10년 이상의 장기 불황이 다시 이어집니다.

③ 3차 슈퍼 사이클(2023년~현재 진행 중)

코로나19 팬데믹으로 인한 글로벌 물류 대란과 파나마 및 수에즈 운하 통행 제한, 강화된 환경 규제로 인해 선주들이 선박 발주를 서두르면서 예상보다 이른 시점에 3차 슈퍼 사이클이 시작되었습니다. 3차 슈퍼 사이클이 진행 중인 2025년 현재, 중국과 한국이 가장 큰 수혜를 보고 있습니다. 3차 슈퍼 사이클은 경기 변동보다는 환경 규제와 같은 구조적인 변화에서 비롯된 측면이 크고, 공급도 제한적으로 증가하고 있어, 앞선 1, 2차 슈퍼 사이클보다는 좀 더 길게 이어질 것으로 예상되고 있습니다.

한·중·일 패권 전쟁

1950년대 이전까지는 영국을 비롯한 유럽 국가들이 세계 조선 산업을 이끌었습니다. 그러나 1960년대 들어 정부의 전폭적인 지원과 기술 혁신을 앞세운 일본에 그 자리를 내어주죠.

일본은 1980년대까지 조선 산업을 주도했으나 1985년 플라자 합의를 기점으로 경쟁력이 점차 약화되었고, 결국 1990년대 말부터는 조선 산업의 패권을 한국에 내어줍니다.

한국은 1990년대부터 조선 강국으로 부상했습니다. 정부 지원, 과감한

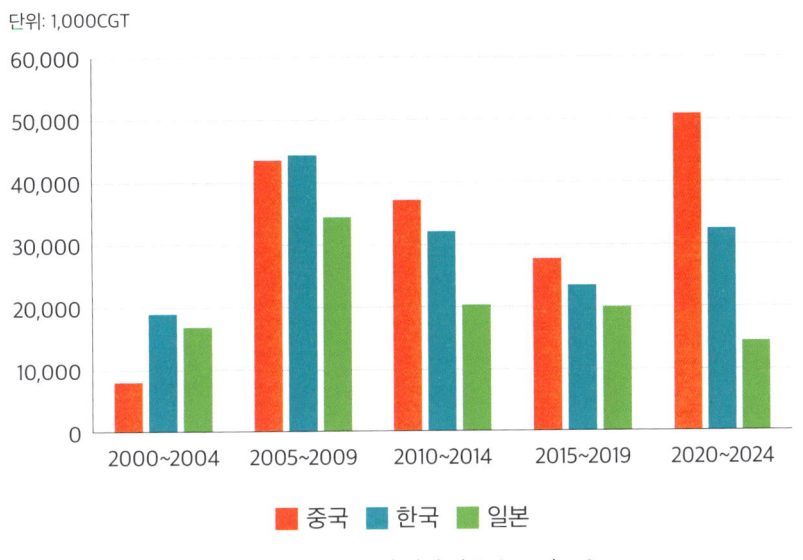

| 그림 6-27. 한·중·일 전체 선종 수주 잔고 |

　설비 투자, 기술 혁신, 원가 경쟁력을 바탕으로 2008년 금융위기 이전까지 세계 조선 산업을 주도하였죠. 하지만 이후 극심한 불황이 이어지면서 중국에 역전을 허용하였고, 현재는 고부가가치 선박 분야에서 경쟁력을 유지하고 있습니다.

　중국은 정부 지원, 자국 내 압도적인 해상 물동량, 원가 경쟁력 등을 무기로 2010년대부터 줄곧 조선 산업 1위 자리를 지키고 있습니다. 현재는 대부분의 선종에서 경쟁 우위를 갖추었으며, 고부가가치 선박 분야에서는 한국과 경쟁하고 있습니다.

　2024년 중국은 친환경 선박 수주량에서 처음으로 한국을 추월했으며, LNG 운반선 수주량 격차도 상당 부분 줄였습니다. 이러한 결과는 한국의 도크가 포화 상태에 이르자, 일부 선주들이 대안으로 중국 조선소를 선택한 측

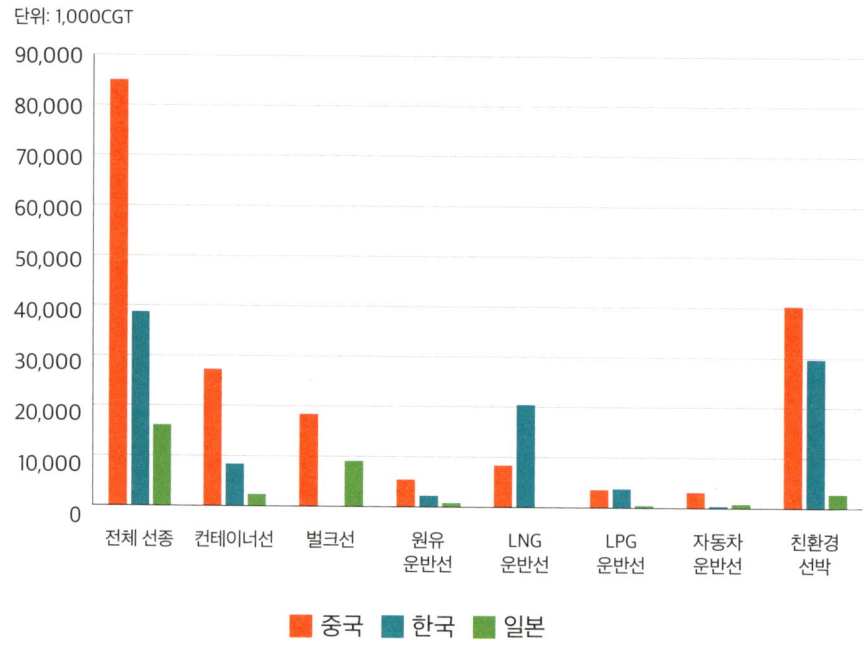

그림 6-28. 2024년 한·중·일 선종별 수주 잔고

면이 큽니다. 하지만 이로 인해 중국은 고부가가치 선박 분야에서 트랙 레코드를 쌓을 기회를 얻게 되었으며, 이는 향후 수주 경쟁에서 한국에 상당한 부담으로 작용할 전망입니다.

하지만 현재의 위기 속에서도 새로운 기회가 열리고 있습니다. 친환경·스마트 선박과 같은 차세대 선박의 등장은 기술 경쟁력을 갖춘 한국에 유리한 국면을 조성하고 있습니다. 한국이 이러한 변화를 주도해 나간다면, 다음 호황기에서도 세계 시장을 선도하는 저력을 보여줄 수 있을 것입니다.

한 걸음 더!

1. 말뫼의 눈물

말뫼의 눈물은 스웨덴 말뫼에 있는 코쿰스(Kockums) 조선소의 상징이던 거대한 골리앗 크레인이 조선업 불황으로 인해 2002년 현대중공업에 단돈 1달러에 가까운 헐값에 팔려 대한민국 울산으로 옮겨진 사건을 일컫습니다. 128m 높이의 크레인이 해체되어 바지선에 실려 떠나던 날, 많은 말뫼 시민들이 스웨덴 국가를 부르며 눈물을 흘렸다고 전해지며, 이는 한때 세계 조선 산업을 호령했던 유럽의 몰락과 대한민국의 부상을 동시에 보여주는 역사적인 장면으로 회자됩니다. 한 도시의 산업 쇠퇴와 다른 도시의 도약이라는 상징적인 의미를 담고 있습니다.

2. 카타르의 LNG 운반선 대량 발주

천연가스 광구 개발에는 막대한 자금이 투입되기에, 일반적으로 3~6개 구역으로 분할하여 순차적으로 진행합니다. LNG 운반선의 발주 또한 이러한 개발 단계에 발맞춰 분할하여 이루어지는 것이 보통이죠. 그러나 천연가스 부국이자 주요 LNG 수출국인 카타르는 도입 예정인 LNG 운반선 전체를 한번에 발주하는 협상 방식을 사용합니다.

2000년대 초반, 카타르는 현대중공업(현 HD현대중공업), 삼성중공업, 대우조선해양(현 한화오션)을 대상으로 약 60척의 LNG 운반선 일괄 입찰을 진행했습니다. 여기서의 핵심은 입찰입니다. 입찰은 향후 수년간 약 60척을 순차 발주할 계획이니 가격을 제안하고 미리 도크를 보장하라는 의미로, 발주가 아닌 예약에 가깝습니다. 실제 발주는 선박 설계 착수 약 1년 전에 확정되며, 확정되지 않을 경우 해당 예약은 별도 위약금 없이 취소가 됩니다. 이 입찰은 2004년부터 2007년 사이에 실제 발주로 이어졌으며, 당시 현대중공업 8척, 삼성중공업 18척, 대우조선해양 19척으로, 총 45척의 LNG 운반선이 최종 발주되었습니다. 2020년에는 더 큰 규모의 일괄 입찰이 진행되었습니다. 한국의 조선 3사와 CSSC 그룹 내 조선사인 후동중화가 참여하여 4개사 모두 입찰에 성공했고, 2025년 기준 약 50여 척이 실제 발주로 이어졌습니다.

이러한 발주 방식은 기본적으로 선주(카타르)에게 유리하고 조선사에게 불리합니다. 선주는 막대한 발주량을 무기삼아 조선사 간 가격 경쟁을 유도하여 선박을 저렴하게 확보할 수 있지만, 조선사는 저가에 수주를 해야 할 뿐 아니라 발주가 취소되더라도 별다른 보상을 받을 수 없습니다. 그럼에도 불구하고 조선사들이 적극적으로 입찰에 참여하는 이유는 수십 척에 달하는 LNG 운반선의 수주를 포기하는 것보다는 다소 불리한 조건이더라도 수주를 하는 것이 수익성에 더 도움이 되기 때문입니다.

3. 조선 산업은 왜 한·중·일이 강할까?

조선 산업은 다른 산업에 미치는 파급 효과가 크고, 고용 유발 효과도 높아 많은 국가들이 전략적으로 육성하고 싶어 합니다. 실제로 여러 개발도상국들이 조선 산업을 육성하기 위해 다양한 시도를 해왔죠. 그런데 유독 한·중·일 세 국가만 조선 강국이 된 이유는 무엇일까요? 조선 산업에서 성공하기 위해서는 몇 가지 조건을 갖춰야 합니다.

첫째, 입지입니다. 단순히 해안가에 있는 것을 넘어, 수심이 깊고 겨울에도 얼지 않는 부동항을 보유해야 합니다. 그래야 연중 내내 선박의 진수 및 시운전을 할 수 있습니다.

둘째, 대규모 자본과 제조 역량입니다. 대형 선박을 수십 척씩 건조하기 위해서는 초대형 도크와 최첨단 설비가 필수적입니다. 이러한 대규모 시설을 갖추고 효율적으로 운영하려면 막대한 초기 자본은 물론, 이를 뒷받침할 수 있는 높은 수준의 제조 역량이 동시에 요구됩니다.

셋째, 철강 및 기자재 업체의 뒷받침입니다. 선박의 원가에서 원재료인 후판이 차지하는 비중이 매우 높습니다. 자국 내에 후판을 공급해줄 철강 기업이 없으면 해외에서 수입해야 하는데, 물류비 부담으로 인해 가격 경쟁력에서 밀릴 수밖에 없습니다. 비슷한 맥락에서 자국 내에 각종 기자재를 원활히 조달할 수 있는 인프라가 구축되어 있는 것도 중요한 요소입니다.

넷째, 적당한 기온입니다. 외부 작업이 많은 조선 산업의 특성상, 기온이 너무 높거나 낮지 않아야 합니다.

언급된 모든 조건을 동시에 충족하는 국가가 바로 한·중·일입니다. 그리고 설령 조건을 갖춘 또 다른 국가가 있다 해도 이 세 국가를 따라잡기는 어렵습니다. 건조 경험, 즉 트랙 레코드가 부족하기 때문입니다. 이런 이유로 조선 산업에서 한·중·일의 과점 구도는 한동안 계속 이어질 것으로 전망되고 있습니다.

4. 상선은 잘 만드는데, 왜 크루즈선은 못 만들까?

상선 시장과 달리 크루즈선 분야는 이탈리아의 핀칸티에리(Fincantieri), 독일의 마이어 베르프트(Meyer Werft), 프랑스의 샹티에 드 라틀란티크(Chantiers de l'Atalntique) 등 유럽의 조선사들이 시장을 장악하고 있습니다. 상선 건조 강국인 한·중·일이 유독 크루즈선 시장에서 고전하는 데는 크게 세 가지 이유가 있습니다.

첫째, 서구 문화와 크루즈선에 대한 이해가 부족합니다. 크루즈선은 단순한 선박이 아니라, 유럽의 궁전이나 고급 호텔 문화에 그 뿌리를 둔 '떠다니는 복합 문화 공간'입니다. 따라서 서구 문화에 대한 깊은 이해가 있어야만 화려하면서도 고급스러운 공간 디자인과 최고급 호텔 수준의 마감 품질을 구현할 수 있습니다. 또한, 크루즈선에 대한 충분한 전문성이 뒷받침되어야 수천 명의 승객이 이동하는 동선을 안전하고 효율적으로 설계할 수 있습니다.

둘째, 고급 기자재의 공급망이 취약합니다. 크루즈선에는 최고급 가구, 조명, 카펫 같은 내장재부터 대규모 주방 설비, 화려한 공연 무대 및 엔터테인먼트 시스템까지 막대한 양의 특수 기자재가 투입됩니다. 유럽은 이러한 고급 인테리어 및 설비 분야에서 오랜 역사와 기술력을 갖춘 전문 업체들이 탄탄한 생태계를 이루고 있습니다. 반면, 아시아에는 이러한 인프라가 구축되어 있지 않습니다. "수입해서 쓰면 되지 않을까?"라고 생각할 수도 있지만, 선사와 승객의 취향에 맞는 기자재를 고르는 안목은 하루아침에 키우기 어려울뿐더러, 해상 운송 및 설치 과정에서 비용이 상승해 가격 경쟁력이 떨어지는 문제가 발생합니다.

셋째, 생산 방식의 차이입니다. 크루즈선은 호화 호텔, 대형 극장, 수영장, 쇼핑몰 등 수많은 복합 시설을 배 안에 집약적으로 구현해야 합니다. 일반 상선과는 비교할 수 없을 정도로 의장 작업에 오랜 시간과 인력 및 자원이 투입되죠. 이는 조선소의 핵심 설비인 도크의 회전율을 현저히 떨어뜨리는 결과로 이어집니다. 반면, 상선은 대형 선박을 빠르게 건조해야 하기에 도크의 회전율이 매우 중요합니다. 즉, 크루즈선 한 척을 건조하면 다른 상선의 제작 일정에 차질이 생길 수 있습니다. 이처럼 크루즈선 전문 조선소와 상선 전문 조선소는 운영 방식에서 근본적인 차이가 있기 때문에 두 분야에서 모두 경쟁력을 갖추는 것은 매우 어려운 일입니다.

5. 조선소는 왜 인력이 부족할까?

조선소 인력 부족 뉴스를 접할 때마다, "임금을 많이 주면 사람을 쉽게 구할 수 있지 않을까?" 하는 생각을 한 번쯤 해보셨을 겁니다. 하지만 안타깝게도 현실은 그렇게 간단하지만은 않습니다.

먼저, 조선 산업은 국경이 없는 단일 시장입니다. 이는 곧 중국처럼 인건비가 상대적으로 낮은 국가들과 같은 시장에서 동일한 조건으로 경쟁해야 한다는 뜻입니다. 과거에는 우리나라가 기술이나 품질 면에서 경쟁국보다 우위에 있었지만, 이제는 그 격차가 점점 줄어들고 있습니다. 이렇게 기술과 품질의 장점이 예전 같지 않다 보니, 조선사들이 임금을 올려주기가 어려운 상황입니다.

다음으로, 선박 건조 작업은 상당한 체력을 요구하는 고강도 육체 노동이 주를 이룹니다. 장기간 근무하기에는 신체적인 부담이 크고, 심지어 안전 사고의 위험도 있죠. 또한, 대부분의 조선소가 지방(ex. 울산, 거제)에 위치해 있어, 도시 근무를 선호하는 청년 구직자들이 기피하는 경향이 있습니다.

마지막으로 호황과 불황이 반복되는 사이클 산업이다 보니, 불황기에 일자리를 잃을 수 있다는 불안감이 존재합니다. 특히, 과거 진행됐던 대규모 구조조정과 인력 감축은 아직까지도 구직자들에게 심리적인 부담으로 작용하고 있습니다.

이런 이유로 현재는 국내 노동자를 구하기가 쉽지 않은 상황이며, 외국인 노동자가 그 빈자리를 채워나가고 있습니다.

부록 – 한국 조선 산업의 시작, 정주영

한국은 1950년대에 전쟁으로 국토 전체가 폐허가 되었습니다. 1960년대에 들어서도 극심한 빈곤은 쉽게 해소되지 않았죠. 그런 한국이 1974년, 초대형 선박을 건조하는 기적을 이루어냅니다. 자본도, 인력도, 기술도, 경험도 부족했던 상황에서 어떻게 이런 일이 가능했을까요? 그 중심에는 현대그룹의 창업자, 아산 정주영이 있습니다. 정주영의 이야기를 통해 한국 조선 산업의 출발점을 살펴보고, 앞으로 나아갈 지혜를 얻는 시간을 가져보겠습니다.*

현대건설, 조선 산업에 진출하다

1970년대 초반, 정부는 경공업 중심의 산업 구조에서 벗어나 중화학공업으로의 대전환을 모색하고 있었습니다. 경제 개발 5개년 계획을 통해 철강, 조선, 화학, 기계 산업 등을 육성하고자 했죠. 하지만 현실은 녹록지 않았습니다.

---

* 『현대중공업그룹 50년사』를 참고했습니다.

이 무렵, 현대건설을 운영하던 정주영은 조선 산업 진출을 구상합니다. 일본 출장 중에 방문한 조선소에서 선박 건조 과정을 직접 보았는데, 선박을 만드는 일이 건물을 짓는 것과 본질적으로 다르지 않다는 생각을 하게 된 것이 계기가 되었습니다. 당시 정부의 숙원 사업 중 하나가 제철소와 조선소 건설이었는데, 정주영이 조선 산업에 뛰어들겠다고 하자 정부는 이를 반겼습니다. 곧 현대건설 내부에 조선사업부가 신설되었고, 그렇게 조선 산업에 첫 발을 내딛게 됩니다.

거북선으로 이뤄낸 차관 도입

문제는 막대한 초기 자금을 어떻게 조달하느냐였습니다. 조선소 건립에 필요한 차관은 4,300만 달러, 당시 환율로 약 172억 원이었는데, 이는 현대건설의 총 자본금인 136억 원을 뛰어넘는 규모였습니다. 선박 건조 경험도, 제대로 된 조선소도 없는 신생 국가의 무명 기업에 이처럼 큰돈을 빌려줄 국제 금융기관을 찾기란 쉽지 않았습니다.

여러 차례 실패를 거듭하던 중 정주영은 국제 금융 주선인을 통해 선박 컨설턴트 회사인 애플도어(A&P Appledore)의 찰스 롱바텀(Charles Lonbottom) 회장을 소개받습니다. 이 자리에서 정주영은 현대건설의 해외 실적과 성장 가능성, 조선소 입지 조건과 풍부한 노동력 등을 내세우며 조선 사업의 성공 가능성을 적극 설명했습니다. 그러나 롱바텀 회장은 한국의 차관 상환 능력과 성장 가능성에 대해 회의적인 반응을 보였습니다.

바로 그때, 정주영은 주머니에서 거북선이 그려진 500원 지폐를 꺼내 테이불 위에 올려놓으며, "한국은 이미 16세기에 철갑선을 만든 나라입니다. 다만, 산업화가 늦어져 기술이 뒤처졌을 뿐, 조선을 시작하면 몇백 년간 쌓여온 잠재력이 분출될 것입니다."라고 확신에 찬 목소리로 말했습니다. 그의 자신감과 열정은 롱바텀 회장의 마음을 흔들었습니다.

이후 롱바텀 회장은 한국을 직접 방문해, 현대건설이 지은 발전소와 정유공장 등을 둘러보며 현대건설이 기계 및 토목 공사 경험이 풍부하다는 사실을 확인합니다. 여기에 정부의 강력한 지원과 지급 보증 약속까지 더해지자, 그는 현대건설이 독자적으로 조선소를 건설해 경쟁력 있는 선박을 건조할 수 있다는 추천서를 써줍니다. 이 덕분에 현대건설은 영국의 버클레이 은행에서 차관 제공 결정을 이끌어낼 수 있었습니다.

하지만 이는 1차 관문일 뿐이었습니다. 영국 수출신용보증국(ECGD)의 승인이라는 더 어려운 관문이 기다리고 있었습니다. 만약 차관을 빌려간 국가가 원리금을 상환하지 못할 경우, 영국 정부가 이를 대신 보상하는 제도 때문에 은행의 결정과는 별개로 ECGD의 승인이 반드시 필요했습니다. 하지만 ECGD는 선박을 구매할 선주가 있어야만 승인을 해주겠다는 조건을 내걸었습니다. 이는 사실상 거부나 다름없었습니다.

유조선 두 척을 계약하다

그러나 정주영은 결코 포기하지 않았습니다. 그는 조선소 부지로 예정된 울산 백사장의 사진 한 장, 1:50000 축척의 지도 한 장 그리고 26만 톤급 유조선의 도면 한 장을 들고 전 세계로 선주를 찾아 나섭니다. 하지만 아직 조선소도 제대로 갖춰져 있지 않은 신생 기업에게 선박을 발주할 선주는 어디에도 없었습니다.

깊은 고민에 빠져 있던 정주영에게 롱바텀 회장이 중요한 정보를 알려줍니다. 국제 해운업계를 주름잡던 그리스의 리바노스 가문이 저렴한 선박을 찾고 있다는 소식이었죠. 당시 이 가문을 이끌던 조지 리바노스(George Livanos)는 선대 확장을 위해 신생 조선 국가에서 싼값에 선박을 구입하려는 계획을 가지고 있었습니다.

1971년 10월, 정주영 일행은 스위스에서 조지 리바노스를 만나 유조선 두 척의 건조 계약을 협상합니다. 이 자리에서 리바노스는 기존 3,600만 달러였던 유조선 가격을 3,095만 달러로 낮춰 제시했을 뿐 아니라 2년 6개월 이내에 선박을 인도하지 못할 경우 원리금 전액을 변상해야 한다는 일방적인 조건을 내걸었습니다. 하지만 절박한 상황에서 조건을 따질 여유는 없었습니다. 무엇보다 신생 조선사에게 최초 수주는 절대적으로 중요했습니다. 어느 선주로부터 어떤 선박을 수주했는지는 이후 국제 금융기관의 여신, 지급 보증 그리고 조선사의 미래에 지대한 영향을 미칠 것이 분명했기 때문입니다.

결국 계약은 체결되었고, 곧 영국의 버클레이 은행을 중심으로 공동 차관단이 구성됩니다. 그리고 당초 계획보다 많은 5,057만 달러의 차관을 확보하는 데 성공합니다.

도크와 선박을 동시에 짓다

통상적으로 조선소를 완공하는 데만 3년 이상이 걸립니다. 그러나 당시 현대건설은 도크도 없는 상태에서 한 번도 건조해본 적 없는 초대형 유조선(VLCC)을 2년 6개월 만에 완성해야 했습니다. 이에 정주영은 공사 기간을 단축하기 위해 조선소 건설과 초대형 유조선 건조를 동시에 진행하는 모험을 감행합니다. "조선소 건설이나 선박 건조나 다 같은 건설인데, 꼭 조선소가 완공되어야만 배를 만들 수 있는 것은 아니다."라며, 조선소 건설과 선박 건조를 동시에 착수하라고 지시합니다. 그것도 세계 최대 규모로 말이죠. 이뿐 아니라 정주영은 VLCC 1, 2호기 모두에서 각 부문 최고 수준의 품질을 유지해야 한다고 강조했습니다. 첫 번째 만든 선박의 품질이 국제 시장에서 낮은 평가를 받을 경우, 조선사의 앞날을 기대할 수 없었기 때문입니다.

그렇게 1972년 1월, 공사 기간 단축과 최상의 품질을 목표로 주야 24시간 연속 작업이 시작됩니다. 직원들은 허허벌판에 천막을 치고 숙식하며 밤낮없이 일했고, 정주영도 울산에 머물며 매일 새벽 4시에 기상해 건설 현장을 직접 점검했습니다. 대규모 중장비도 총동원되었습니다. 당시 현대건설이 보유하고 있던 장비의 2/3가 투입될 정도로 모든 역량을 조선소 건설에 쏟아부었습니다.

거듭된 시행착오

하지만 처음 시도하는 작업이다 보니, 시행착오도 많았습니다. 한 번은 50톤이 넘는 블록을 도크 바닥으로 옮겨야 했는데, 골리앗 크레인이 설치되지 않아 작업에 차질이 생겼습니다. 이에 정주영은 블록을 트레일러에 실은 후, 뒤에서 불도저로 트레일러를 당겨 속도를 줄여가면서 도크의 경사로를 내려가는 방법으로 골리앗 크레인 없이도 블록을 옮기는 데 성공합니다.

그러나 문제는 끊이지 않았습니다. 조선소 건설과 선박 건조가 동시에 진행되면서, 강재를 용도에 따라 구분하지 않고 사용하는 일이 빈번했고, 이는 자재 관리의 혼선과 불필요한 손실로 이어졌습니다. 또한, 사양서 작성 과정의 오류로 인해 규격이 다른 강재가 납품되는 바람에 모든 강재를 새로 구매하는 상황이 벌어지기도 했습니다. 심지어 새벽 3시에 정주영이 혼자 차를 몰고 현장을 둘러보다 바다에 빠져 초소 경비원에 의해 구조되는 일까지 있었죠.

세계 신기록을 세우며 성공하다

수많은 우여곡절 끝에 결국 현대건설은 조선소와 선박을 동시에 만드는 데 성공합니다. 도크를 파내는 속도도, 선박을 건조하는 속도도 모두 세계 신기록이었습니다. 그리고 마침내 1974년 6월 28일, 조선소 준공식과 함께 선박 명명식을 거행합니다.

완성된 선박의 품질 역시 선주를 만족시키기에 충분했습니다. 건조 과정 동안 무려 다섯 차례나 사양을 바꾸는 등 온갖 어려움을 안겨주었던 선주 조지 리바노스도 "지금까지 내가 본 배 가운데 가장 잘 만들어진 배입니다."라며 극찬을 아끼지 않았습니다.

이처럼 한국은 불가능을 가능으로 바꾸는 대단한 저력을 가지고 있습니다. 한국 조선 산업의 앞날을 응원하면서 이야기를 마치겠습니다.

 에필로그 1

책을 써보자는 제안을 받았을 때 솔직히 두려움이 컸습니다. "내가 해낼 수 있을까? 괜한 도전은 아닐까?"라는 생각이 머릿속을 떠나지 않았죠. 실제로 원고의 방향을 잡고, 마음속 이야기를 글로 풀어내는 과정은 생각보다 훨씬 어렵고 긴 여정이었습니다.

처음엔 아들에게 "아빠 책 다 쓰면 서점에 쫙 깔릴 거야!"라고 농담처럼 말했지만, 시간이 지나 "아빠, 진짜 책이 나오긴 해?"라는 질문을 들었을 땐 웃으면서도 마음 한켠이 뜨끔했습니다.

예상보다 오래 걸렸지만, 이 책이 세상에 나올 수 있었던 건 함께 고민하며 글을 써내려간 친구, 방향을 잡아준 티더블유아이지 출판사 대표님과 편집장님 그리고 무엇보다 주말과 연휴를 기꺼이 내어주며 응원해준 아내와 아들 덕분입니다. 이 자리를 빌려 감사의 말씀을 전합니다.

수많은 사람들의 땀과 노력으로 이룩한 세계 1등 조선 산업의 현장에서, 십수 년간 일하며 큰 자부심을 느꼈습니다. 그리고 그 자부심을 많은 분들과 함께 나누고 싶었습니다.

부족한 글이지만, 이 책이 누군가에게는 새로운 지식이 되고, 또 다른 누군가에게는 길을 찾는 데 작은 등불이 되길 바랍니다.

엄성희 올림.

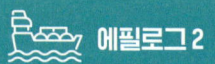
에필로그 2

    제 일은 연구하고, 글을 쓰고, 대화하는 것입니다. 연구는 글과 대화의 방향을 잡기 위한 것이고, 글을 쓰고 대화하는 것은 그것이 실행되도록 하기 위함입니다. 그래서 제가 평소에 쓰는 글은 주장과 의도를 가진 채 긴장한 글입니다. 하지만 이 책은 다릅니다. 사실을 담담하게 전달하는 데 집중했습니다. 오랜만에 이렇게 결이 다른 글을 쓰는 과정은 즐거운 경험이었습니다.

    물론 아쉬움도 있습니다. 산업 전반을 쉽고 간결하게 소개하려다 보니, 다루지 못한 이야기가 많았습니다. 분량의 제약으로 빠진 내용도 적지 않았고, 설명이 길어지거나 너무 전문적인 주제는 흥미로웠음에도 결국 담지 못했습니다.

    어느 산업이나 마찬가지겠지만, 해운과 조선은 특히 매력적인 이야기가 많은 분야입니다. 산업 규모가 크고, 국가 간 패권과도 맞닿아 있는 만큼, 해운·조선의 역사는 곧 세계사의 한 축이기도 합니다. 이런 이야기들을 충분히 담지 못한 점이 가장 아쉽습니다.

    우리의 일상과 경제는 결국 글로벌 물류에서 비롯되며, 그 중심에는 해운이 있습니다. 그리고 조선은 첨단 기술과 막대한 노동력을 바탕으로 선박을 건조해 해운을 뒷받침하죠. 이 두 산업은 단순한 비즈니스를 넘어 인류의 현재를 지탱하는 기반이며, 국가 안보를 좌우하는 전략 자산입니다. 부끄러운 졸저이지만 이 책이 해운·조선 산업의 매력을 조금이나마 전하고, 더 많은 관심의 계기가 되기를 바랍니다.

    마지막으로 끝까지 함께해 주신 독자 여러분께 진심으로 감사드립니다. 긴 작업을 함께해 주신 티더블유아이지 출판사에도 깊이 감사드립니다. 동료이자 친구, 그리고 이제는 공저자가 된 엄성희에게도 고마운 마음을 전합니다. 그리고 신입 시절부터 지금까지 매일같이 가르침과 즐거움을 나눠주시는 회사의 선배, 후배, 동료 그리고 지금 이 순간에도 땀 흘리고 계실 자랑스럽고 존경하는 현장의 여러분께도 진심으로 감사드립니다.

김성훈 올림.

 참고문헌

PART 1. 해운 산업을 이해하기 위한 기초 지식

- 선박의 크기는 어떻게 표현할까? - 헤럴드 경제
- 수에즈 운하 vs 파나마 운하 무엇이 다를까? - Cello Square
- 우리나라 해운업의 경제효과! 해수부가 자세히 알려드립니다[똑똑한 바다] - 해양수산부
- 최첨단 기술로 만든 배, LNG선에 숨겨진 비밀은? - 한국일보
- 항만의 기초 개념 - 해양한국
- 해운업 위기, 해운경기 장기 불황 속 비용경쟁에 따른 공급과잉 복합 작용 - 현대해양
- 해운산업을 이해해보자_벌크선(Dry Bulker Carrier) - 한국해양진흥공사
- 해상 및 항공 운임지수 - Cello Square
- 현대선박의종류 - 국립목포해양대학교 박물관
- 홍해에 대체 무슨 일이? 비상 걸린 물류업계 - 해양진흥공사

PART 2. 해운 산업을 움직이는 메커니즘

- 수소선박이 뜬다? 조선해운업 슈퍼 사이클! - 인더스텔라 - 산업으로 읽는 세상
- 전 세계를 강타하고 있는 인플레이션 공포! 한국 해운업의 미래 경쟁력! 신해양강국을 향해 - KBS 다큐

PART 3. 글로벌 대표 기업 & 나아가는 방향

- 각 기업 홈페이지
- 세계최초 대규모 '선상 탄소 포집·저장 시스템' 탑재 선박 출항 "눈길" - 넷제로뉴스
- 여전한 한진해운의 빈자리…부산항 국적선사 비중 35% - 국제신문
- 용선료 '3대 미스터리' 해운 호황 때 무리한 베팅…외국 선주만 배불렸다 - 한국경제신문
- 친환경 연료의 다크호스, '암모니아' - SK ecoplant NEWSROOM
- 한진해운, 끝내 역사 속으로… - 한겨레
- 해운 동맹 - Cello Square
- 해운분야 EU ETS 도입에 따른 초기 이행 지침 - Korean Register
- 현실이 되어가는 '꿈의 항로'… 북극항로가 뜬다 - 한국무역협회

- 환경규제 강화에 따른 조선업 영향 점검 - 삼일PwC경영연구원
- 2M얼라이언스 해체 의미와 영향 - Cello Square
- ETS(탄소배출권거래제)와 물류산업에의 영향 - Cello Square
- The Top 10 Container Terminal Operators in International Trade - 2024 - Seavantage

PART 5. 해양 플랜트, 선박 수리·개조, 미국 전투함 시장
- 글로벌 선박 수리 및 유지 보수 서비스 시장 규모 - SPECIAL INSIGHTS
- 드릴십은 어떻게 시추를 하는 걸까? - 삼성중공업 블로그
- 해양의 모든 것! 시추설비와 생산설비 - 삼성중공업 블로그
- Average age of the merchant fleet now above 22 years: UNCTAD - splash247

PART 6. 글로벌 대표 기업 & 나아가는 방향
- 대우조선해양, 2015년 5조5051억 적자…8년 영업이익 1년 만에 다 까먹었다 - 한경
- 비엠티 기업 분석(2024.05.28) - 한국 IR 협의회
- "일감은 넘치는데…" 인력난 韓 조선업, 쇠락한 日 조선의 교훈 - 머니투데이
- 삼성중공업, FLNG 수주 독주…고부가가치 선종으로 성장 가속 - 네이트뉴스
- 조선의 귀환 - 미래에셋
- 하청직원 10년새 반토막…조선 3사 모두 중국산 블록 조달 '고육책' - 서울경제
- 韓 조선 일감 12년來 최저…中·日보다 빠르게 줄어 - 서울경제
- HD현대 50년사 - HD한국조선해양 홈페이지
- Asia's shipbuilding renaissance: Record orders and rising prices - ING
- Before the Ever Given: A look at the crises that closed Suez - THE NEW ARAB
- The Shipbuilding Industry in the 1970s - globalsecurity - globalsecurity
- Newbuild orders hit 35-year low in 2016 - splash247

진짜 하루만에 이해하는
해운·조선 산업

초판 1쇄 발행 2025년 6월 23일
초판 2쇄 발행 2025년 9월 1일

지은이 김성훈·엄성희
펴낸곳 티더블유아이지(주)
펴낸이 자몽

기획총괄 신슬아
편 집 자몽·유관의
교정교열 유관의
디자인 윤지은
일러스트 나밍
마케팅 자몽

출판등록 제 300-2016-34호
주 소 서울특별시 종로구 새문안로3길 36, 1139호 (내수동, 용비어천가)
이메일 twigbackme@gmail.com

ⓒ 김성훈·엄성희, 2025, Printed in Korea
ISBN 979-11-91590-31-9 (03320)

* 잘못된 책은 구입하신 곳에서 바꾸어 드립니다.
  이 책의 전부 또는 일부 내용을 재사용하려면 사전에 저작권자와 펴낸곳의 동의를 받아야 합니다.

* 본 도서는 저작권의 보호를 받습니다. 무단 전재와 복제를 금지합니다.